鎮魂気吹法
仙術

神之道講義所編

荒木儀天

解　題

『神乃道　鎮魂気吹法』は、大正十三年に刊行されたもので、「神之道講義所」編纂、「神之道講義所・自宗会堂」となっている。発行人は住田牟都美とあり、実際には、この人物が本書の著者そのものではないかと思われる。

本書末尾によると、神之道講義所・自宗会堂は、当時、東京府下杉並町阿佐ヶ谷の天祖神社東辺にあり、斯道の修養者に対して便を図っていたというが詳細は不明である。

鎮魂気吹法とは、神々が行われたとされる神秘の法であり、これを行ずることは、神習いに神の道を踏み行うことであり、よって身体は自ずから調整され、精神は安定し、難病も癒され、苦悩は去り、絶対的な安心の境地さえもたらされると、編者は説く。

気吹は、神代における神々の最も重要なる行事に用いられた。伊邪那岐神、天照大神、素盞嗚尊神などによる気吹の神事が神典に記され、さらに気吹戸主神、天之吹男神などの神名が伝えられていることからも諒とせられるように、気吹法こそが神道の秘事である、と本書は説き、その秘事の淵源を明徴し、拝の作法、座法、祝詞等に至るまで詳述する。

『仙術』は、明治三十九年に鴻盟社から刊行された。著者の荒木礒天は「仙術と聞けば、奇妙奇天烈なことを行う奇怪なものと思われるが、仙術とは実は極めて平凡にして、且つ極めて実践的にして、科学領域の外において、しかも科学的活動を身心の上に実現するの妙術である」と主張する。荒木礒天は禅宗の僧侶で、禅を実践するうえで裨益する処の諸術を先哲の諸書の中から選び、本書を著したのである。禅の大家忽滑谷快天は「予は禅を論ずるに学の方面よりし、礒天和尚は之を示すに術の方面よりしたり」と序文に記している。つまるところ、本書に紹介された術は、仙術とはいいながら、あくまで禅との関連で捉えられるものであるが、もちろん神仙道を志す者にとっても、他山の石として大いに参考になるといえよう。

神乃道

鎭魂氣吹法

神の道講義所編

籠《こ》毛《も》與《よ》。美《み》籠《こ》母《も》乳《ち》。布《ふ》久《ぐ》思《し》毛《も》與《よ》。美《み》夫《ぶ》君《ぐ》志《し》持《もち》。
此岳爾《このをかに》。菜《な》採《つま》須《す》兒《こ》。家《いへ》吉《き》閑《かな》　名《な》告《のら》沙《さ》根《ね》。
虛《そら》見《み》津《つ》。山跡《やまと》乃《の》國《くに》者《は》。押《おし》奈《な》戸《べ》手《て》。吾《われ》許《こ》曾《そ》居《をれ》。
師《し》告《き》名《な》倍《べ》手《て》。吾《われ》已《こ》曾《そ》座《ませ》。我《あれ》許《こ》背《そ》齒《は》告《のら》目《め》。家《いへ》手《を》毛《も》名《な》雄《を》毛《も》。

「雄略天皇御歌萬葉集」

序

鎭魂氣吹法とは、神の道にして、完全なる修養法に他ならず、唯だ古へ神々の行はれたるもの〻、如何に眞理なるかを、近代科學のこれを證明するに於て驚歎せざるを得ざるものなり。

人體の組織は古今を通じて大差あるものに非ず、その生活法に至りては、大いに異るものあり、慣習は自らこれを證明す、慣習の良、不良の判斷は反省に由るなり、その蹉跌災禍罹病傷害等これを促す、然れども癖性にありては、その反省を得ること難も、實行を爲さずして、自暴自棄態に陷り、自律自制の能力乏しく、而もこの患者は知識階級の殆ど凡てのものなりといふを得べし、この癖性を癒治せんには、神の道の信仰に依るの外辿るべき道なし、而して性は神の有なれば、これが止揚は神の意思のま〻なり、身體の健不健は神の命なり、命の本分を盡くすに於て健康を保持し、否らざるに不健康を得べし、曾て生理學者は言へり「組織細胞は賢明にして神祕的機能を有するに拘はらず、その集合體たる人體が愚なるは何が故なりや、食を攝り空氣を吸へば生を保ち得るの理那邊に存するや、人體組織を構成する細胞間に弱肉强食の事實あるは如何觀じ來れば不可解の點のみにして吾人の知れるは實に大海の一滴よりも尙微なるを想はしむ」と如何に神祕を叡智によりて發かんとし、これを窮知せんと欲するならんも、猶ほ未だ前途遼遠たるべし、この學者の直言如何に尊重すべきものあるにあらずや。

人はその本分を知らざるなり、故に凡てに亘りて惱苦を遁るゝ能はず、この本分を識るに於て健體を得康《ヤスラカ》となり精神自ら爽快を覺ゆるにいたる、精神に爽快なる氣分を持續するを得るにあるは、この本分を識るに及んでその命に柔順なるに在り、惱苦を遁れ、爽快を得るには、その本分を盡くすと盡さざるとに因る、本分とは神の命にして神の道なり、神の道を行ずること即ち本分を盡くすことなり、或哲學者は「行は宗教的に神のものなりとも云ふべし、始より純粹性を有す」といへり。

鎭魂氣吹法は神の行はれたる神の道なれば、これを踐み行ふに依りて、神の命に柔順にして、その本分を盡くすに至るもの即ち身體の調節裝置を整調ならしめ、且つ精神を安定あらしむるなり、かくて苦惱を去り衷に安心を持しつゝ身體の健康を保ち而してこれに依りて所謂高天ノ原實現を期せんとする所のものなり。

佛の安養淨土は佛陀の構成するものなり、耶蘇の神の國はこれを欲すること、その屈服的意義より發りて、更にこれを心の內的狀態に移せるもの、而して我が高天ノ原とは、即ち歡喜信樂、至心歸命統一せる實態にして、實に高天ノ原大慶事の面白く手對斗き意識狀態に在りて、構成せられたる、所謂天ノ石屋戸開きの史蹟をいふなり、洵に神を中心とさせる共和狀態にして、こは國民歡呼の下に築かれたる目出度國體の基礎なりとす。

本書は鎮魂氣吹法敎本の第四編を抽拔せるもの、而して本書は國民精神涵養の爲めに我が國民の必讀さるべきものにして、特に中小學敎職の方々に於てこれを學童の心身健全を圖る修養法に、神道敎師及び各宗敎家の參考資料に、神職方の氏子指導の資料に用ひられんことを祈るものなり。

大正十三年七月

編　者　識

目次

「明治神宮御製」

わが國は神のすゑなり神祭る
昔の手ぶり忘るなよゆめ。

敎化

ちはやふる神のをしへをうけつきて
人のこころそたたしかりける。

「明治神宮御製」

鎭魂氣吹法

第一

鎭魂の意義

鎭魂といふ語は鎭魂祭、又鎭《シヅムル》ニ御魂《ミタマ》ニ齋戸《イムト》ノ祭等の鎭魂に起れるもの丶如し、此の祭は天照大御神の天ノ石屋戸たて丶さしこもり坐しけるとき、天ノ宇受賣ノ命汗氣《ウケ》を伏て、踏《フミ》とゞろかし、神懸り爲したまへるわざを因みうつして、後世天皇《スメラミコト》の御魂《ミタマ》の石屋戸刺して隱れなどし給はぬ爲の祭とせるものなり（祝詞考）。

また鎭魂《ミタマシヅメ》といふ意は、職員令神祇官の條、鎭魂の義解に鎭は安なり、人の陽氣を魂といふ、魂は運なり、離遊之運魂を招ぎ、身體之中府に鎭む故に鎭魂といふとあるに由れり。

此の鎭魂の謂れ、義解の說信《マコト》に盡されたりとも通《キコ》えず、集解はさらなり、古事記天ノ石屋戸ノ段の傳に伏ニ汗氣ニ云々の事につきて此物後世鎭魂祭儀に遺れりと。

鎭魂に此段の義を用ひらる丶は、日の神のこもり坐るを招ぎまつりし心ばへをもて、遊散する魂を招ニ鎭むるなるべしといはれたり、さはいへど此の事の幽理たやすく說述すべきにあらず、よく故《フル》實《コト》を温《タヅ》ねあきらめて、おのがじし曉るべきことにこそ云々といひ、また鎭魂とはオホミタマフリといふとあり。

義解に招㆓離遊之運魂㆒鎭㆓身體之中府㆒と謂へる神傳の鎭魂の厭術なり、然るにこゝに如㆑此爲㆑之者死人反生矣、と云へるは、その鎭魂の効驗を尤《ハナハダ》しく稱したる言にて、實に命死終《イノチシニハテ》たる者の再び活くといへるにはあらず、病に犯され或は身體を傷めなどして氣息閉塞《ソタガリ》て幾ど死ぬべくなれる者も蘇生《イキカヘリ》なむものぞといへる語なり。

鎭魂祭の證文どもを合せ讀みて考ふるに、鎭魂の法は、もと饒速日ノ命天降りの時、天ノ御祖ノ神十種の瑞寶を賜ひ、人の魂の運《ウゴ》き離遊《アクガ》るゝことのあるを云々して、神等に請祈《コヒノミ》て身體の中の府《オモトゴロ》に鎭めて齡《ヨ》を長からしむる御敎の禁《マジ》厭《ザ》法なるを宇摩志麻治ノ命の受傳へて、神武天皇の奉爲《オホミタメ》に仕へ奉りけるを始にて、御世御世仕へ奉るべく詔おかせ給へる、いとも尊き神事《ワザ》になむ有ける。（鎭魂傳やまと叢誌五）とあり。

鎭魂の意義は天照大御神の天ノ石屋戸を閉てさせられて、刺しこもり坐しける御行爲《ミシワザ》にて、こは軈て離れ遊び運る魂を招ぎて、そを身體の中府に鎭むることになれるなるべし、而して鎭は安なり魂は人の陽氣又運るなりなどいへるを古事記に徵して見るに、いと明瞭たるものあり。

古事記傳七之卷に。故於是《カレココニ》速須佐之男命《ハヤスサノヲノミコト》言《マヲシタマハク》然者《シカラバ》請天照大御神《アマテラスオホミカミニマヲシテ》將罷《マカリナムトマヲシタマヒテ》——乃參上《スナハチアメニマイノボリ》天時《マストキニ》、山川悉動《ヤマカハコトゴトニトヨミ》。國土皆震《クニツチミナユリキ》。爾《ココニ》天照大御神聞驚而《キキオドロカシテ》。詔我那勢命之上來由者《アガナセノミコトノボリキマスハ》。必不善心《カナラズウルハシキココロナラジ》。

欲奪我國耳《アガクニヲウバハムトオモホスニコソトノリタマヒテ》。——即解御髮《スナハチミカミヲトキ》。纒御美豆羅而《ミミヅラニマカシテ》。乃於左右御美豆羅《ヒダリミギリノミミツラニモ》。亦於御鬘《ミカヅラニモ》。亦於《ヒダリ》左右御手《ミギリノミテニモ》。各纒持八尺勾魂之五百津之美須麻流之珠而《ミホヤサカノマガタマノイホツノミスマルノタマヲマキモタシテ》。曾毘良邇者負千入之靫《ソビラニハチノリノユギヲオヒ》。附五百入之靫《イホノリノユギヲツケ》。亦所《マタイ》取佩伊都之竹鞆而《ツノタカトモオバシテ》。弓腹振立而《ユハラフリタテテ》。堅庭者於向股蹈那豆美《カタニハハムカモモニフミナヅミ》。如沫雪蹶散而《アワユキナスクヱハララカシテ》。伊都之男建蹈建而《イヅノヲタケビフミタケビテ》。待《マチト》問《ヒタマハク》。——何故上來《ナドノボリキマセルト》。爾速須佐之男命答白《ココニスサノヲノミコトノマヲシタマハク》。僕者無邪心《アハキタナキココロナシ》。唯《タダ》大御神之命以《ミコトモチテ》。問賜僕之哭伊佐知流之《アガナキイサチルコトヲトヒタマヒシユヱニ》事故。白都良久《マヲシツラク》。僕欲往妣國哭《アハハハノクニニマカラムトオモヒテナクトマヲシシカバ》。——爾大御神詔《オホミカミミマシハ》。汝者不可在此國而《コノクニニハナスミソトノリタマヒテ》。神夜良比夜良比賜《カムヤラヒヤラヒタマフ》故《ユヱニ》。以爲請將罷往之狀參上耳《マカリナムトスルサマヲマヲサムトオモヒテコソマヰノボリツレ》。——無異心《ケシキココロナシトマヲシタマヘバ》——爾《ココニ》天照大御神詔。然者汝心之清明《ソカラバミマシノココロノアカキコトハイカ》何以知《ニシテシラマシトノリタマヒキ》。——於是《ココニ》速須佐之男命《ハヤスサノヲノミコト》、答白各宇氣比而生子《オノモオノモウケヒテミコウマナトマヲシタマフ》。

かくありて二柱ノ神は各に約束の如く御子を生《ナ》させられ、速須佐之男命は天照大御神の物實《モノザネ》にて五柱の男子《ヒコミコ》を成しませるを以て、我心清明故《アガココロアカキユヱニ》、所生之子《ウメリシミコ》得手弱女《タワヤメヲエツ》。因此言者《コレニヨリテマヲサバ》。自我勝云而《オノヅカラアレカチヌトイヒテ》。於勝《カチサビニ》佐備《サビ》。給ひて種々の不良なる所爲《シワザ》を爲し給ひしなり。こは速須佐之男命の物實にて天照大御神三柱の比賣を生成《ウミナサ》れたるに由る、されば速須佐之男命は勝佐備に勝佐備給ひて遂に天衣織女《アメノミソオリメ》の死するに至りしかば、天照大御神見畏《ミカシコミテ》。天石屋戸閇而刺許母理坐也《アメノイハヤドヲタテテサシコモリマシマシキ》。なり爰に於て高天ノ原、葦原ノ中ッ國悉く闇く此《コレ》に因りて常夜《トコヨ》往《ユ》くといはれ、萬のわざはひ悉く發りて八百萬神の神集ひ給ふことゝなりて天ノ石屋戸開きさなれるなり。

速須佐之男命の天に參い上りますを天照大御神の疑ひ給ひて、うるはしき心ならじ必ずと、おもほし給ふこと、既に誤り給ふことにして、爲に武裝にも及び男建力《ヲタケビチカ》ら事《ワザ》させられて、これに對ひ給へることこそ畏し、そも宇氣比に因り子《ミコ》を生み給ひて、その不善《ウルハシカラザル》心の己れにあるを實證の上に覺らしめ給ひければ、速須佐之男命の不良の所爲にも忍び給ひて怒り給はず、こは反省に依り自律自制せられしものにして、即ち疑ふこころの魂は荒魂と活《ハタラ》きて所謂陽氣にして、運れる所のものなり、故にこの疑心の不結果を招くの經驗は、之を再び爲す可からざるを示し給ひ、其失敗を敎へ給ふ、而してその不善心の責めに自律自制し微毛だに自我の再現を許されざるは、荒魂を和魂に化せしめられしものにして遂に衣織女《ミソオリメ》の死《ミウセ》きに愈々責めの甚だ大なるを感せられ、深く畏み給ひて凡てを自己の一身に引責せられ、天の石屋戸を閉《タテ》させられて刺許母理し給ふこそ、心の迷を鎭め給ふことにて、所謂離れ遊せんとする運魂を招き、身體の中府に鎭むることゝも、推し測り得らるべし。而も刺許母理給ふことは凡てを舍《スデ》給ふてのことなれば即ち安らかなる御所爲《シワザ》なり、所謂鎭は安なりの意に適ふとも知らるゝなり。されば鎭魂は自我を縱にせず、心意の活き即ち運魂を統一すること、而してこれが前提に反省悔責を以てし、荒を和に化し萬事を舍《ステ》て閉戸籠居する態、即ち禪定靜坐の趣きなりとす、卑近なる語を以ていへば、疑心は總て我儘即ち縱意に因るものにして、心のまゝにふるまふこと、勝手氣儘なる心意の作用に外ならず、故に思慮を缺如し、判斷はその正鵠を失ひ隨て魂は浮かれ離遊し、身體の中府に止まるを得ずして運散すること、即ち放縱心意たるが故に、欲情を喚起せしむるに至る。天照大御神の我那勢命之上來由者《アカナセノミコトノノボリキマスユエハ》。必不善心《カナラズウルハシキココロナラジ》。欲奪我國耳《アガクニヲウバハムトオモホスユヱコソ》。とのりたまへる如くに慾心の萌すも畢竟この不善心ならむとの疑ひに起因し、この疑ひは正鵠を失したる判斷、即ち放縱心意の作用にして思慮を缺くものなり、されば勝手氣儘の心は欲情に迷ひて、我が國を奪はれまじとの意を起し、これを防がむと心は荒々しくなり、所謂荒魂の發動となりて、然く威武を振ひ示されしこと、安んぞ迷妄の所爲と云はざるを得ず、果してこの迷妄の所爲は、二柱の神の宇氣比に由り、子を生成《ウミナ》しませし實證に於て失敗に歸せり、而も欲情の眞理ならざるを示し給ふて、統治權を舍《ス》て國を顧ず刺許母理ますにいたりぬ、この失敗は迷妄の所爲の致すところ、迷妄の所爲は精神の統一を缺ぎたる心意の作用に由る、即ち縱意の盛なるものゝ必ず猜疑剛頑、固執傲慢なるものにして柔順性を缺ぐものなれば、隨て慾意に迷妄たるものなり、かくして天照大御神は自我の放縱は軈て迷妄の所爲を來し、こは必ず失敗に歸することの實證を以て示し給ひ、神の道とはなし給へるなり。

速須佐之男命の不善心ならざるが故に、其宇氣比に由り生みませる子《ミコ》の手弱女なる實證に、勝佐備《カチサビ》に佐備《サビ》給ひて、天照大御神の營田《ミツクリタ》の畔《ア》をはなち、其溝を埋め、亦その大嘗《オホニヘ》きこしめす殿に屎《クソ》まり散《チラ》しなざせらる、然るに天照大御神は斯の如き所爲あるとも咎め給はずして、此の如き所爲を爲すは彼が醉ひて吐き散らすことにて、また田の畔を離ち溝を埋むるは、溝も畔も皆新しき田にせむとしてのことなりと告げ給へり、かく詔直《ノリナホ》し給ふことは、荒魂を和魂に移し給へる自制の表示にして、反省に因るなり、そは速須佐之男命は其勝佐備に依りませる所爲は、國を奪はむが如き欲意の所爲に非ずして其所爲無慾のものなり、爰に於て天照大御神は自我の迷妄の彌々自覺せられて、其の反省はこれを咎むる能はざる而已ならず、衷心慙羞たゞざるべからず、されば自制に由りて斯く告げ給へるものなり、されど速須佐之男命は、其の不良の所爲罷め給はず、猶も甚しく爲し給ひて、天照大御神の忌服屋《イミハタヤ》に坐して、神御衣《カムミソ》を織らしめ給ふときに、その服屋《ハタヤ》の棟を穿ち、それより天ノ斑馬《アメノフチコマ》といふものを逆剝《サカハギ》に剝ぎて墮《オト》し入れられたり、其時天ノ衣織女《ミソオリメ》がこれを見て驚き梭《ヒ》にて陰上《ホド》を衝きて死《ミウ》せり、於是天照大御神はこれを見給ひ畏み給ひて、天ノ石屋戸を閇て刺許母理坐し給へり、即ち速須佐之男命の愈々益々不良の所爲甚しくなり給ふに、天照大御神も自律自制に彌々堅忍自重せらる、然るに速頃佐之男命の所爲遂に人畜の生命に及べり、されど速須佐之男命の御所爲は不良と雖も飽まで欲意を離れ、而も凡て敎訓に替ゆべき御所爲のみなるが故に、如何に天照大御神の荒魂ましますとも、これを如何ともなし給はざるのみならず、一旦自我の迷妄の祟りは、斯く終に人を殺し畜類を虐ぐるにいたることその責め輕るからざるなり、例へ須佐之男命の御所爲に依ると雖も、其起因する所は、天照大御神の御魂の離遊に出れること勿論なれば、其責め大御神に歸するなり、而も大嘗聞看殿《オホニヘキコシメストノ》を穢し、神御衣《カムミソ》服屋《ハタヤ》に凶事の起るも皆思慮の缺如に出る隨て、見畏《ミカジコ》み給ふこと當然にして、亦刺許母理ますことの必然なるを想はざるを得ず、この自律の所置に至りては勿論畏きこと白すも更なり、然く何物をも舍《スダ》給ひ、自己を没却せらるゝに到りて、始めて展開を見る事實は、天ノ石屋戸開きの史實に證せらる、而して剌許母理坐せるは、その離遊の運魂を統一せらるゝ所の作用を行はせ給へることゝもなるべし、故に後世この史實を引き鎮魂の行事とはなり、亦鎮魂祭事ともなれるものなり。

かくの如くなれば、鎮魂の意義は自己の我儘なる心的作用を制止することゝ、即ち反省して自律自制し、且つ自覺を要とす、而して悔責堅忍を持し以て諸の欲情を滅却すべく、これが方法を行ずることゝ、即ち運魂を招ぎ身體の中府たる臍下丹田に鎮むるものなり、さればこれに由りて思慮判斷の正確を得ることゝ、その精神を氣海丹田に藏め、統一の中樞を設くるが故に、神靈《カムヒ》自ら發輝し諸事神行《カムワザ》となるべければ、感性諸欲、即ち知情意はこれを滅却して、更に臍下中府を透して新生し來る所の知情意と化するが故に、其知は無我知、其情は無我情、其意は無我意なり、この私無き知情意に由る諸行爲は正確ならざるなし、さればこれを養ひ、これを修むるにあるものなりとす。

氣吹の意義

氣吹《イブキ》は息吹《イブキ》なり、呼吸氣息《イブクイキ》などいへるあり、古事記傳五之卷に伊邪那岐、伊邪那美ノ神の、國土を生み竟へられて、更に神々を生みましける、その五柱目に生れ給へる神に、天之吹男神といへる神あ、この神は大祓祝詞に氣吹戸《イブキドニ》坐須《マス》氣吹戸主止《イブキドヌシト》云神《イフカミ》、根國底之國爾《ネノクニソコノクニニ》、氣吹放氏牟《イブキハナチテム》、とある氣吹戸主止云神にあたるといへり、また古事記傳七之巻に故爾各中置天ノ安河而宇氣布時《カレココニオノモオノモアメノヤスノカハヲナカニオキテウケフトキニ》。天照大御神先乞度建速須佐之男命所佩十拳劔《マヅタケハヤスサノヲノミコトノハカセルトツカノツルギヲコヒワタシテ》。打折三段而《ミキダニウチヲリテ》。奴那登母母由良爾《ヌナトモモユラニ》。振滌天之眞名井而《アメノマナヰニフリスヽギテ》。佐賀美爾迦美而《サガミニカミテ》。於吹棄氣吹之狹霧所成神御名《フキウツルイブキノサギリニナリマセルカミノミナハ》。多紀理毘賣命《タギリヒメノミコト》。亦御名謂奥津島比賣命《マタノミナハオキツシマヒメノミコトトマヲス》。次市寸島比賣命《ツギニイチキシマヒメノミコト》。亦御名謂狹依毘賣命《マタノミナハサヨリビメノミコトトマヲス》。次多岐都比賣命《ツギニタギツヒメノミコト》。速須佐之男命《ハヤスサノヲノミコト》。乞度天照大御神所纒左御美豆良八尺勾璁之五百津之美須麻流珠而《アマテラスオホミカミノヒダリノミミヅラニマカセルヤサカノマガタマノイホツノミスマルノタマヲコヒワタシテ》。奴那登母母由良爾《ヌナトモモユラニ》。振滌天之眞名井而《アメノマナヰニフリスヽギテ》。佐賀美邇迦美而《サガミニカミテ》。於吹棄氣吹之狹霧所成神御名《フキウツルイブキノサギリニナリマセルカミノミナハ》。正勝吾勝勝速日天之忍穗耳命《マサカアカツカチハヤビアメノオシホミヽノミコト》。亦乞度纒右御美豆良之珠而《マタミギリノミヽヅラニマカセルタマヲコヒワタシテ》。佐賀美邇迦美而《サガミニカミテ》。於吹棄氣吹之狹霧所成神御名《フキウツルイブキノサギリニナリマセルカミノミナハ》。天之菩卑能命《アメノホヒノミコト》。亦乞度所纒御鬘之珠而《マタミカヅラニマカセルタマヲコヒワタシテ》。佐賀美邇迦美而《サガミニカミテ》。於吹棄氣吹之狹霧所成神御名《フキウツルイブキノサギリニナリマセルカミノミナハ》。天津日子根命《アマツヒコネノミコト》。又乞度所纒左御手之珠而《マタヒダリノミテニマカセルタマヲコヒワタシテ》。佐賀美邇賀美而《サガミニカミテ》。於吹棄氣吹之狹霧所成神御名《フキウツルイブキノサギリニナリマセルカミノミナハ》。活津日子根命《イクツヒコネノミコト》。亦乞度所纒右御手之珠而《マタミギリノミテニマカセルタマヲコヒワタシテ》。佐賀美邇迦美而《サガミニカミテ》。於吹棄氣吹之狹霧所成神御名《フキウツルイブキノサギリニナリマセルカミノミナハ》。熊野久須毘命《クマヌクスビノミコト》。とある。この狹霧《サギリ》の狹は眞《マ》と同意の言なり。狹霧は眞霧《マギリ》なることを知るべし、息《イキ》を霧《キリ》と云へり、呼吸《イツシ》氣息《イキ》似《ナセリ》二於朝霧《アサギリ》一などあり。

また書記神代巻に將ニ三永《ヒタブルニ》就《マカリナント》二乎根ノ國一ニ。如《モシ》不ニパ與《ト》レ姉《ナネノミコト》相見《トマミヘヤフガレ》一吾何《イカンゾ》能ク敢テ去《マカラン》。是以《ココヲ》テ跋《フミ》二渉《ワタリ》雲霧一。遠自《トヲヨリ》來參《キマシツ》。不《ズ》レ意《オモハ》阿姉《ナネノミコト》。翻起《カヘリテ》ニ嚴顏《イカリタマハントイツコトヲ》一。于レ時ニ天照大神。復《マタ》問テ曰ク若《モシ》然者。何以明《アカサン》ニ爾《イマシガ》之赤心《キヨキココロヲ》一也。對ヘテ曰ク請與《ト》レ姉《ナネノミコト》共ニ誓《ウケハン》。夫誓約之中《ソレウケヒノナカニ》。必ス當ニ生《ウム》レ子《ミコ》。如吾所レ生。是レ女者《タヲヤメナラバ》。則可ニ以テ爲レ有ニト濁心《キタナキココロ》。若《シ》是《ソ》男者《マスラヲナレバ》。則可下以爲レ有二清心一。於レ是《ココニ》天照大神。乃チ索二取《コヒトリテス》素戔嗚《サノヲ》ノ尊ノ十握劒《トツカ》一ヲ打チ折テ爲二三《ミ》段《キダニ》一。濯二《フリスヽギ》於天ノ眞名井《ユ》一。䶗然咀嚼《サカミニカンデ》。而吹棄氣噴之狹霧《フキウツルイブキノサヤリニ》。所レ生神《ウマルヽカミヲ》。號《ナヅケテ》曰二田《タ》心姫《ゴリヒメト》一。次ニ湍津《タキツ》姫。次ニ市杵《イチキ》島《シマ》姫。凡テ三女矣《ミハシラノヒメカミマス》。既而《ニシテ》素戔嗚尊。乞二取《コイトリ》天照大神ノ髻鬘《ミイナタキ》及ヒ腕《タフサニ》所レ纒《マカ》八坂瓊《セルヤサカニ》ノ之五百箇《イヲツ》御統《ミスマルヲ》一。濯二於天ノ眞名井一。䶗然咀嚼《サカミニカンデ》。而吹棄氣噴之狹霧。所レ生神。號曰二正哉吾勝勝ノ速日天ノ忍穗耳ノ尊一。次ニ天*穗日ノ命。云云とあり。猶ほ書紀の一書に伊弉諾ノ尊曰《ク》。我所レ生之國。唯有二朝霧一而《ノミ》薫滿之哉《カホリミテルカナトノタマヒテ》。乃チ吹撥之氣《フキハラフイキ》。化《ナ》二爲《ル》神一。號曰《ミナヲ》二級長戸邊命一ト云云。猶又古史傳三卷、神代上三之卷の末葉に、

爾《ココニ》神《カム》伊邪那岐。伊邪那美命。妹妋《イモセ》二柱《フタハシラトツキタマヒテ》嫁繼而。生《ウミ》二竟《ヲヘ》國之八十《ヤソ》國。島之八十島一。生《ミ》二給ヒ八百萬之神一。亦悉生二給《ヒ》萬物一。然後《シテチ》。伊邪那岐命詔曰《ノリタマハク》。吾所《ウメリ》レ生之國《シクニ》。唯朝霧而薫滿哉《ヌダアサギリノミカホリミテルカモトノリタマヒテ》詔之而。於《ニ》二吹撥之御氣《フキハラハセルミイブキ》一成坐神之名《ナリマセルカミノミナハ》。志那都比古《シナツヒコ》ノ神。云云この吹撥之御氣の氣は伊夫伎《イブキ》と訓べし。とあり、また同上六之卷神代上六之卷の中葉に

此是《ココニ》伊邪那岐ノ大神。興《コトアゲシタマヒ》二言曰上瀬者《カミツセハ》瀬急《セハヤシ》。下瀬者《シモツゼハ》瀬弱《セヨハシトテ》一而。初《ハジメテニ》於二中瀬《ナカツセ》一。墮《オリカ》迦豆伎《ツキ》而。滌《ソソギタマフトキニ》之時。吹《フキ》二生大禍津日神《ナシタマフ》一。云云この吹生とは、御身に受給へる。夜見ノ汚穢を祓はむと。御氣《ミイブキ》吹し給ふ。その御氣《ミイキ》に吹き生し坐せりとのことなり。又

次《ツギニ》其ノ神直日ノ神。亦名《マタノミナハ》大戸日別ノ神。亦名氣吹戸主《イブキトヌシノ》神。亦ノ名天之吹男ノ神。亦ノ名風木津別之忍男ノ神。云云この氣吹戸主ノ神の氣吹《イブキ》は氣吹《イキフキ》にて氣吹戸とは。御禊坐せる水戸を云ふ。（其は禍を直さむと

して、御氣吹《ミイブキ》し給へる戸なればなり）、さて直毘ノ神は。その氣吹門《イブキド》を主《シラ》して。禍を吹失《フキウシナ》ふ故に。かく御名を負坐せるなり。天之吹男ノ神。此御名も、禍を吹失ひ給ふよしなり云云。同上八之卷神代上八之卷に

故於是《カレココニ》各《オノモオノモ》中《ナカ》ニ置《オキ》天安河《アメノヤスノカハヲ》而《テ》。相對立《アヒムキタタシテ》而。宇氣布《ウケフ》之時《トキニ》。天照大御神詔曰《ノリタマハク》。若《モシ》汝不《ズ》ㇾ有異心《アクシキココロ》則《バ》。其所生之子《ソノウミマサムミコ》。必當《カナラズナラメ》男子《ヒコミコ》爲言訖《トノリタマヒヲヘテ》而。天照大御神。先乞《マヅコヒ》度《ワタシ》速須佐之男ノ命之御佩之十拳劔《ミハカセルトツカツルギヲウチ》。打折三《ヲリミ》段《キダニ》而。於《ニ》天之眞名井振滌《フリススギテ》而。佐賀美爾迦美《サガミニカミテ》而。於《ニ》吹棄氣噴之狹霧《フキウツルイブキノサギリ》成坐神之名《ナリマセルカミノミナハ》。多紀理毘賣ノ命。次ニ狹依毘賣ノ命。次ニ多岐都比賣ノ命。凡《アハセテ》三柱ノ女神生坐矣《ヒメカミアンマシヤ》云云。この吹棄氣噴之狹霧は。布伎宇都流《フキウツル》伊夫伎乃佐岐理《イブキノサギリ》と訓べし（書紀に然訓注あり）、氣噴は氣吹と書るも同じくて。息吹《イブキ》なり。（伊とのみ云も即ち息なり）、（於伎は息なり）、云云。

氣吹の起源は天之吹男ノ神の生れませるにあるものの如し、こは古事記に依るものなれども、書紀の一書及び古史傳に依れば、伊邪那岐ノ命の吹撥之御氣《フキハラハセルミイブキ》に成坐神《ナリマセルカミ》とあり、また大祓詞にある氣吹戸主、この神等を以てするなり、而して天之吹男神は息を吹く作用を知《シロ》し食す所の神にして、吹撥之御氣は其作用の奇しき行《ワザ》を示し給へるにて、氣吹戸主は罪穢れを吹き拂ひ給ふことを主《シ》すなり。

氣吹の作用は神神の行ひ給へること既に抄述せる如く、奇《クス》しき行《ワザ》なるはこの所爲《シワザ》に由りて、神等の生れませること、而も其の神神は現皇室の祖宗より安藝の嚴島に齋ひ祀れる市寸島比賣、宗像に齋ひ

祀る多紀理毘賣、狹依毘賣、多岐都比賣にして孰れも信向篤き神々なり。斯の如く靈驗あらたかなる神等を、氣吹の作用と其の物實とにて生《ア》れ成《ナ》し給へること、甚《イ》とも崇く奇しき御行《ワザ》にありける、また氣吹戸主止云神は萬の罪穢れ凶事などを氣吹放ち給ふ御所爲をなし給へる如く、氣吹の作用は神代に於ける神々の最も大なる行事《ワザコト》に用ひられ奇々妙々なる行《ワザ》なり、且つ之に由りて禍ひ及び罪穢れを祓ひ清める事となるなり、凡てこの氣吹の作用は其のこれを行ふに氣付かざるも、先づ小兒など何かの爲に打ち付けられて傷み所などこしらへたとき、それに息を吹きかけると、子供は其息のかゝる爽快味を感じて、傷みは直り泣くを罷める、また寒中には深大なる呼氣に於て暖溫を得る、殊に手指など息を吹きかけてあたゝまり、入浴する際氣吹を深大に爲さば爽快を覺ゆ、火をおこし、塵を吹き拂ふこと其他業務上に用ゆること、その作用擧げて數ふべきに非ず、而してこの氣吹の作用に因りて胸腔內即ち肺臟に蓄積せる炭酸瓦斯を最も多量に吐き出すことゝなるなり、呼氣即ち息を吐くには下腹に力が這入難きも、氣吹を爲すには下腹部にウンと力を入れて徐ろに吹き出すことにして、氣吹の作用は下腹に氣力を充實せしむる作用を爲す所のものと成り居れり、更にこの氣吹の副作用に由りて胸式深呼吸を爲すことゝなり、次で腹式深呼吸となり、安靜呼吸となる、而も氣吹の作用は逆式呼吸をも爲し居れるなり、かくこの氣吹の作用は生理的深呼吸法の凡てに通じ適合せる所のものなり、また精神上には之を行ふに於て諸神經を靜め感覺機能を統一し、神心自ら下腹部に藏まりて、言ひ知れぬ爽快を感ずるなり、されば氣吹は奇々妙々なる作用にして、而も眞理に適ひ人の之を行せば、不可思議の妙要を得て諸惡罪、諸穢禍を吹祓ひ身體は新陳代謝機能旺盛となり、調節裝置を整調ならしめ健康を保つに至るものなり、而してこの作用は鎭魂作用の準備作用にして瓦斯交換を調へ、身體の中府たる下腹の充實を圖る所のものにあるなり。

第二

坐法

鎭魂氣吹作法に於ける坐法、即ち坐り方、坐る方法姿勢にして、こは神社祭式行事作法に倣ふなりその敎範といへる書に、姿勢は、自然の理に出づるものにて、人は人たる自然の姿勢を根本とすべきこと明なり、これ姿勢の正しくすべく、且つ重んずべき必要ある所以なり、然るに姿勢を正しくせずして、起居進退を整へんとするは、基礎を固くせずして、大厦高屋を建てんとするが如し、姿勢の整へざるべからざる理、明かならずや、況んや行事儀式を行はんとするに於てをや、世間或は身體姿勢の如きは、形式に止まるものと、評せんものあるべし、されど至誠敬意は如何に内に充滿せりとも、之を外に現はす法式なくば、何を以て神人を感動せしむることを得ん、されば身體姿勢の如きは、小事にして小事にあらず、即ち胴造りより、體造りを生じ、體造り正しくして、始めて起居進退、敬禮作法等整齊し、行事儀式の完美を見るに至るものなれば、決して輕んずべからざるを知るべし。

胴造りは、古來禮法及び武術等に於て、秘事口傳とせる所にして、大に味ふべき事なり、凡そ何事にも、中心となるべき所なかるべからず、容儀を整ふる中心は、即ち胴造りなり、胴造りとは、脊椎腰椎、を曲げずして其の終極の所（俗に龜の尾と云ふ）を兩足の中心にあらしめ、氣と體とを腰骨の一つにて、締むる謂にして、全身の中心とすべき所、即ちこゝにあり、五體其の本を正しくすれば、末自ら直し、されば頭を正さんとするに、頸傾かんか、頭は正しきを保つこと能はず、頭頸正しと雖も、脊骨傾かんか、また頭頸正しきを得ざるべし、而して其の脊骨は、腰骨の上に接續せるものなり、（古禮に、修行の時、心の置所の事とて、凡そ一切の業をなすには袴の後腰《ウシロコシ》の所に氣を置きて、眞木を立つると云ふ傳授あり（中略）總體は眞木を忘れず、袴の後腰に心を放さず、向ふに付かず、我に逸せず）、といへるも、即ち此の理に外ならず、これ古人が秘事口傳とせる所以なるべし、さてかく說き來ると雖も、單に脊椎を眞直にし、腰椎を整ふるにありと云ふ外、言筆に顯す事難し、宜しく此の理を會得し、工夫修行の功を積むべし。

姿勢を正しくするに、缺ぐべからざる要件あり、即ち身體の周圍に、橢圓形の範圍ありと假想することゝ此れなり、此の範圍は立體座體共に身體を前後左右に傾けて、體の崩れざるを度とす、此の範圍は其の體の勢力範圍にして、凡そ何事を成さんとするにも、此れを脱しては、勢力を失ひ、事體整はざるものなれば、決して猥りに此の範圍外に於て、事を成すべからず、これ身體上のみにあらず、大にしては一國一家の上に於ても亦然りとす、況んや禮を行ふに於てをや、また謹愼の姿勢は、謹愼の心より生ずるものにして、內に篤愼の心ある時は、外身體中の開閉伸縮し得べき部內は、眼口及び指間を始め、肛門陰囊に至るまで、自ら閉塞收縮するものなり、而して內心恐怖の場合にも外形自ら畏縮して、恰も謹愼の時と同じき姿勢をなすが如く思はるれど、そは似て非なるものなり、例へば謹愼せる時は、何事も忍耐し得らるべきも、畏縮せる時は、然らざるのみならず、却て正反對の狀を表はすものなり、能く實驗玩味して誤ること勿れ。

坐體　兩足の拇指を重ね少しく膝を開き、左右の手先を、腰前に控へ、體を垂直にして、正面するを云ふ。

坐したる時の姿勢にして、人は自然の理によりて、立つ事をも坐することをも得るものなれば坐體の姿勢を正しくすることも、亦自然の理なり、而して其の姿勢は脊椎を正しくするを主とす、足は左の拇指を、右の拇指の上に重ね、(古來普通諸禮に於ても、此の定めなり、されど長座の場合等には左右を互に取換ふる方便宜なれば之れに從ふも可なり)膝は、膝間に膝を容るゝ程に開く、これ立體の足の如し、狹きに過ぐれば、體屈まりて見苦し、又開き過ぎたるは不遜の樣に見えて不作法なり、腰は、姿勢を作る根本なれば、必ず眞直にすべし、頭は胴、首と共に俯仰することなく、又左右に傾くる事なかるべし。目は端《タダ》しくして睇視せず、前方凡そ十尺の地點に着くべし、此の着眼に就きて注意すべきは、瞳《ヒトミ》をのみ故らに上下左右にせずして、着眼すべきにあり、随て瞼《マフタ》も此れに伴はざるべからず、瞳、瞼共に此《ココ》に至りて、頭の容初めて定まる、元來頭を先に正して、着眼點を定むるを、順序とすれども、今は便宜の爲かく云ふなり、而して頭の容、こゝに至る時は頤《オトガヒ》自ら喉の方に寄るものなり、然るに其の一つをのみ正さんとする時は、決して正しき姿勢を得るものにあらず、口は常に閉づべし、口の開きたるものは放心の狀見ゆるものにて事體を得たるものにあらず、總べて至誠を表はす時は、口を開くべからず、口の開けたるは、至誠籠らざる徵なり、頤は常に喉と離るべからず、此の頤の如何によりて着眼點を變じ、姿勢を亂すものなり、而して頤の喉を離れざる時は、鼻自ら臍と、垂直をなすものなり、又鼻は常に呼吸の用を爲すものなる事を知らざるもの多し、氣の容は、肅として息せざるが如しといふ所こゝに存す、禮を行ふに當りて、大に呼吸に關係することあれども、よく筆紙の及ぶ所にあらざれば略く。肩は左右平にして、聳かし、怒らし垂らすが如きは宜しからず、雍容豊圓張るが如くして張らず、垂るゝが如くして垂れざる所、筆紙の及ばざる所なり、臂の容は一に肩に基づく、最も心すべきなり、腕は普通は肩の儘寛かに兩脇に垂れて、伸べず縮めず、體に着くが如く着かざるが如くすべし、肘を持てる時は、寛かに横に張るなり、而して肘の曲りの前後に出でざるやうに注意すべし、手は普通禮の時には、上腿の中程に、八字形に左右相對せしめて置くべし、手の置所によりて、敬の姿勢とも、不敬の姿勢ともなる事あり、注意すべし、指は拇指を内にして、中指の第二節の邊りに當て、四指相離れず、又握らず、反らさず、窄《スボ》めずして、手背を外に手掌を内に左右正しく相並べて高低なく、前述の如く置き自然のまゝにあるべし、又持笏の時は、右手の手掌、稍《ヤヤ》下腹に向ふを以て左手も亦此れに準じて、相對せしむべし。

正坐　とは、坐體の條に述べたる所の姿勢にして専ら正笏せる場合になすものなれども、普通座禮に於ける本座にある時及び行事の前後等、持笏の時といへども、成るべく此の姿勢に據るべきものと心得べし。

跪《キ》居《キヨ》　はヒザマヅクとよみて、足を爪立て、膝を地に付くる體にして、立體より座體に移る時、又坐體より立體に移る時、或は膝行をなさんとする時等、此の體を用ふ、其の法膝間を開くは、正坐の如くし、足は爪先を内に折り立てゝ、前後に俯仰せず、左右に傾斜せず、踵と臀とを離し、（但し起着の時に限る）上體の自然を保つにあり。

安坐　とは、正坐に對して、安らかに坐する義なり、古は左右の足蹠を合せ、臀を直ちに地に着けて坐せしことあり、されど今は其の用なければ云はず、こゝに擧ぐるは、俗に所謂アグラを組むことにて、これ等皆、古來胡坐、趺坐等の文字を用ひたるものなり、此の坐法は、組みたる外足の爪先を上座の方に向はしめざるを禮とす、故に左側のものは、左足を内にし右足を外にし、右側のものは之れに反し、左面のものは、右足を内にし、左足を外にし、右面のものは之れに反す、而して正中にあるものは、右面と同じく右足を外にす、此の坐法は、現今多くは祭事に用ひざれども、直會式等に用ふる事なきにしもあらざれば、心得置くべし。

　龜居　とは、足を左右に開きて、其狀龜の如き坐法なれば、かく云へるなり、龜居はカメヰと讀み、又字音のまゝにキキヨとも云ふ、正坐と異なる所は、正坐は足を臀下に置けども、龜居は臀の左右ににがして、龜足の如くにして居るなり、此の法古く朝廷にて、叙位除目等の時、多く行はれたり、今祭事に用ふる事なければ、用なきに似たれど、キキヨと訓むより、跪居と混同して、世に誤解せる者もあればこゝに辯せり。

　かく説明せらるゝ所の姿勢坐法を用ふるなり、其正坐及び安坐（これは趺坐を採用す）、猶は安坐に樂坐といひて冷人の坐法あり、この坐法は臀部を席に着け、兩脛《ハギ》を組み合せ、兩踵を兩股に引き着け、下腹部を膨滿せしめて坐するにあり、これ等は凡て採用す、最も重用すべきは龜居に似て龜居でなく、正坐に類して正坐法でなく、その中間に位する坐法にして、專らこれを用ふるなり、その坐法は正坐の坐法に坐して、而して徐々に兩足を左右に開きて肛門をその中央に席に墮し着け、兩踵にて腰骨を挾み、膝頭は膝間膝を容るゝ程開きて坐するなり、この坐り方に似て坐するに老人婦女多くせり、古來長壽者の坐り方なり、この坐法は老人になると生理的に胃嚢下垂するを以て、隨て腸を下腹部臍下に押出すが故に、氣海丹田自ら膨滿となり、白隱禪師の所謂篠打せざる鞠の如く、而して鳩尾は弓はり月の如き形に窪み、横に腹の三壬を引き相法に於ける腹の上相を呈し、而して臍は天に對ひ鼻頭と相對峙す、この坐り方を櫻寧居士は臀肉を以て席上を壓する意をなせといへり、本法の坐法として、この坐り方を選び重用せる所以は、神に對侍し居る自己の敬虔の念を表示するには、其の容儀に顯れざるべからず、我等日本人の慣習として、正坐はその坐り方としての敬意を表示せるものゝ如く思惟するが故に、跪居安坐の如きは如何にも不敬の容型と考へらるゝなればなり、然れども祭事に於ては既に樂坐と稱して安坐の一種を伶人はこの坐法を限りて用ひ、(然し此の坐法には伶人として或る意義を有す)、跪居も瞬間なれども、其起着動作にこの坐法を行ひ居れり、されば意義を有してこの坐法を用ふるも、神は何等敬を失するものとも思ひ給ふまじ、されど我等の習慣は膝頭の正しく屈折せられ、臀部が落付きて姿勢容儀の項下に述べられし如き型にあらざれば、衷心敬虔の念を表示せる意義を爲さずとするなり、故にこの觀念に於てこれを重用せること其の一なり、姿勢容儀を正しくするには腰部に意を用ふること既に説明せられありし如し、其の腰部を正しく落付けるには、臀肉を席に落し着け兩足にて堅く骨盤を挾み兩拇指を臀肉にて壓へ、膝頭は其の間を片膝を容るゝ程に開き、下腹部を張り出すに支障あらしめず、脊柱の自然のまゝに直立するならば、鳩尾は必ず張り出でずして窪み、體は動搖せず、屈するなれば胸廓の垂下に腹部に壓迫を受け窮屈になり、反れば膝頭揚りて仰向けに轉ぶ心持になり、左右に屈めば踵にて腰骨を壓して痛みを感ず、唯だ頭部は放逸となる、故にこの部に最も意を注ぐを要するも、總じてこの坐法は他の坐法よりも合理的のものなること其の一なりとす、二木醫學博士の唱導せらるゝ所の、腹式呼吸を營むに、適當なる而も自然の坐法ともいふべきものなり、寔にこの坐法は單にこの坐り方を爲すに於て自らに腹式深呼吸を營むことを得るなるべくして、殊更に深呼吸の作用を營むに及ばざることゝ結跏趺坐するに由りて深呼吸を爲し得ると等しきなり、而して臍下丹田を充實せしめ、腸の蠕動作用を圓滑に活かしむることも、亦結跏趺坐に劣らず、結跏趺坐は婦女子の採用する能はずして且つ動もすれば姿勢を崩し安く、敬意を表し難し、跪居は準備坐法或は休息時にこれを採用すべく、安坐は休憩坐法として用ふるものなり、要は坐するに敬虔の念を表し、身體の組織諸臟器に障碍なからしめ、凡ての調節裝置を完備整調ならしむる、所謂合理的なる坐法を選び採用するにあるものなり。

揖拜拍手

本法を行ずるには、神に對侍して行ふものなるが故に、揖、拜、拍手の形式を要となす、この形式は坐法の如く神社祭式行事作法に倣ひて行ふことなり、その敎範に

揖《イフ》　は古來、拜揖とも屈揖とも熟し云ひて、腰を折りて敬意を表する作法なり、これ所謂經《タテ》の禮といふべし。

頭は身體中高上に位し、最も貴き部分にして、心に敬虔の念をもちて、頭を下ぐるは、これ敬意を表する形式にして、自然の理なり、然れども頭のみを下げんとするは、身體自然の理に背きたるものなれば、禮の本義に適はず、故に揖を行ふは、體の上部を、頭と共に前に折る（腰を折りて頭を折らず）ものたることを、忘るべからず。

揖は拜に亞ぎて、敬意を表する作法なれば、之れを普通禮の上にて云はゞ、辭儀（辭儀とは、常に拜の如き場合に云へども拜とは異なり）又は會釋に、相當するものなるべし、何となれば、古來揖の義を解ける諸説を概括して。之を判ずるに、一は推讓の意にして、一は小敬の意あればなり、凡そ敬禮は、時、處、位に應じて、適當に之れを行はざれば、如何に鄭寧慇懃なりとも、却て不敬に陷るものなり、此れを古人は慇懃の無禮とて戒めたり、揖の如きは殊に然りとす、さて此の作法は、場合によりて、或は深揖し、或は小揖し、或は繁簡を計る等の事ありて、一定せざるが如し、故に古く公卿方に於ては、大に此の作法に力を盡

せり、そは之れを行ふ事の、節に當ると、否とによりて、其品位に關することあればなり、古書に公卿辨官作法、只在レ揖也と云へる語、大に味ふべき事なり。

揖には古來其の名稱種々ありて、座揖、居揖、立揖、起揖顧揖、深揖、拜揖、屈揖、小揖、閑揖、早揖、對揖、相揖、揖讓、禮揖、答揖、揖許、曲折ノ揖、沓揖、二段ノ揖、三段ノ揖等ありて、煩碎なるが如しと云へども、蓋し要するに、左の四種の標準によりて、類別する事を得べし、(一)起居によりて云へると、(二)淺深によりて云へると、(三)自他の上より云へると、(四)時處によりて云へるとの外なきが如し。

坐揖 深揖 小揖　坐したるまゝ正笏して、笏の下方を、腹部に引くと共に、腰を折るをいふ。

正笏の手本を前に引き、笏尾を臍に寄せ、笏上を外に傾くる事二寸餘にして、身、並に笏共に、次第に傾けて俛伏す、(揖せんとする時、少しく退くが如き體に見ゆるを可とする故實あり、又笏を持てる手背の、上腿にあたるを度とす、角度にて云はゞ、臍の水平線上に、凡そ三十度内外の角を作る程なり、古く大方腰の通りまで、うつぶくなりといふ說あれば、それを誤解するものなきにしもあらず、されど實際、腰の通りまで、伏さんとする時は、座揖には、息苦しくして、行はれがたし、立揖には、頭頸自然に腰よりも下りて、反りて見苦しき體を顯はすものなり、彼の大方と云へる文字に注意し、試みて味ふべし。)笏は二寸餘の間隔を保ち、笏端昂らず仰《アフ》がず、身と平になし、身は面頸を垂れず、腰を折る許《バカリ》なり、伏すも起くるも、笏と面との間、相去る事同じ程なるべし、頭、頸、肩、脊直なるべからず、屈すべからず、又反るべからず、伏起共に疾《ハヤ》からず、徐《オソ》からず、其の中を得べし、但し起揚の時は、伏す時よりも、聊か疾くす、(伏す時は胸にて抵抗物を壓する如く、起くる時は、背にて之を押し除く如き、心持なるべし、(師傳))屈腰の間、一念了りて、（凡そ三息一說二息）起揚す、揖して後、笏の手本を下《クダ》す、これ揖を解く法なり。

立揖深揖小揖　立ちたるまゝ正笏して、笏の下方を、腹部に引くと共に、腰を折るをいふ。

揖に深揖小揖の別あり、腰を折ることの淺深に依る。

揖は坐の起着、列の離就、階の昇降、殿舍及び神門の出入、物品の授受、尊前の進退、行事の前後、沓の着脫等に行ふ所作なり。

神饌獻撤、祝詞奏上の前後、及び御鑰を捧持せる時等にありては、正笏せざることあるべし。

立揖は、起立の時に行ふ作法にして、其の法及び注意すべき事項は坐揖に同じ、只腰を折るに隨ひ、自然に任せて、臀部を後方に引き、膝を折らざるにあり。上に述ぶる所は、坐揖、立揖共に、深揖を說けるものなれば、左に小揖の法を說くべし。

小揖は、深揖に比して、腰を折ることの淺きを云ひ深揖は腰を折りて俛伏するを云ふ、閑揖は一に小揖と稱して、腰を折るのみにて、俛伏せざるを云ふと云へる說あるも、蓋し此の意なるべし、其の作法、坐せると立てるとに拘はらず、深揖に云へる要領に從ひ、凡そ七十五度内外の角を作る程なるべし、隨つて腰を折る間も、深揖より短きものとす、（揖を說くに、角度を以て標準を定むるは、穩かならざれども、其の腰を折る、大體を示さん爲め、左に圖を揭げて、習禮者に便す、）揖を行ふ場合は前に擧ぐる所の、内務省告示に據るべきは勿論なり、されどこは、其の大體を示されたるものにして、之れを實地に行ふに當りては、其の繁簡をはかりて之を省略し、或は之れを兼ね行ひ或は深揖し、或は小揖する等の便宜を計る場合あり。

拜　　は正笏して、笏頭を目通りに上げ、上體を俛伏する作法なり、拜はヲロガムと訓じ、先哲解して折れ屈む義とす、蓋し支體を屈折して敬禮するを云ふなり、後轉じてヲガムと云ひ、又立讀してハイといふ、所謂經の禮にして、揖よりも尙ほ一層重き。敬禮作法なり。

敬意を表する爲めに、頭を地に近づくるの、自然の理なる事は、旣に敬禮作法、及び揖の條に於て、說明せる所なり、さればそは玆に贅せずして、其の種類及び作法等に說及ぼさむとす。

拜にも古來、其の名稱種々ありて、起拜、居拜、坐拜、老人拜、婦人拜、扱地拜、肅《セウ》拜、小拜、跪拜、伏拜、屈拜、啒拜、立拜、一拜、再拜、三拜、四拜、四度拜、四段拜、兩段再拜、再拜兩段、兩度再拜、八度拜、三拜、三度拜、七拜、九拜、拜舞拜、舞蹈、樂拜、拜謝、謝座ノ拜、酒ノ拜、悅拜、親族拜、答拜、對拜、列拜、共拜、吉拜、凶拜、拜伏、拜禮、笏拜等なり、これ亦煩碎なるが如しと雖も。蓋し要するに左の六種の標準によりて、類別することを得べし。(一)起居によりていへるもの、(二)度數によりていへるもの、(三)恐悅謝恩の意よりいへるもの、(四)自他の上よりいへるもの、(五)共同の上よりいへるもの、(六)吉凶の別によりていへるものゝ外なきが如し。

拜伏、拜禮、禮拜は、其の名稱、唯單に拜といふべき所に用ひられ、笏拜は、其の詳なること知り難しといへども、笏を持たずして行ふ拜に對して、笏を持ちて行ふ拜をいへる、名稱に過ぎざるが如し。

敬禮　輕重は、頭を下ぐることの淺深によること、古書に、凡御所、及び中宮、東宮ニハ稽首、餘ハ皆跪拜セヨ（低頭ノ高下ハ隨ニ人ノ貴賤ニ）（延喜式）とあるがごとし、然れども又、其の度數によりてもあらはして、少きを輕しとし、多きを重しとす、これ拜中一拜の最も輕く、八度拜の最も重き所以なり、而して古くは、多く起拜にて一拜をなしたること、居拜にて八度拜をなしたることは無きが如し。

起居によりて、輕重をあらはすものは、起拜、居拜、立拜にして、度數によりて、輕重をあらはすものは、一拜、二拜、三度拜、四度拜、八度拜なり、而して度數によりてあらはすものは、自然起居によりて、あらはすものに伴なふ、これ内務省告示にも、單に此の三種を示されたるゆゑなるべし、故に今、起居によりてあらはすものを、左に三項に分つ。

一、起拜　　右膝より立ち、右足を進め、兩足を踏み整へて體を正し正笏して笏頭を目通に上げ、左膝を伏せ、尋ぎて右膝を伏せて俛伏するをいふ。

起拜は、拜の本體ともいふべし、されば、單に拜といへば、皆起拜のことゝ知るべし。

再拜は、一拜を二度連續して行ふをいふ。

兩段再拜とは再拜を二度するをいふ。

兩段再拜は古くより神拜にも朝拜にも行はれしが如し、そは延暦年間、渤海國の使節、朝賀に列するに及びて、四拜を減じて、再拜とせられたることありしを以て知るべし、爾來漸く朝拜は、再拜となりしかども、前揭北山抄の文中、本朝之風、四度拜レ神云云とあり、又於二院宮並人臣一者二拜也、於レ神兩段再拜之間申レ所レ願也（作法故實）などありて、神拜のみには猶ほ四拜行はれたり。其の作法は再拜の要領に準じて知るべし、兩段再拜には、四拜連續して行ふ場合あり、又再拜と再拜との間に、拍手、或は祈念、又は祝詞奏上等を行ふことあり。

二、居拜　坐したるまゝ正笏して、笏頭を目通に上げ正座して俛伏するをいふ。

三、立拜　立ちたるまゝ兩足を踏み整へ、體を正して正笏し、笏頭を目通に上げ、腰を屈折するをいふ。

拍手　兩手を合せ、靜に左右に開きて、拍ち合するをいふ、坐せる時は、置笏し、立てる時は、懷笏して行ふものとす。

拍手は平手とも開手とも書きて、古くヒラデといへり、蓋し一は形容の上より、文字をあてたるにて、手を平にして、拍ち合はするにより、一は作法の上より、文字をあてたるにて、手を左右に開きて、拍ち合はするによりてなるべし、而して拍《ウツ》二開手《ヒラデ》ヲ一とも、手をうつともいひ、又手をたゝくとも云へることあり、其の他廣手とも、弘手とも、打手とも或は拍手何段とも、短拍手何段とも、開手何端とも、又單に手何段と云ふやうにも書けり、尙ほこの拍手をカシハデといふより、種々の說あれど、そは拍と柏とを誤りて、一つになしたるがもとにて、普くいひ廣まりたるものなること、既に先哲の論說あり、さて、拍手は、我が國獨特の敬禮作法にして、所謂綽禮中最も重きものなり、(支那にても、周禮の九拜ノ中の一つに、振動といふことありて、註釋に爲㆓振鐸之振㆒、動讀爲㆓哀慟之慟㆒といひ、又戰栗變動之拜といひ、又以㆓兩手㆒相擊也などあれど、この手擊つ事などは、只註釋の一說にとゞまりて果して、彼の國に、實行し來りたりや否や、又哀慟といひ、戰栗といふことなど、皆我國の拍手とは、全く其主意を異にせり、)拍手は、もと驚き喜ぶ場合に、知らず識らず行ふ自然の所作なり、古書にも、唯是事の親切感慨に逼る、則拍㆑手事、少稚愚夫痴嫗と云へども亦有㆑之、豈彼等に於て其禮を知らんや、其至誠不㆑覺至㆓于此㆒、是ぞ拍手の敬なるべき(古今神學類編)といひ、又今も世人物に感ずることあれば、自然と手を拍也、其の拜する所を思込て、手を拍ば、其思込所へ響きて、感ずる也、(神拜傳)といへるなど、深く味ふべし、かく自然に發すべき所作を、種々に規定する必要ありやと思はるれど、そは禮の眞髓を解せず、只理論にのみ馳せたる偏見といふべし、事物の進歩と共に自然を律して、放縱亂雜ならしめざるは、秩序を保つ所以なり、自然も秩序保たれて、いよいよ自然たる妙味存すべし人の人たる禮に於ても、亦然りとなす、この拍手の如きも、その所作を不規律ならしめず、且つ其の數の多寡によりて、禮の輕重を現はす事となれるは、此れ亦自然の理勢なり、これ予が一私言にあらず、既に先哲の論說あり、就中今藤井高尙翁の說かれたる要旨に基づき、愚考をも倂せて、さらに聊か左に述べんとす、さて拍手はもと、驚喜の情禁じ難くして、拍つものにて、今も猶ほ事物に感ずる時、思はずも手うつことあるは、自然の勢なり、かく感悅の情自然に發して、之れを行ふは、對者をふかくめで思ふ心より、誠意を表する、眞情の現はるゝものにて、對者も亦喜悦の情を以て、これをむかふるは、自然の理にして、即ち双方自然に發したる至誠忠恕の心の花なり、抑ゝ人の交際上の、禮儀のこゝろを思へば、表面を装ふは、末事にして、ふかくめで思ふところの、至誠の現はるゝを表はして、對者を喜ばしむるを、對者も亦喜ぶこゝろの、現はるゝを表はすを以て、本義とするものなり、これ古人の所謂、禮の體用おのづからこゝに存す、さればこの手うつことも、彼の拜に併せ行ひて、共に禮儀の事として、殊更にうつことゝはなれるなり、聞く處によれば、今一般に行はるゝ普通禮の膝前に手を下し、指先を接して拜する、合手禮の作法は、拍手より出でたりといへり、さもあるべし、漢籍に、禮之用ハ和ヲ爲レ貴とあるも、蓋し此の意なるべし、即ち禮の要は、敬と和との、一致を以て全くとし、敬は專ら拜に存し、和は專ら拍手に存す、故に此の二者の時宜に應じて行はるゝは、禮の根柢とする所にして、我が國古來、その時宜によりては、拜のみをして、拍手をせざることあり、又拍手のみをして、拜はせざることあり、而して二者併せ行ふは、敬禮の重きものなり、況んや其の數の多きにおいてをや、これ我が國獨特の敬禮作法にして、その拍つ主旨も、周禮の振動などゝは、自ら異なる所以なり、さて拜と拍手との二つは、禮儀のもとなるが、はじめは各自自然になすことを、倘ほよくせよ、その體を得よと敎へて、それを禮儀となしたるものなり、倘ほいはゞ、尊者に對すれば、頭の垂るゝは自然の勢ひなるを、これを深くせよ、その體を得よとをしへ、又人に逢ひて、感悅に堪へざるより、手ひとつ拍つは、自然の勢なるを、數々うて、その體を得よと敎へて、此のふたつを、禮儀のもとゝせり、これ人性自然の理勢に從ひて、自然を律し益〻その至誠敬意を、深厚ならしめたる、先賢の明に、翁の感ぜられたるに、予も亦深く感ぜり。

拍手は、遠く神代より傳はれるものにして、其の起原は、天岩屋戸の段に、行はれたるものゝ如く思はるれど、史籍の徵すべきものなし、されば大國主神の御國讓の時、事代主神の拍ち給ひし天ノ逆手を濫觴とす、これ等至誠敬意を表する、所謂感極る時には、必ず之を行ひたるものにて、爾來漸く、我國人の禮となりて、（魏志倭人傳に、倭人云云見二大人所一レ敬、但搏レ手以當二跪拜一といひ、又集韻に、今倭人拜、以二兩手一相擊、蓋古之遺法といへり、）古くは、特り神拜の時にのみ行ひしものにあらず、彼の持統紀に、即二天皇位一、公卿百寮、羅列匝拜而拍手焉、などありて、朝拜の時等にも、行はれたるものなり。（こは桓武天皇の延曆の頃より、漸く絕えしことは、既に先哲の說あり、）拍手の禮の輕重は、拜と同じく自然其の拍つ數の多寡によりてあらはすものゝ如し、故にその數を計るに、一段二段三段四段といひ、或は度を以てこれを別ち、度別八遍などいふことあり、又その拍手にも、種々の名稱を附することゝはなれり、今この拍手の古來行はれたる場合の大略を擧ぐれば左の如し。

一、天休を逆《むか》へ來たす時、

一、祝賀の意を表する時、

一、他人を我方に、呼び寄する時、
一、同感の意を表する時、
一、感悦極まりし時、
一、神拜の時、
一、朝拜の時、
一、供進物を受け給ふ時、
一、幣帛を、取り捧ぐる時、
一、玉串を受くる時、
一、木綿鬘を受取る時、
一、太刀糸等の下賜品を、拜領する時、
一、任官の時、
一、御鑰を封じ畢りし時、
一、返祝の時、
一、祿を拜領する時、
一、酒食を賜はりし時、

一、饗宴の時、

一、饗宴畢りて、退出する時、

この他曲禮にて、その徵證はいまだ見あたらざれども、世俗諸商人が夷講《エビス》と號して饗讌《フルマヒ》のとき、又は賣買のをり、双方熟議の上、物價を取極めし時、或は役者、義太夫語りなどの諸藝人總稽古などをして、その式を行ふとき、又力士が將に相撲に及ばむとする時、及び土俵入の式を行ふとき、或は禮ならずとも、兒童等が、高き所などより決心して飛ぶとき、又歌舞音曲の、拍子にも拍手せり、尙ほ此の外、悔しくあさましき折などにも拍つことあれど、そは常の順拍《ジユンウチ》とは、拍ちやう自ら異なり、以上二十數種を大別すれば、

一、感悅、祝賀の時、

一、神拜、朝拜の時、

一、授受、決定の時、

一、酒食物品、下賜の時、

一、事の終結して退散する時、

等の五種となる、而してこれを要するに、彼の事代主神の、拍ち給ひし、天ノ逆手の主旨に外ならざるが如し。

手につきて一言すべきことあり、そは由來この逆手は、常の順拍ならぬ、異樣の拍ち方なりといひ、又甚しきに至りては、（後ろ手に拍つことにて、人を詛ふとき如此するなり（本居翁は、さすがにこの呪詛を、その觸を柴垣に變化せん爲めのまじなひ術ならんといはれつれど、なほいかがとおもはる）などいふ、伊勢物語の文脈を思ひ違へて説ける、忌々しき説もあれど、そは甚しき誤りなること、既に伊勢貞丈翁の説によりて、平田翁が大いに辯論せられたれば、其の事につきては、今更贅せず、只いはんとするは、逆手の字義にあり、元來大國主神は、古傳によりて、天神の、御待遇の上よりいひても、また御名七つをも有し給へる上よりいひても、國神中の主宰の神たる、御神德の高大なること、今更言を待たず、此の國土は、畢竟天孫に讓り給ふべき、修理固より豫知し給ひしことも、亦古典に徵して明なり、其の御子事代主神は、御父神の、特に恃み給ひし御子なり、これ亦その條理の存する事などは、御父子の間、彼の所謂聽二於無一レ聲、視二於無一レ形にて、即ち以心傳心を以て、もとより豫定し給ひしことも、亦うかがひまつるに足れり、而して古來この神は、忠孝兩全の神と尊崇し、聰明果斷の神と仰慕し、皇室の近き守護神と祭られ給ひ、皇室に對し、國家に對して名實空しからず、御功績の顯著なることは、史籍に徵して又明なり、讓國の當時の狀をうかがひ奉るに、事代主神の英斷、立どころに大義名分を正しくして、萬世無窮の基礎を、確固たらしめ給ひしこと、古來上下一般の龜鑑として敬仰するも、宜なりといふべし、然るに、その神のこの國土を擧けて、天孫に讓り給ひ、いさぎよく退きて、最後に拍ち給ひし、天ノ逆手を以て、人を呪詛する所作なりなど、不祥なる説を立つるは何ぞや、又近來この天ノ逆手は拍手の禮の起原として見ざる説さへ起れるは何ぞや、これ予が常に、彼の二神に對し、又皇室に對し、國家存立の上より考ふるも、眞に遺憾とするのみならず、甚だ不本意とする所なり、予が生國は出雲國にして、彼の事代主神の潔退して鎭座し給ふ三穗の碕（今美保關といふ）なる、國幣中社、美保神社に、古來奉仕せる横山家は、予が緣家なるを以て、幼少の頃より屢々往來せり、同家に於ては、この古典にある天ノ逆手の訓を、決してサカデとは訓まず、ムカヘデと訓む古例なるよしを聞き、常にいぶかしくおもへり、然るに、余が先輩、舊松江藩士、故鈴木蕃氏が、嘗て、この逆手のことを種々考證して曰く、旅客を迎へひきて、止宿せしむる客舍を逆旅といひ、又敵の政擊に先だちて出でて戰ふを、逆戰といふも、みづから進みて爲す事にて、皆迎ふる意なり、尙ほいはば、國語（書名）中、ここかしこに逆の字を、迎ふる意に用ひたりしこと多き中に、その第三卷、周語章中に、少光二王室一、以逆二天休一とありて、註に少猶レ裁也、光は明也、逆は迎也、休は慶也とある、これこの逆手の主意に略ぼ適ひたり、されば、ムカヘデの訓こそ事代主神の眞意を得たるものと、いふべけれといはれたり、當時予いまだ若年の頃なれば、何心もなく聞きすごしたるが、爾來注意考察するに論語不レ逆レ詐、不レ億二不信一といひ又書經に、敬逆二天命一云云と、いふこともあり、尙ほ儀禮に戒二衆介一、衆介皆逆レ命不レ辭、などいふこともあれば、愈々その説の確固たることを悟れり、よりて按ずるに伊勢、平田の二翁は、逆は借字にて、退の字なりといはれつれど借字にあらず、これ古典撰者が、用字上に於て事代主神の眞意を悟らしめんための注意周到なることを、悟り得たる心地せり、これによりて、熟々思へば、訓二翁の説の如く、サカリの、省略語にして、退りと同義なり（サとマとは、音相通ず）されば古訓にて、サカデと讀めるは、退き給ひし、その御動作のうへよりいひ、逆の字を用ひしは、御動作の眞意を、あらはせるものにして、即ち彼の天休を逆へ、天命を逆ふの意なるべし、故に、其の訓方は古訓のまゝ、サカ手と訓むも、逆の字義は、迎と同じくして、そのむかふる意は、迎よりも、猶はつよく、深きことを辨知すべきなり、ここに於て、彼の二神の、御威德も、皇室の尊嚴も、いよいよ顯れ、又この逆手の、おのづから、拍手の禮の、起原となりて、所謂諸拍手の主旨も、亦これに外ならざること明なり、ついでにいはむ、彼の大國主神の幸魂奇魂を、大物主神と申し、また御子を事代主神と申すも、御父子にて、物と事とを、分掌し給ふ、御功德のまします、程を、伺ひ奉り、而してこの國家の大事を明斷し、大義名分を明にして臣民の、皇室に對する、無窮則を定め給ひし所以を悟りて、いよいよその尊き神慮の程を、感佩して止まざるなり、これ等につきても、委しくいはまほしけれども、ここには、用なき事なれば省、）而して其の數は、能く知りがたけれども、古書によれば、一、二、三、（三つの數は、ありやなしや判然せず、古書に、三變、又は三段、などあれど、そは別に說けるなり）四、八、十二、十六、二十四、三十二等種々ありて、其の事の輕重により、一定せざるが如し、又其の數の多寡、及び拍方によりて、名稱を異にせり。

短拍手　は短手とも云ひて、此の訓は、先哲の說によれば、ミジカクテヲウツとも、ヒキクテヲウツとも、或はシノビデウツとも訓むべし、（短の字をシノブと訓む例なければこのシノビテと云ふは、後世の名目なること、亦先哲の說あり）こは長拍手に對して、云へる名稱にして、ミジカデと云ふは、數の少きより云ひ、ヒキデ、シノビデといふは、音の低きより云ふなるべし、其の數は、四を以て一段として、その以下三、二、一、をもこれに準じて、短手といへるが如し。（四はその主なる名稱なり、）今諸社の祭典に行ふ拍手の禮は、多く此の短手にして、二又は四の數なり、即ち再拜拍手の時には二、兩段再拜の時には四なり、而して兩段再拜は既に拜の條にいへる如く、神拜の古例にして、拜を連續すると、せざるとあり、この拍手も、亦その如く、四つ連續して拍つ場合あり、或は二つと二つとの中間にて、祈念、又は祝詞奏上等を行ふことあり、故に今は、祝詞奏上のときに行ふことゝなりて、右兩段のうち、始の再拜一段終りて、二拍手し、次に祝詞を奏し、次に又二拍手して再拜一段することゝなれり、これ前後合せて四拍手なり。

近來此の短手を悲哀の餘りに拍つものとして、葬儀の場合に行ふものなりと云ふ說あり、これ短手をシノビデと訓ずることあるによりて、葬儀にのみ拍つものと、心得たる誤解なるべし、元來葬儀のみならず、總べて儀式に當りては、最も愼重、且つ靜肅に拍つべきものなれば、シノビデと云ふ訓の起りたるもの丶如し、然るに之を以て、直に短手は、葬儀の時に拍つ拍手なりと斷定するは、甚しき誤りなり、故に冷泉翁は、已に其の著祭典作法に之れを區別して、短手の外に忍手の名稱を擧げて說明せられし所あるは、かゝる誤のいでむことを憂へてなるべし、故に予も亦これに從ひて、別にこの名稱を下に擧げて、說述することゝせり、尙ほ古例を按ずるに吉凶によりて拍手の禮に別ある事を見ず。

長拍手　八開手のことにして、式文に長拍手兩段とも、又拍二八開手一、次拍二短手一などありて、短拍手に對したる名稱なり、其の數は八を以て一段として、その以上十二、十六、二十四、三十二、をもこれに準じて、長拍手といへるなるべし。（八はその主なる名稱なり、）

八《ヤ》開手《ヒラデ》　とは、八平手ともかきて、手八つ拍つを云へるものにして、即ち長拍手なり、元來彌《イヤ》開手の義にて、數に制限なかりしもの丶如く思はるれど、後には正しく八と限れる者の如し、そは貞觀儀式、踐祚大嘗會の條に、皇太子以下、五位以上、就二庭中一、版二跪拍レ手ヲ四度（度別ニ八遍神語ニ所謂八開手是也、皇太子先拍レ手ヲ南ニ退、次ニ五位以上拍レ手ニ）とありて、（延喜式、北山抄、江次第等又略ぼ同じ）即ち一度八遍なる事を知るべし、皇太神宮儀式帳、止由氣宮儀式帳等によれば、同宮に於ては、古來八度拜の時には、多く八開手を拍たるゝものゝ如し。

連拍手　の名稱は、古書には其の例ありや見當らねど、現今普通に用ひられ、而も强ち不當の名稱にあらざれば、爰に存せり、此の作法は、其の拍つ數、短拍手に同じく、各員同時に齊しく拍つべきものとす、抑ゝ連拍手は、彼の數百千の軍人、一令の下に、其の執る所の銃を齊發すると、異なる所なきものにして、其の對者をして、感動せしむるも、一に此の齊發の巧拙如何に存す、而してその巧拙の如何は、數百千の將卒の、精神と技術との一致せると否とにあり、されば祭儀を行ふにあたり、最も敬禮を表する此の拍手にして、其の音の區々亂雜ならんか、爭でか神明に感通する所あるを得ん、故に此の作法を行ふには、各員能く其の精神の一致と、作法の一致とにつとめて、其の音の區々亂雜ならざる事に留意すべきなり。

合拍手《アハセ》　は、古く神職が、祭文、及び幣帛等を幣使より受けて、本殿に納め、歸り來りて幣使に對して、返祝の時に行ふ拍手なり、今は奉幣行事を行ふ時に、此の古例を行ふ事となれり、其の拍ち方は神職及び使、互に二つづゝ拍つものにして、其の順序は、神職の終りの手と、使の始めの手とを合するにて、音は三つに聞ゆるものなり。

禮手《ライシュ》　は直會等の節、勸盃《クワンパイヤク》役の人より酒盃を受けんとする時、拍手一端するを云ふ、

後手《サガリデ》　は、近時多く退手と書けり、此の拍手は、サガリデ又はマカリデと訓むべき事、先哲の說

あり、延喜式に、行酒三杯、以後拍二後手一退出などありて、直會饗終りて、退出の時に行ふ拍手なり、神宮にて行はるゝ、八度拜の後につ拍手を、後手と云へることありて、ノチデと訓めり、そはこの後手とは、文字同じくして、意は聊か異なり、其の後手《サガリデ》の數は、判然せざれども、四つ、或は二つなるべく、又後手《ノチデ》の數は、一つのものゝ如し。

忍手《シノビデ》の文字は、古書に見えず、されど短手の條にて云へる如く、冷泉翁の、殊更にこの名稱を擧げて、短手とは異なりといはれたる說によりて、予も亦殊更に此の名稱を擧ぐるは、世の誤解を恐るればなり、さて忍手は、上述の短手を訓せるシノビデとは、其の名同じけれども主旨異なるものにて、これぞ今日葬祭に行ふべき拍手にして、音を立てずして、しのびやかに拍ちて、悲哀の情を表はすものなるべき。

拍手の作法は、左右の手を胸の通りに、(指先を少しく上に向けて)先づ平頭に合せ、而して指間をひらかず、指を反らさず、屈めず、眞平に開きて、靜に拍ち合はするなり、右手の指端と、左指の第一節の邊とを拍合す、(こは音あらしめん爲なり、)さて拍ち終らば、はじめの如く、右手の指先を、左手の指先に整頭せしめて後に解くべし、音はさのみ高からず、ことごとしからぬやうに、おとなしく拍つをよしとす、今此の作法に就きて、注意すべき一二を擧ぐれば、

一、左右の掌を摺り合すること。

一、左右の指先は、いさゝか上に向くべきを、反つてこれを下にむくること。

一、合掌すること。（こは佛式なり、）

一、拍たんとする時。左掌を据え、右掌を摺り廻すこと。

一、左手を据え、右手のみを開きて拍つこと。（但し何となく右手にて左手を拍つ也などいふ説もあれど、よるべからず、）

一、左右の手を高く顔の邊にて拍ち、又は胸の通りより、甚しく下げて拍つこと。

一、拍ちて後ち、左右の指を組合すること。（攝掌とて兩の掌を組合せて、胸に押しあつるといふ事あれども、そは普通祭典に行ふべき所作にあらざればよるべからず）

一、笏、又は扇等を、持ちながら拍つこと。

一、兩手を開くことの、廣きに過ぐること。

等は皆爲すべからざることにして、尙ほ此の他にもあるべし、世に拍手を輕視するものあるは、これ等の所作を見て、異様に感ずるより、起るものなきにしもあらざるべし。

拍手は古來上下一般、神拜の時のみならず、朝拜の時にも、必ず之れを行ひ來りしものなり、さればこの作法は、自然の上より云ひても、禮儀の上より云ひても、其の重んずべきは論を俟たざるなり、然るに延曆十八年、渤海國の使節、我が朝賀の式に加列せるを以て、四拜を減じて再拜させられ、拍手をも爲さゞることゝなりしかばはじめて、朝拜には、漸次之を行ふ事の絕えたるが如し、然れども神祇に對しては、古式を捨てず、今も猶ほ此の禮の行はるゝは、これ我が國體の然らしむる所にして、實に喜ぶべき事なり、されど近時に至りては、或は之を輕視し、或は之を偏見せるものありて、只神職等、祭祀に從事するもののみの所作と心得、神祇に對しても、神職以外のものは、拍手すべからざるものと思ひ、或は之を行ふ事を恥づるが如く思ふ人あり、殊に中流以上の、事理を解せるものにして、猶ほ且つ然り、按ふに、其の原因種々ある中に、中古以來俗神道家いでゝ此の作法に種々の說を附會して、人に樣々の感をあたへたること祭祀に從事するものにして、この作法の重んずべき事を知らず、時處を計らず、猥りに之を行ひたると、(此の二つは、輕視せるより來れる原因か)又軍人の拜神禮、及び現今普通に行ふ最敬禮といふものとを誤解して、(此二つは誤解より來れる原因か)神祇に對しても、かく行はざるに至れるものなるべし、(武裝せる將士は、神拜のみならず、他の禮儀作法も、一般とは、異にせることは古來の通則なり、)さて現今、祭祀に從事するもの、神祇に對しては、猶ほ拜、及び拍手を行ふべきことは、其の筋の規定せられたる所にして、普通禮の上に於ても、一般神拜の時には、必ず拍手するを常とせり、故に國家の禮典を代表し、或は典例に從ひて、國家彝倫の標準たる、祭典に從事する、神職たるものは、上述の意を諒し、世の輕視と、誤解とを招かざるやうに注意し、敬《ツツシ》みて此の特種の古禮を行ふべきものなり。

かくて本法に於て揖はその坐揖及び立揖とも、共に採用すべし、而してその深揖、小揖もこれを行ふなり。

拜は兩段再拜を用ひ、拍手は短拍手の作法によりて行ふべきなり。

拍手の作法は本法に於て行ずるに其意義を辨じ置くを要す、そは自己の眞面目を表現するには、この作法の忽にすべからざるにあり、即ち拍手するに至誠を缺き、不眞面目にて拍つならんには、必ずその音は不快を感ぜしむべし、而も若し何となく意に愚かなる所作なるかの如く、愧づる所ありて、また何となくきまり惡るく、容易に拍つ能はざるものにして拍つとき、また所謂負惜の態にて拍つものにありては、その音亂れて聞き苦しきものなり、こは皆眞面目を失へるが故なり、且つこの拍手作法は馴れざるもの丶、人前にては容易に實行の出來ざるものにして、全く敬虔の念の篤きものか、幼少より見狎れ聞き慣れたるか、家庭によりては、其の兩親の常に之を行ひつ丶ありて、そをまねびて、知らず識らずの中に之を實行せるものは、實行容易なるも、幼少よりこれに遠ざかりゐるものにありては、中々容易に實行し得ざるものなり、されば全く敬神の念篤く而も熱烈にして眞面目に神に對侍する意識狀態を以てせざれば、唯だに手を拍つことのみにても、容易に爲し能はず、まして其の音の快味を得らるべきものに非ずして、不快甚しきを覺ゆるものなり、例へば短拍手の作法を行ふに於て、拍つに始めの拍手の音と二度目の拍手の音は一様ならざるのみならず、一度は快味を得る所の音をなすに一度は不快の音を發す、こは可成《カナリ》眞面目の態度に於て之を行ふものなるも、同一音を得る能はず、さればこの作法を爲さんとするにも、素より篤き敬神の念を持し、熱誠以て爲さゞれば實行し得ざるものなるに、その拍手に因りて得る音聲の爽快味を感ぜしむるは、豈に容易の事《ワザ》にあらざるなり、勿論練習を積まざれば、この感を與ふ能はざるも、至誠を盡し、眞面目に成り一心を込め、且つ臍下丹田に氣力を充實せしめて、この充實せる下腹にて拍つことに由りて漸く爽快味ある聲音を聽くを得べし、而してこの拍手の作法の意義は幽冥に存在せる所の神の靈《ミタマ》を、招ぎ奉りて、我等が對侍せんとするに先ちて、神を招き奉る知らせを爲すこと、恰も人を呼び招く時に拍手すると同意義なれば、その對手に惡感を與へんよりは好感を與ふべき聲音の要あるに、まして神靈《カムヒ》を招き奉ることなれば、最も留意し忠肅ならざるべからず、この意義を以て爲す拍手は、決して輕々に爲すべきものに非ず、全く精神を之に傾注して、敬虔の念を持し、全力を盡し以てこの作法を爲すべきものなり。

本法に於て揖、拜を爲すに笏《シャク》を用ひざれば、之に代ふるに手を以てす、其の作法は揖を爲す時は左右の手掌を内方に向け左を外に右を内に重ね合せ少《イササ》か交叉する氣味にて拇指と拇指と組み手掌に折り屈め、左手の小指を右の掌の下端に着け、臍部の當りに置く、兩肱を彎曲に張り出して、深揖或は小揖を爲す。

拜を爲す作法は以上の構をなしたる手を、鳩尾の當りまで引き上げ、此所に着けて兩段再拜を爲すものとす。

揖拜とも之を終りたる場合は其の重ね合せ結びたる手を解き兩膝に置くか又は重ね合せたるまゝ手掌を上に向け、腿と腿との中間に寛やかに置くことたるべし。

祓清詞及び諄《ノリト》

本法を修するに、祓清詞を奏し、然る後ち諄《ノリト》を誦する作法あり、其祓清詞及び諄は左の如し。

掛巻母《カケマクモ》恐支《カシコキ》、伊邪那岐《イザナギ》ノ大神《オホカミ》、禊岐《ミソギ》祓比《ハラヒ》給布《タマフ》時爾《トキニ》、生坐留《ナリマセル》神《カミ》、八十《ヤソ》禍津日《マガツヒ》ノ神《カミ》、大禍津日《オホマガツヒ》ノ神《カミ》波《ハ》、禍事《マガコト》災比爲志《ワザワヒナシ》給比《タマヒ》、神直毘《カムナホビ》ノ神《カミ》、大直毘《オホナホビ》ノ神《カミ》波《ハ》、直志《ナホシ》幸閉《サキハヘ》給比《タマヒ》、諸諸祓戸《モロモロハラヒド》乃神等《カミタチ》波《ハ》、諸諸乃《モロモロノ》罪穢《ツミケガレ》乎《ヲ》、拂比《ハラヒ》給比《タマヒ》・淸米《キヨメ》給閉婆《タマヘバ》、我等賀《ワレラガ》犯勢留《オカセル》種種乃《クサグサノ》罪《ツミ》止云布《トイフ》罪《ツミ》、穢止云布《ケガレトイフ》穢《ケガレ》波《ハ》、拂比《ハラヒ》淸米《キヨメ》氐《テ》失比消《ウシナヒヤヘ》氣牟《ケム》、此久《カク》在艮婆《アラバ》我賀《アガ》靈魂《ミタマ》乎《ヲ》、鎭米爾《シヅメニ》靜米坐志氐《シヅメマシテ》、天之吹男《アメノフキヲ》ノ神乃《カミノ》、司里坐須《ツカサドリマス》、妙那留《タヘナル》眞技乎《ミワザヲ》爲氐《ナシテ》、天津神爾《アマツカミニ》齋伎《イツキ》仕閉《ツカヘ》惟神乃道乎《カムナガラノミチヲ》踐美《フミ》奉艮牟《マツラム》、此久《カク》奉艮婆《マツラバ》、天津神波《アマツカミハ》、涯里《カギリ》無久《ナク》禍事災比爲志《マガコトワザワヒナシ》給閉留《タマヘル》、禍津日ノ神《マガツヒノカミ》乎《ヲ》、遣艮比爾《ヤラヒニ》遣艮比給比氐《ヤラヒタマヒテ》、直毘ノ神爾《ナホビノカミニ》、直佐志米給比《ナホサシメタマヒ》、夜乃《ヨノ》守里《マモリ》日乃《ヒノ》守里爾《マモリニ》守護里《マモリ》給比《タマヒ》、彌榮爾《イヤサカニ》榮弊志米《サカヘシメ》、幸福閉《サキハヘ》給波牟《タマハム》、阿夜爾《アヤニ》畏志《カシコシ》、故愼美敬比恐美恐美母白須《カレツツシミイヤマヒカシコミカシコミモマヲス》。

祓比《ハラヒ》淸米《キヨメ》拂比《ハラヒ》淨米《キヨメ》幸久《サキク》在艮志米《アラシメ》

神靈《カムヒ》乎《ヲ》輝志《カガヤカシ》、惟神乃道乎《カムナガラノミチヲ》踐美《フミ》奉艮牟《マツラム》。

祓清詞は一度これを奏し、諄は各〻五十度以上誦するものなり。

祓清詞の意義は、我等が常に犯す所、汚すところの心身に係るものを拂ひ除きて、淨めらるゝこと、而して神の爲し給へる妙技《ワザ》をまねび、神を信向し、これに仕へ、神の言行を遵奉して、これを行ひに現さんとするなりと、誓ひなば、神は必ず守護し給ふものなるが故に、守護し給ひて、幸福《サキハヘ》を與へ給ふ、そは固より犯すところ、また汚す所の事柄は凡て神の所爲《シワザ》なることなれば、即ちまた神に由りて犯せる罪は清められ、汚せる穢は拂ひのぞかるゝこと必然なり、そも八十禍津日ノ神、大禍津日ノ神は禍を司《フカサド》ります神にして、我等が日常犯す罪は勿論、天災事變に遭遇するに由りて被る災害、奇禍障碍に逢ひ、またあらゆる身體に發する疾病、及び精神に興る諸慾煩悶懊惱等一切の凶事は、凡てこの神の意思に由りて作されるものなり、故に此の神に祟らるゝに於て、悔い責むるところなくば、必ず命を亡《ウシナ》ふべし、一家ならば其家は斷絕し、一國祟らるれば國家滅亡せん、この神の意思は、その難に因て悔い責むることを爲さしめ、禍を幸福に轉移せしむるにあるなり、されば惡行爲を作して善を覺り、反省して悔い改むるに於て、惡行を再び爲さゞること、即ちこの神の祟りに遇ひて、その意思によりて我等は罪を犯し、穢れを被るに至れるなり、この罪穢即ち惡行災禍疾病等は神靈《カムヒ》の光照に照らされて、魂《ミタマ》はその罪穢を識り、この神の祟りに遭へるを覺りて、畏れ愼み悔いて善を慕はしむるに依りてこの神の意思は完然するものなり、故にこの神の意思を覺る能はざるに於ては、遂に命を亡ふに至るものなり、否この神の意思を覺る能はざるに非ず、その意思は覺るべけれど我儘はこれを妨げ能はざらしむるものなり、心身の煩ひ凡ての凶事に遭遇せる場合、この意義を解し覺りて悔い畏るるならば、必ず慶事を慕ひ幸福に轉移するものなり、然るは會々凶事に遭遇せば、其の不幸を歎きて、却つて神の救護なきと恨み、宛ら敵の害を加ふるかの如くに意ひ爲しその境遇より判斷して、何ぞ神など存在するものに非ずとし、そを否定して祀れる神棚を毀ち棄つる等なすものあり、又その凶災に逢ふて、こは神の祟りなりと解し、益々恐れ敬ひ、その神棚の燒失或は毀損せること等ありしを、直ちに新造し神職を招きこれが祭典を乞ふて鎭坐せしむることをなすなど、東京に於ける震火災の後に實現せる事實なり、その禍福の離るゝ所その家の衰榮に徵して其の證《シルシ》を明にせり、その棄つる家の衰へ、造りし家の榮えて見ゆるも、强ち附會の見方にもあるまじ、かくの如くその遭遇に於て、覺り解する結果は雲泥の相違あり、故にその結果の心身に被るところもまた大なり、一は神の加護なきことと恨み反抗を爲し、我儘縱意に任せて無神論者となり、一方は神の祟りと解し我等に與へらるゝ所の神の意思を覺り、悔い畏れ愼み、彌々敬ひ奉りて、その存在を認め、堅忍自省して、必ず神の恩寵に由つて、救濟せらるゝことを確信して疑ふところなく、衷心安慰する所ありて、所謂安心立命てふ意識狀態にあるものなり、されば天照大御神はこの禍津日ノ神の意思にて荒魂を現はし給ひ、古典にしるされある如くに、禍ひを釀し給ひて、終に惶れ敬ひ、愼み畏み、天ノ石屋戸刺して籠り坐《マシマ》せり、これ軈て高天原の大慶事を迎へ給ふ萠しなること、史蹟に徵して疑ふ能はざる事實なりとす。

神直毘ノ神、大直毘神は、禍を直さんとして、生《ア》れ坐《マ》せる神なれば、幸福《サキハヘ》を司《ツカサド》り給ふ神なり、我等の心身罪穢ありと雖も、この神の恩賴《ミタマノフユ》を得るものは、恒に幸福を與へらるゝものなり、幸福とは富貴のみを謂ふに非ず、安心安住に在る狀態をいふなり、さればこの神は幸福を司《ツカサド》らす神なる故に、直《ナホ》すに必ず加護せられて、幸福を與へ給へるなり、されどこの神は直きに直すといふ條件を、限らるるものなれば、若しこの神の恩寵を被りて、恩賴を得、幸福に在りて、この條件の直きに直す、を履行せざる時は、この神は直ちに禍津日ノ神に移し給ひて、懲罰を給ふものなり、故に禍津日ノ神の意思を被りて、その意を覺り悔ひ改むること、即ち直きに直すの行ひを實踐するに由りて、この神の神靈は直ちにいつぎ給ひて、その直きに直すの實行に、幸福を與へ給ふなり、勿論神の意思はその時代の社會道德に適ふものもあるならんも、また協はざるものもあるべし、されば道德上正善なりと云ふべきものにありても、神はこれを邪惡と意思することあるべし、故に直きに直すと云ふことも、其の時代の社會道德上より、見傚す所に於ては、或は曲り、或は直し得ざるものなるべし、斯の如くなれば、時代道德上より見て、彼れは惡德の行爲を爲して、猶且つ富貴を得る、我等は最善を爲すと雖も、然く幸福ならずして、凶禍に惱むなど、往々實際に語るを聞くなり。こは即ち時代の社會組織、並に制度が最早神の意思に適はざる域に到れるが故なり、見よ宇宙の現象を、常に氣象の一定せざる如くに、神の意思は常に定まり止《とゞ》まるものに非ず、時代の推移すること、凡て神の意思に因れるものなり、されば神の意思は現時代にのみ、適へるものに非ずして、最早推移せんとする時代を意思せらるゝにあるなり、それ故に現時代の社會道德に於て正善なりと思惟するものも、神は最早正善と看做さずして、邪惡なりと認むるならん、故に善惡邪正はその時代の道德上のことにして、神の上には惟だ直きに直すの條件のみ存在するにあるものなり、直きとは曲れるに非ず、すぐきをいふ、例へば、現時代の社會道德は資本主義制度、また法治主義制度によりて成れるものなり、さればこの主義制度に反して、貧を樂しみ、精神修養などなして、これを悅ばず肯ずることを爲さゞるものありとせば、そは曲りものにて、直きものにあらざるなり、故に直きに直すとは、此の如きものは國家の主義制度を遵奉し、少かも自我を以て計らず、眞直ぐに之を守りて、我等の行動を爲すべきにあり、されば貧しきに安んずるものは、國家の制度に反するもの、國家の法律に觸るゝものは、惡を爲すものにして、之れに觸れざるものは、凡て善を爲すものなり、即ち直きと云ふべきなり、孔子の所謂心の欲する所に從つて矩を踰えずとも見らるゝか、故にこの神はその直きに直すに幸福を與へ給ふなれば、個々の意思に於て彼れの行爲は不善なり、彼れの言行は一致せず、彼れの性質は獰猛傲岸、貪慾無情のものたりとも、彼れ等は惡人に非ず、即ち國家の主義制度に反せざる限り善人なるべし、この故に善惡を批判するに感情を以て論ずる能はざるなり、若しそれ感情且つ精神的に批判するならんには、善惡は複雜なるものならざるべからず、而して神の意思に從へば道德そのものにも、主義制度そのものにも、時代推移の意義に於て違反せるものありといはざるべからざるものなり、故に神の意思に於て現代に及ぶ所のものは、その直きに直すといふべきにのみ恩賴は與へらるゝものなれば、性質、感情、或は精神の良不良に關して、これを推斷する能はざるなり。直すとは、反省に依つて、これを神の意思に糺し、その我等の曲れるを覺りて、この曲れるを責め矯め直すこと、この神の御旨に從ふことなり、そも我等の身體は神の意思に因りて、生成されたることを覺りて、我等人體を解剖學と實驗とに由つて、知識を得ば、不可思議なる裝置に依りて成れるを解し、生理學と分析學との知識に、この人體の保存方法を研究し、病理學と各種療法及び衞生法等の知識は、その曲らんとするを豫め防禦し、その旣に曲れるを直きに直すの方法を指示するものなり、孰れも皆その不可思議なる原理の存在を認め、その原理に違ふ所に因りて、疾病なるものゝ發生を覺知すべし、即ち調節裝置に違和を生ずることなり、この身體調節裝置は即ち神祕的なるもの。不可思議なる原理にして、神の意思に由りて成れるものなり、この調節裝置の整調せる狀態は、直き狀態にして、その調節裝置の違和を生せし狀態は、その曲れる狀態なりとす、されば身體の調節裝置に適ふ方法を以て、その曲りたるを矯め直して、その直き狀態たる調節裝置の完備整調せる狀態に復せしむること等は、身體に於ける直きに直すの意義の解釋なり、而して神の御旨に從ふことは、生理、衞生、分析、解剖の理に反せず、これに從ふて迷從せず、實驗してその理を止揚し、調節裝置に違和を生せしめざることに努め、以てこれが完備整調を計るにあるなり、感覺方面に於てもまた然り、その神經中樞、神經系に先天或は後天性に違和を釀し、神經疾患、精神病などの曲りと成れり、されぱその生理衞生學に於て、これが起因を繹ね、病理學に基きて、その病原を識り、各種の療法に由つて施療方法を窮め以て、曲れるを直きに直すことなり、その起因の覺知に由つて、その調節裝置に違和を生せしめざるやう豫防し、疾病症狀に到らしめざること、即ち其の裝置に柔順なるものにして、神の御旨に從ひて、直きに直すことを得るものなり、精神上にありても亦然るものあり、唯だ心意作用はその統一機關の設置を缺くものゝ如し、故に稍ゝもすればその場所を神經中樞と同一位置に解せらるゝあり、また胸腔内に存在すと解するありて、その孰れにこの設備の存在するかを認識するに難からしむ、而してこの心的作用の原理は心理學の知識に由りて、これを究むると雖も、この作用を統御するものあり、これ即ち靈なり、この靈を究むるに哲學ありまた宗敎ありて、これが統一を圖る所の設備となる、されどその統一機關の設備なるものは、身體の孰れに設置しあることを明に示すものなし、故に心的作用を統御する所の靈なるものの居所も不明なり、我等はこの身體を有するを知る、また心の存在せるをも識れり、而して靈の存在も、これを認識し得ると雖も、その心、その靈の存在は身體の孰れの位置に在ることを認むる能はざるは、國民として國家在るを知り、その機關を知り、その機關の主宰者を認めて、その主宰者の位置の何れに在るを識らざるもの、また家あるを知り家長あるを認め、その家長の居所の何れなるかを識らざるものにして、彼の流浪者の如く、身體中に遊離して無宿の狀態たるべし、されば離遊する運魂を招ぎて、これを身體の中府即ち臍下部に鎭める方法を鎭魂作法と爲して、心、靈を身體の臍下部に住せしめ、此處を統一機關の設置場所と定め主宰者の居所たるものとなす、この部に精神の統一を圖るには即ち鎭魂の作法を修め、その修練に由りて完成せらるゝものなるも、この部に精神の統一せらるゝに於ては、心、靈の區別晝然として認識するを得られ、爰に心的作用、靈の活きは各分離して行はるゝなり、故にこの統一せる狀態は精神の直き狀態にして、統一を缺きたる精神狀態は、即ち曲れる狀態なり、これを統一して身體の中府に鎭める所爲《シワザ》を、直きに直す、とする事なり、されば、神直毘ノ神、大直毘ノ神は、その直きに直すことにいつぎ給ひて、これに幸福を與へ給ふことを司り坐す神なれば、何にあれこの行爲のあるものには、理非善惡など糺されずして、幸福は賜はるものなり、古事記に、爲直其禍而所成神名《ソノマガヲナホサムトシテナリマセルカミノミナハ》、神直毘ノ《カムナホビノ》神《カミ》、次大直毘ノ《ツギニオホナホビノ》神《カミ》、云云とありて、其の曲れるを直さんとする靈なるが故にその曲れるを覺りて直きに直すことの所爲ありて始めて、この神の幸福は賜はるものなり、若しその曲れるを覺り得ずして、その曲を直きに直すの所爲あらずんば、この神の神靈を祭る能はず、また曲れるを覺りて、その曲を直きに直すことの所爲をなさゞるも亦、この神の神靈をまつり得ざるものなれば、如何に其の行の善良なると見ゆるも、性質の佳良と見ゆるも、慈悲善行のものと見ゆるも、この神の神靈を祭るを得ざるが故に幸福は賜はざるなり。

諸諸祓戸乃神等とは、瀨織津比賣ノ神、氣吹戸主ノ神、速秋津日ノ神、速佐須良比賣ノ神の四《ヨ》柱を謂ふなり、この四柱の神は罪穢を拂ひ失ひ給ふこと、大祓詞《コトバ》に、遺罪波不在止《ノコルツミハアラジト》。祓給比淸給事乎《ハラヒタマヒキヨメタマフコトヲ》高山《タカヤマノ》末短山之末與里《スヱミジカヤマノスヱヨリ》佐久那太理爾《サクナダリニ》。落多支都《オチタキツ》速川能瀨坐須《ハヤカハノセニマス》。瀨織津比咩止云神《セオリツヒメトイフカミ》。大海原爾《オホウミノハラニ》持出奈武《モチイデナム》。如此《カク》持出往波《モチイデイナバ》。荒鹽之鹽乃八百道乃《アラシホノシホノヤホヂノ》。八鹽道之鹽乃八百會爾《ヤシホヂノシホノヤホアヒニ》座須《マス》。速開都比咩止云神《ハヤアキツヒメトイフカミ》。持可可呑氏武《モチカカノミテム》。如此久《カク》可可呑氏波《カカノミテハ》。氣吹戸坐須《イブキトニマス》。氣吹戸主止云神《イブキドヌシトイフカミ》。根國底之國爾《ネノクニソコノクニニ》。氣吹放氏牟《イブキハナチテム》。如此久《カク》氣吹放氏波《イブキハナチテハ》。根國底之國爾坐《ネノクニソコノクニニマス》。速佐須良比咩登云神《ハヤサスラヒメトイフカミ》。持佐須良比失氏牟《モチサスラヒウシナヒテム》。如此久《カク》失氏波《ウシナヒテハ》。天皇我朝廷爾仕奉留《スメラガミカドニツカヘマツル》。官官人等乎始氏《ツカサノカサノヒトドモヲハジメテ》。天下四方爾波《アメノシタヨモニハ》。自今日始氏《ケフヨリハジメテ》。罪止云布《ツミトイフ》罪波不在止《ツミハアラジト》。云云とあるに徵すべし、また古事記神代四之卷に是以《ココヲモテ》伊邪那岐ノ大神詔《ノリタマハク》。吾者《アハ》到於伊那志許米《イナシコメ》。志許米岐《シコメキ》穢國而在祁理《キタナキクニニイタリテアリケリ》。故《カレ》吾者爲御身之禊而《アハオホミマノハラヒセナトノリタマヒテ》 到坐筑紫日向之橘小門之阿波岐原而《ツクシノヒムカノタチバナノヲドノアハギハラニイデマシテ》。禊祓也《ミソギハラヒタマヒキ》。と記されある如くに穢を祓ひ給へり、これに因りて後世穢を祓ふことをなせるなり、而して、前述の四柱の祓戸乃神等は穢を淸め、罪を祓ひ給ふことを司りませるものなり、それは大祓詞に安國止《ヤスクニト》平氣久《タヒラケク》所知食武《シロシメサム》國中爾《クヌチニ》成出《ナリイデ》武《ム》天之益人等《アメノマスヒトラ》我《ガ》。過犯家《アヤマチオカシケ》牟《ム》雑々罪事《クサグサノツミコト》波《ハ》。天津罪《アマツツミ》止《ト》。畔放《アハナチ》。溝埋《ミゾウメ》。樋放《ヒハナチ》。頻蒔《シキマキ》。串刺《クシサシ》。生剝逆剝《イキハギサカハギ》。屎戸《クソヘ》。許許太久乃罪《ココタクノツミ》乎《ヲ》。天津罪《アマツツミ》止《ト》法別《ノリワ》氣《ケ》氐《テ》。國津罪《クニツツミ》止《ト》八《ハ》。生膚斷死膚斷《イキハダタチシニハダタチ》。白人胡久美《シロヒトコクミ》。己母犯罪《オノガハハオカセルツミ》己《オノガ》子《コ》犯罪《オカセルツミ》。母與《ハハト》子犯罪《コトオカセルツミ》。子與《コトハ》母《ハト》犯罪《オカセルツミ》。畜犯罪《ケモノオカセルツミ》。昆虫乃災《ハフムシノワザハヒ》。高津神乃災《ヨカツカミノワザハヒ》。高津鳥災《タカツトリノワザハヒ》。畜倒志《ケモノタフシ》。蠱物爲罪《マジモノセルツミ》。許許太久乃罪出《ココタクノツミイデ》武《ム》。とあり。こは毎歳六月晦日及十二月晦日に大祓と稱する行事ありて、罪穢を拂ひ淸める所のものなり、古へはこの六月十二月に限られたるものにもあらざりしならむ、そは大寶元年に至りて、この兩月に犬祓の事、條令に擧げられ、定例に行ふことゝなれるにあり、その以前にはかく定例として擧行せられたることなきもの丶如し、そは天武天皇紀に五年八月、詔曰、四方爲《ナセ》二大解除《オホバラヘヲ》一とあり、また同紀に七月三十日、令《シテ》二天ノ下《ニ》一悉《ク》大解除《オホハラヘセシム》、と又同紀朱鳥元年七月三日詔《シテ》二諸國《ニ》一大解除《オホバラヘセシム》、また天武天皇紀御代始メに、二年十一月七日、臨時の大祓あり、また年月日は記されざるも、古事記の仲哀天皇ノ段に爲二國ノ之大祓一《ヲ》而、等あり、されば大祓の行事は、古へは定例なきも、大寶の年より以後定例となりしものにして、祓の行事を爲すは常なりしならむ、罪穢に就いて本居宣長翁の大祓詞後釋に都美《ツミ》といふは、都々美《ツツミ》の約まりたる言にて、もと都々美といふ用言なり、都牟とは、何事にもあれ、わるき事のあるをいふを、體言になして、都々美とも都美ともいふなり、されば都美といふは、もと人の惡行《アシキシワザ》のみにはかぎらず、病《ヒ》もろもろの禍《ヒ》、又穢《キタナ》きこと、醜《ミニク》きことなど、其外も、すべて世に人のわろしとして、にくみきらふ事は、みな都美なり、萬葉の歌に、人の身のうへに、諸のわろき事のなきを、つゝみなくとも、つゝむことなくとも、つゝまずともいへるは、今の世の俗言に、無事にて、無難にてといふ意にて、即ち都美なくといふことなり、中昔の物語書などに、人のかたち、又心ばへなどの、わろきところなきを、つみなしといひ、又萬の事の、わろきながらも、さてゆるさるゝを、つみゆるさるといへるなど、惡行にはあらぬことを、都美といへるは、古意の殘れりしなり、又せまほしく、いはまほしき事を、はばかりてえせず、えいはぬを、つゝむとも、つゝしむともいふ、是も、然すればわろく、いへばわろき事として、つゝみはゞかるなれば、もと同意なり、但しこれは轉《ウツ》りたる末の意にて、本はわろき事のあるをいふより出たり、つゝみはゞかるを本の意として、つゝみはゞかるべき事なる故に、わろき事をも、つゝみといふと心得むは、本末たがふべし、さて右のごとくにて、都美といふは惡行のみにはかぎらざるを、罪ノ字は、惡行一つにつきて、あてたる字なれば、都美てふ言の、すべての意にはあらざるなり、されば此祝詞にあげられたる條々も、罪ノ字には、かゝはるまじきことなるに、世々の物しるたゞ此字にのみなづみて、都美てふ言の本の意を考へず、ひたすら惡行とのみ心得たるから、解得ざること多くして、くさぐさ強《シヒ》たることをのみいひあつるなり。さて右のごとく世に人のわろき事として、にくみいとふたぐひは、みな都美なれば、これに擧げたる條々にも穢と奸《タハケ》と災と惡行と、種々の都美あり、其中に、穢災などは、おのづから有ル事にて、ことさらに犯す罪にはあらざれども、世ににくみきらひて、わろき事なれば、これらも罪なり、然るに諸の注釋どもに、此意をえしらずして、白人胡久美など、又くさぐさの災にあふなども、みな惡行をなせるむくひなりと解《トキ》なせるは、いと物遠《モノドホ》くして、いみしき強說《シヒゴト》なり。さて此國つ罪の條々、生膚斷より、胡久美までは、穢を以て罪とするなり、己母犯より五條は、奸《タハケ》なり、昆虫乃災より三條は、災にあふを以て罪とするなり、末二條は、惡行なり、かくの如く類を分て、次第に擧たり、さてかく四種ある中に、祓の要は、惡行をば、主とせず、穢をもて第一の罪とす、かく穢を罪とするに准へて、おのづからある災も、又罪なることもさとるべし、又奸の類をば、下なる畜仆シ蠱物と、つゞけては擧ずして、中に災の類をへだてゝ別に擧たるを思ふに、こはひたぶるに惡行の方をとるにはあらで、別に故有て、祓ひ清むべき罪ならん、もしくは是も、穢となるにはあらざるか、そもそも惡行の罪を擧むには、猶外に重き罪はあまた有ル事なるにわづかに十條あまりの中に、奸の類ばかりを五つ擧げ古事記の仲哀天皇の段に見えたるにも、國つ罪五條を擧たる、皆奸にして、他罪はなく、又奸の類にては人の妻を犯したらむなどは、殊に重き罪なるべきに、かれにも是にも、そをば擧ざるなどを以て思ふにも、かにかくに惡行のかたをとるにはあらざるにや、又畜仆蠱物は、まさしく惡行をとれりとは聞ゆれど、これはた別に故あるにや、又人を傷ふ罪には、猶故あるべきにや、されば祓に擧ぐる罪の條目どもは後ノ世の心を以て、ゆくりなくただ惡行とのみ心得ては、たがふことなり、上ノ件のおもむきどもをもて、つらつら考ふるに、まづ上代に、もろもろの罪を治むるに、刑と祓と有て、刑《ツミナ》ふべき罪と、祓を負すべき罪との異《カハ》ありけむか、その異《カハリ》は、或は重きは刑、輕きは祓にやと見ゆる事もあり、又その重くて刑ふべきを宥《ナダ》めて、重き祓を負せられたりと見ゆるも有り、また輕き重きにはかゝはらず、罪の色によりて、或は刑ひ、或は祓を負せたりと見ゆることもあり、又神事《カムワザ》にかゝれる罪は、重きにも祓を負せ、又神事ならねど、神の祟《タタリ》などによりても、其罪をば、祓を負せられたりと見ゆ、これらの事、史に見えたる上代の跡どもを、考へわたして、知るべきなり、然れば此大祓に擧られたる條目どもゝ、諸の罪の中にて、刑《ツミナ》ふべき罪にはあらで、必ず祓ひ清むべき罪のしなじなにぞありけんかし、然るに、やゝ世くだるまゝに、刑のかたしげくなりて、祓を負することは、漸にすくなくなりもてゆきて、中昔に至りては、祓の法は、たゞ神事に預れることのみに用ひられ、又いよいよ世くだりては、その神事にすら、祓を負する法は絶えたるなり。云云といへり。

されば罪とは都都美ごとなりと解すべきものなるべし、凡て神靈に照し見て、不良なること惡しきことは、禍凶疾病を問はず醜穢惡行など皆都々美かくすものなること人の情なるべし、殊に醜き病、即ち癩病、黴毒性諸疾患、淋疾等は最も然るべし、災ひなどに於ても天災事變に逢ふたる如きも、之を都々美かくし、且つ呪詛或は祟等にて禍ひを被むれるも、極祕して都々美、姧事《タハケ》に至りては、譬ひ遊女に戯るゝも、之を秘し都々牟、處女などに姧るを犯すといふ、況んや己が母また己が子など姧《タハケ》けるは、犯すも亦重かるべし、母と子と犯せるとは父後妻を娶り、その子と母となりし後妻と姦するなり、娘の聟養子となりて婚し、而してその娘の母と聟と姦するを、子と母と犯すといふ、これ等は法律上制裁なきも、他に悲痛を與へる所の精神上に於ける極惡罪なるなれば、都々美て表さゞるものなり、畜犯ことはこれに姧して病菌を傳染せしめ、その毒に冐され慘苦を被らしむる非道の行爲なり、これ等の姧は道德上罰するとせんも、體刑を科すべき法規を施すに難し、隨てその刑罰の權は、單り神の意思に歸するものなり、處女を姦し、人妻を姦することは、道德上最も重き罪惡行爲なること勿論なるも、神の意思に從へば以上五條目の姧に比せざるなり、而してこれ等は神の意思を俟ずして人の制裁する所あり、これ等犯姦行爲は總じて一時的のものにして、若し繼續的なるものに至りては、犯姦行爲に非ずして、和姦の所爲なり、こは犯すとはいはずして、これ等繼續的和姦にありては、道德上にまた法律に制裁せられ、その刑罰を被るに由りて、その罪は拂ひ淸めらるゝなり、されど斯の如き所爲は、凡て都々美て表さゞるものなり、若しそれその者等に於て反省し、親或は配遇者に、その都々牟所を發表して、その刑《ツミナ》ふことを乞ふならんには、その親權者或は配遇者に依りて、その罪科を拂ひ淸める事《ワザ》のあるべきなり、さればこれ等の姦行の神の意思に係はる所のものは、その都々牟所にありて、都々美せば必然神意を被ることとなるべし、されどこは神に依りて祓ひ淸めらるゝことはあらざるなり、さればかの五條目の姧事《タハケゴト》に至りては其の罪を犯し、縱て反省すると雖も其を刑《ツミナ》ふことを乞ふ所なし、唯だ神にのみ乞ふ所なり、故にこれを神に告げ、その刑《ツミナ》ふことを乞ひ奉るにあり、爰に於て神はこを拂ひ淸め給ふにあるなり、猶ほ大祓後釋に母與子犯罪。とは考云、他人の母を姧し、又それが子を姧すなり、後釋、先ッ一人の女に娶《アヒ》て、又其女の、さきに他人に嫁《アヒ》て、生《ウミ》たる女子のあるをも、後に犯なり、母とは其女子に對へていひ、子とは、其母に對へていへるにて、己が母己が子にはあらず、其母にまれ子にまれ、一方に娶《アフ》は、常なるを、母と子とつらねて娶《アフ》ぞ犯しなる、云云、又子與母犯罪、とは考云、先ッ女子を姧て、又其女子の母を姧すなり。上なるとは、上下のたがひなり、云云、後釋、こは考にいはれたるが如し、さて上なるは、先づ母に娶《ア》へるは、犯すにあらずして、後に其子をも、つらねて姧《タハク》るが犯しなり、こゝは先づ子に娶《ア》へるは、犯にあらずして、後に其母にも姧るが犯なり、云云とあり、斯の如きは道德上罰し得べくも、法律上罰し難きものゝ如し、またこの外兄妹、姉弟など犯姧あること稀れならず、これもまた道德上罰し得べくも法律上罰し難し、これ等は其の事《ワザ》を都都美ゐることに由りて、神の意思に適はず、神の憎み給ふところ、その一時的たると、繼續的たるとに係はらざるなり、其の反省に由りて、都々美たるを表はして神に告げ或は告ぐべきものに告げ語りて、刑《ツミナ》ふことを乞ひ、その罪を祓ひ淸めらるゝを得るなるべし、若しこの都都美たるを表はし告げざるに於ては、神の憎み給ふこと必ず禍津日ノ神のいつぎ給ひて祟りあるべし、そは刑《ツミナ》ふことを乞ひて、祓ひ淸むることを爲さゞればなり。基督も悔ひ改めよといへり、佛も亦懺悔をいへり、安ぞ刑《ツミナ》ふことを乞はずして、神の恩賴《ミタマノフユ》を賜はるべき。昆虫乃災。高津神乃災、高津鳥乃災、とは、考云、この昆虫乃災は犯罪の條なれば、蛇を祝て災をなす類をいふなるべし、後世にも、さることありといふなり、云云、後釋、昆虫は波布牟志《ハフムシ》と訓《ム》、雄略天皇の御歌にも、波布牟志母とあり、虫は、はふ物なる故に、すべて虫を然云ふなり、上代には、ただなべて此害の多かりしにも有べし、今の世とても、蝮《マムシ》、蜈蚣《ムカデ》、蜂《ハチ》などにさゝれて、なやむ事無きにあらず、考の説は、かなはず、もし虫を以て、人のために災をなす事ならば云々《シカジカ》せる罪といはでは、聲えず、某《ソレ》の災といふは、その災にあふことをいへる詞にこそあれ。云云、いかにも虫の災なるべし、而し蛇など人の呪ひにて、物或は人に災をなすこと往々ありと聞く、俗にたうびやう神など謂ひて、迷信的因襲的一種の系統を引く所の蛇の、家族と同數を家に飼養し居りて、種々の災を自他共に被ることありと、また蛇の災害は多く聞くことにて、小兒等の咽喉部を巻き締めて、終に命を亡はしめたることなど聞きしことあり、其他婦女子に對し嫌はしき呪ひの事《ワザ》などして災なすことをも聞けり。高津神乃災、後釋、高とは空をいふ、古事記に高往鵠《タカユクタヅ》、高行哉隼《タカユクハヤブサ》、萬葉四に高飛鳥《タカトブトリ》、などいへる皆、そらゆく、そらとぶといふことにて、ただに高くといふにはあらず、次なる高津鳥の高も同じ、さて高津神とは、雷をいふなるべし、又世俗に天狗といふ物にとらるゝなども、高津神乃災といふべし、虚空《ソラ》を飛びありく物なればなり、此條も、これらの災にあふを罪とするなり。高津鳥乃災、は後釋、高つ鳥は、空飛ッ鳥といふ意にて、たゞ鳥の事なり、さて此の災は、大殿祭ノ詞に、天乃《アマノ》血垂《チダリ》飛鳥《トブトリ》乃《ノ》禍《ワザハヒ》無久《ナク》とある、即ち是にて、血垂《チダリ》は、應神天皇の御歌に、もゝちだる家庭をよませ給へる、ちだると、一ッにて、古事記上卷には登陀流《トダル》と有り、そは上代人の家の屋根の、竈處《カマド》の上の、煙を出す處の名なり、されば其上を飛び渡る諸の鳥の、毒などある糞、又さらでも毒物《アシキ》など咋來《クヒ》りて、竈の上へ落す事などありて、其毒にあたるたぐひ、これ高津鳥の災なり、血垂《チダリ》の事、猶委くは古事記傳十四の卷にいへり、考へ見て、上代のさまを知るべし、後世の心をもて、疑ふことなかれ。云云、これ等は今日に於ても、鷲などに小兒など攫はるゝことありともいへり、而し今日にては惡疫菌或は感冒菌など空中に遊離彷徨して居て、傳染するが如きも、此の災なるべし、畜仆志《ケモノタフシ》は、後釋に畜などの死ぬるを、多布流《タフル》といふ、斃、殪《エイ》、殭《キョウ》などの字を書けり、多《タ》布志《フシ》は令《シ》レ斃《タフ》にて、殺すをいふ、さてこれは、其罪の目《ナ》にいへるなれば、世に人を殺したる者を、人ごろしといふたぐひに、體言によむべきことなり、こはいかなるわざにか、さだかならねど、思ふに上代人の家に養《カ》へる、牛馬などを、忽ちに斃れしむる術など有て、おこなひし事ぞありけん、そは其主《ヌシ》を、恨みいきどほることなど有て、仇《アタ》なふしわざなり、さればこは、次の蠱物と同じ類の罪とすべし、書紀神代ノ卷に、大國主ノ神と少彥名ノ神と爲《メニ》二顯見蒼生《ウツシキアヲヒトクサ》及《マタ》畜產《ケモノノ》一、則定《メタマフ》二其療《ナホス》レ病《ヲ》之方《ヲ》一とも見えて、上代には、畜をも、重くせしことなり、云云。こは獸類を虐待死に到らしむることなり、今日に於ては牛馬鷄鴇等屠りて喰ひ、又これ等を使役して虐待し終に斃れしむるに至ること、荷馬車馬の路傍に斃死せるを屢々睹ることあり、牛なども十分使役し、その使役に堪へざるに至らば、屠殺して喰ひ、また鶏の如きも時をうたはせ卵を産ませ、その卵の産出減ずれば、これを屠りて喰ふなどの類をいふなり。蠱物爲罪《マジモノセルツミ》。とは、考ニ云、後世もある、狗神《イヌガミ》といふまじ物なるべし、云云、後釋、字鏡に、蠱は万自物《マジモノ》とあり、まじなひ物の意にて人をのろひ詛《トコ》ふとて、構ふるわざなり、云云とあり、人を呪詛して災を被らしむる事と、この災を被むることも共に罪穢れなるべし、猶ほ國津罪として生膚斷死《イキハダタチシニ》膚斷《ハダタチ》、といへるは、考ニ云、生ながらこゝかしこに疵をつけて、人を殺し又死たる人の體を傷ふをも罪とせり、云云、後釋、生人《イケル》にもあれ、死屍《シニカバネ》にもあれ、其膚《ハダ》に疵をつくる穢れを以て罪とするなり、穢を罪とすること、次に委く云べし、人の身を傷《ソコナ》ふ惡行の方を以て、罪とするにはあらず、其疵を穢とするなり、されば他《ヒト》に疵つくるのみならず、己が身に疵つくるも、同じ事なり、又人に疵をつけたる者も、人につけられたる者も共に穢なるべし、斷《タチ》とは、切るをいふ、今の世にも、いさゝかにても疵つくることを、手を切る足をきるなどいふ、是なり、必ずしも切離《キリハナ》つことのみにはあらず、といへり。白人胡久美《シロヒトコクミ》とは後釋、白人は、和名抄に、白癜ハ、人ノ面及身頸皮肉、色變レ白一云云者也、之良波太《シラハタ》、とある物の類、其外世に白子《シロコ》といふ物などのたぐひをいふべし、胡久美《コクミ》は同書に瘜ハ、寄肉也、瘜肉和名阿万之之《アマシシ》、一云古久美、とある是なり、阿万之之は贅肉《アマリシシ》なり、又其次に擧たる、附贅《フスベ》、懸疣《サガリフスベ》なども、同じ類なり、かくて此類は共にきたなき物なる故に、穢を以て罪とするなり、かの推古天皇の御世に參來《マイキ》たりし、百濟人の斑白なりしも、白人のたぐひなるを、そこに惡三其《テ》ノ異二《ナルチ》於人一《ニ》欲レ棄二《スムト》海中ノ島一《ニ》、とある如く、さる類は、きたなき物にて、世の人も惡み、まして神はにくみきたなみ給ふなり、書紀履中ノ卷に見えたる、淡路島に坐す伊弉諾ノ神の飼部《ウマカヒベ》の黥《メサキ》の疵《キツ》の臭氣《クサキ》を、惡み給ひし事などをも思ふべし、さて祓によりて、白人胡久美の類の、直るにはあらざれども、祓つ物を出して祓へば、その穢の清まるなり、云云とあり、この白人胡久美は皮膚病に罹りて、皮膚の表皮が剝脫して、白色滑澤に變せしもの、及び癩疾に罹りて、組織の腐敗せるもの、慢性黴毒患者の惡臭氛氛たる、その瘡瘍(い)爛膿せるものなどを、いへるものなり、これ等のものは、穢れにして罪あるものなれば、祓の行事に由りて、神の御惠みに與り祓ひ清められて癒するものなるべし、祓によりて、白人胡久美の類の直るにはあらざれども、云はれたるは、眞理を窮められたりとも覺えられず、何ぞ神の恩賴に浴してこれ等の疾病の治癒せざることのあるべきか、豈や祓つ物を出して、祓へば、その穢の清まるならんには、いかでか祓の行事を自ら行ひて清まらざるべけんや、かくて天津罪としての數々の條目は、孰れも穢れにあらずして、罪なき徒ら事なり、諷諭的婉曲行作にありしも、唯だ縱意に任せ行はれたるものなれば、爲めに都々美する所となりて、都美とはなれるものなり、されば穢れは神の最も厭ひ給ふ所なれば、天津罪も生剝逆剝は、穢れに非らざるも、穢らはしき狀なれば、罪となれるなり、國津罪にありては、生膚斷は微細なる傷創より傷害致死に至る、死膚斷は感情的放縱なるもの、而して他の感覺機能に障碍を與へ、且つそを腐敗に歸せしむ、白人胡久美、は固より穢れなり、其他の條々凡て穢れにありて罪するなり、こは凡て祓の事《ワザ》に因りて、拂ひ清まることゝ必然なり、されば祓戸乃神等はこれ等の罪穢を拂ひ清め給ふことを司り坐すことなれば、必ず罪穢は祓ひ清まることを確信すべきことなり、故に祓清詞に我等賀犯勢留種々乃罪止云布罪、穢止云布穢波拂比清米氏失比消氣牟と奏して、この確信をなすことにして、この確信を以て奏するに於ては、我等の其の犯せる所の罪穢は、最早神々の祓ひ清め給ふものなれば、これ等一切は神に一任して、我等は我が靈、魂を鎭靜にし、天之吹男ノ神の司り坐す、妙技なる氣吹の事《ワザ》を行ひて、合理的修養を營むこと、既に述べし如く本法を修して、天津神、即ち天之御中主ノ神に齋き仕へ奉り、これに絶對信向を措き、惟神《カムナガラ》の道即ちこの神の法則を奉じ給へる、神代よりの神神の言行たる神の道を奉じ、之が實踐實行を爲すべしと、誓ふことにあるなり、されば天津神にありては、その大神靈、國津神靈、家津神靈は我等に加護し給はしめて、我等に涯り無く凶事災禍を爲し給ふ所の禍津日ノ神の神靈の、我等にいつぎ給ふを除き去らしめ給ふ、爲めに、之に代ゆるに直毘ノ神の神靈を遣し給ひて、直きに直すべく爲さしめ給ふ、而して、これ等諸々の神々は日夜常住守護し給ひ、將來に未來に榮へしめ幸福を與へ給ふなり、されば眞に畏きことにあるなり、故に我等は愼み敬ひ恐懼すべきことになむありけると、奏上するものなりとす。

かくてこの祓清詞に於ける掛卷も畏き伊邪那岐ノ大神の禊ぎ祓ひ給ふことは、古事記傳六之卷神代四之卷に是以《ココヲモテ》伊邪那岐ノ大神詔《ノリタマハク》。吾者《アハ》到於伊那志許米《イナシコメ》。志許米岐《シコメキ》穢國《キタナキクニ》而在祁理《イタリテアリケリ》。故《カレ》吾者《アハ》爲御身之《オホミマノ》禊《ハラヒセナトノリタマヒテ》而。到坐竺紫日向之《ツクシノヒムカ》橘《ノタチバナノ》小門之《ヲドノ》阿波岐《アハギ》原《ハラニイデマシテ》而。禊祓也《ミソギハラヒタマヒキ》。云云、是以とは上ノ件を廣く承《ウケ》て云なり。大神、爰に始メて此ノ神を大神と申せるは、故あることなり。伊那は辭否《イナムイナ》など〻同言にて、此《ココ》は惡《ニク》み厭《イト》ふ御言なり。志許米。の米《メ》は憂《ウキ》こと辛《カラキ》ことに逢《アフ》を、憂目《ウキメ》を見る、辛目《カラキメ》を見るなどいふ目《メ》なり。志許は醜《シコ》なり。其ノ物を惡《ニク》み罵て、志許とは云なり。志許米岐は直に黄泉《ヨミ》のありさまを指て詔ふなれば、用言《ウゴクコトバ》にて、米の意も上と別《コト》なり、米岐《メキ》は、ひらめく、ひし米く、さ〻めく、なまめくなど多く云ふ米久の活《ハタラ》けるにて、其ノ貌《サマ》を云ふ辭なり。在祁理は其事を歎息《ナゲ》く意ある辭なり。御身は意富美麻《オホミマ》と訓べし、身は古言に牟《ム》とも多く云へれば、麻とも云しにこそ。禊、はこ〻は波良比《ハラヒ》と訓べし、波良比《ハラヒ》と云と、波良閇《ハラヘ》と云と、後には混《マギレ》て一ツに心得めれど、本は別あり。波良比は自《ミヅ》爲《ラスル》を云ひ、波良閇は令レ祓《セ》の約《ツヅマリ》たる言にて、他《ヒト》に令《セシム》るを云ふ。罪咎ある人に負《オフ》する祓《ハラヘ》など是なり。（これ人に祓《ハラ》はするなり）書紀に、祓具此ヲ云二波羅閇都母能《ハラヘツモノ》一とある、これ須佐之男ノ命に負《オホ》せてせしむる祓具《ハラヘツモノ》なればなり、万葉十七に、敷等能里等其等伊比波良倍《フトノリトゴトイヒハラヘ》とよめるは、人に負する祓にはあらねど、人に誂《アトラヘ》て令《セ》爲《サス》る祓なるべし。禊祓は美曾岐波羅比給伎《ミソギハラヒタマヒキ》と、二字共に用語《ウゴクコトバ》に訓べし、美滌《ミソヽギ》なり、下文に迦豆伎而《カヅギテ》滌《ソヽギタマフ》とあるを始めて、書紀に當《ベシ》レ滌《ソソギハラフ》二去吾身《ガ》之濁穢《ケガレ》一ヲまた、將《ム》レ盪《ソソガ》二滌身《ガ》之所汚《ケガレヲ》一また欲《ム》レ濯《ソソギハラハ》二除其ノ穢《ケガ》惡《レ》一ヲなど見え、万葉に禊身《ミソギ》、身祓《ミソギ》などもあるを以知べし、今も除服などに、海川ノ邊に出て淸《キヨ》まはり、又詐理《コリ》とて水浴《アム》ることとするは、みな禊《ミソギ》の意ばへなり、波羅比《ハラヒ》は拂《ハラヒ》なり、又洗《アラヒ》とも言通へり、さて禊《ミソギ》も祓《ハラヒ》も、常には體語《キコトバ》にのみ言へども、本は用語《ウゴクコトバ》にて、祓は本よりにて、禊《ミソギ》も万葉三に、天川原爾《アマノカハラニ》出立《イデタチ》而《テ》、潔身《ミソギ》而《テ》麻之乎《マシヲ》、また六に、管根取《スガノネトリ》而《テ》之努布草《シヌブグサ》解除《ハラヒ》而《テ》益乎《マシヲ》、往水丹《ユクミヅニ》潔《ミソギ》而《テ》益乎《マシヲ》、などよめり、書紀履中ノ巻に令《シム》祓禊《ハラヒミソガ》ともあり、さて美曽岐《ミソギ》は、必ず水ノ邊に出てするに限りて云へり、古書皆然り、禊ノ字も其の意なり、波良比《ハラヒ》は、水邊にてするをも、然《シカラ》ぬをも廣くいふ名なり。又古史傳六之巻神代上六之巻に、伊邪那岐ノ大神。既還坐而《スデニカヘリマシテ》。悔之曰《クヒタマヒケラク》。吾至伊那志許米《アハイタリイナシコメ》。志許米伎汚穢國《シコノキキタナキクニニ》。而在《テアリケリ》。故欲《カレムト》滌《ソソギ》去御身之穢惡《ハラハミミノケガレヲ》詔而《ノリタマヒテ》往見粟門及速吸名門《ユキミタマフアハノトマタハヤスヒナトヲ》。然此二門者《シカルニコノフタトハ》。潮太急《シホイタクハヤシ》。故到坐筑紫ノ日向之橘之小《カレイタリマシツクシノヒムカノタチバナノヲ》戸之《ドノ》。阿波岐原《アハギハラニ》而。禊祓給矣《ミソギハラヒタマヒキ》。云云とあり。

伊邪那岐ノ大神が、黄泉《ヨミ》に神去り坐せる、伊邪那美ノ神ヲ慕はし給ひて、黄泉ノ國に赴き給ひたることそ、感性愛に惑され給ふなり。その理性眼の輝きに由りて、その感性愛に惑されて、適くべきに非ざる道に赴き給ひたる、其の汚穢に逢ひ給へること當然の歸結にして、且つ此の如くにありて、夫婦愛の離間は之を得べきものなり、必ずこの經驗を嘗むるもの、この自然の汚穢感覺を與へられ、漸く執着愛の離間を完ふせしむることなりと、覺りしならむ、若し然らざれば夫婦愛は究竟心中せざるを得ざるに至らしむるなるべし、この神の慕ひませるは、その妹背の契り、し給ふとき既に深愛を捧げ以て妹神を迎へ給ひ、娶《ミアヒ》たまふことの、謂はれあれば、斯く慕ひ給ふこと當然にして、而もそが感性愛の欲情たるを辨じ給はざるは、その共に圖り給へる大業の完成せざるに、先ちて去り給へるを思ほすこそうたてし、情に於て感泣せざるを得ず、然れども、その神靈の光熙せるに及んで妹神の醜體之に映ずるに由りて、卒然その非を覺り給ひ、遁れ歸り給ふこと、感性愛に動く心的作用は、眞理に非らざるを更に示し給ふ所の、純粹情操的行作なりといふを得べきなり、されば妹神のその不情を詰り給ひて、遂はせ給ふと雖も、最早曲直の判斷確定せるが故に、その感性愛に涌く追慕の情を耐え給ひて、琴戸《コトド》をわたし給へるにいたれること、如何に哀痛の感に撃たれざるを得ざるなり、されど感性愛の動作は固より其結果の不良なることは、その妹脊の契りを爲し給へるとき、妹神の既に不良の結果を演じたまへる、經驗を得たまひしに於て、所謂前轍を繰返し給はざるにあるものなり、故に感性的情意の上に行爲するは、眞理に適へる所の行爲に非ず、必然不良の歸結を表示するものにして、深く味ひ究めざるべからず、されば凡ての行爲は、この感性的情意に動かされて爲すべきに非ざることを固く愼み覺るべきものなり、この故に伊邪那岐ノ大神は、古史傳に言へる如くに、既還坐而《スデニカヘリマシテ》。悔之《クヒタマヒ》曰《クラク》。と詔《ノリタマ》へり、輕々たる感性愛に動されて、適く可きに非ざるに赴き給ふのみならず、欲情を完ふせんとせらるゝ行爲は、縱意に出ずるところ、此の如きに報ひらるゝもの、その醜體汚穢を以てせらるゝなり、その欲すべきに非ざるものを望めば、然があるべきは當然なるべし、而してこの輕擧は相互に忌はしき最後の離別、殊に悲劇を演せられ、永き哀しみを存して、永遠に追慕の情を絶たしめらる、されば悔ひ給ふこと、理性の作用にして神靈の光熙せるに因るものなり、然く魂も志許米、志許米伎ことにして、汚穢國《キタナキクニ》に到りませると共に、心身穢れ給へるなれば、爰に御身の穢を滌き、靈の穢を祓ひ給ふことを思ほし給へるなり、かくて禊祓は前述の如く、身に着きたる汚穢を、水を浴み濯ぎ除き、洗ひ去ることにして、清淨なる身體と成る所の所爲なれば、これによりて精神の穢をも祓ひ清めて、爽快を感じ、心身に係る穢惡《ケガレ》を洗ひ除きたる氣分に成れるものなり、されば古事記に禊の字を當てゝ波良比とは讀ましめたるなり、而して既に述べし如く禊は必ず水を浴《ア》みて清まることにして、祓は拂ひなり、水邊にてするをも然《シカ》らぬをも廣くいふ名なりとあるも、こは身體に汚穢《キタナ》きものゝ附着せるを洗ひ濯ぎて除く如くに、神靈を穢し曇らす所の魂の作用を拂ひ去ることなり、されば本法に於ては、この神靈を穢し曇らす所の心的作用を、拂ひ除きて神靈をして光煕あらしむる所の祓ひの行事を爲すことにして、その祓ひ除くことは理性の作用にあり、これを祓清とするなり、こは專ら鎭魂の作法に由る作用なり、この作法を爲すに當りて、禊の事《ワザ》として、氣吹作法を爲すなり、この作法は身體の調節裝置を完備整調ならしむる作用を爲すものにして、組織の新陳代謝機能增進し、爲めに老廢物增量し、新生物旺盛にして、宛も身を滌ぎて洗ひ清まる如くに、組織清まるなり、これ即ち氣吹の妙技に因りて、この生理的作用はその學理に超越せることを實證せるものなり、されば禊祓の行事の意義は我が鎭魂氣吹作法に一致せるものにして、唯だその形式を少か殊にせるものなり、されどその効果に至りては、同一なるものにして毫も異る所あらざるなり。

岩波哲學辭典の禊祓の項に、禊は身滌で身の汚れを洗ふを言ひ、祓は塵穢を拂除くをいふ、祓は總稱にて、禊はその一種なり、而して、共に罪過を除き清めることにあり、原始的意義に於ては、罪の觀念に伴へる、一般的習慣なりしも、已に古神道に於てさまざまの分化的意義の發生を認む、第一は、道德的意義と刑罰的意義なり、前者の自らするに對して、後者は他に命じて爲さしむるものにして、この場合には、犯罪者の身につける物を投棄せしめるものと、特に祓に用ふる祓具を出させるものとありてともに、犯罪に對する贖償なり、なほ後世に至りては、全く何等宗敎的道德的意義を伴はざるものとなりて、民間に、人に祓具を負せて、利益を計りたる弊をさへ生ぜしむ、第二は道德的意義と宗敎的意義との分化にして、こは夙に惡解除と善解除との二つを生ず、前者は罪穢を清めしめることを言ひ、後者は特にかゝる意義なく、神事に仕へる爲に家をも身をも清めることな　、而して兩者に用ふる祓物にも、それぞれの別あり、禊祓の特に宗敎的儀禮となりしものが、即ち大祓なりとす、云云

この禊祓を儒敎では大學の傳二章に、

湯之盤銘曰苟日新日日新又日新。

註に　盤ハ沐浴之盤也。銘ハ名其器以自警之辭也。苟ハ誠也。

湯以人之洗濯其心以去惡如沐浴其身以去垢故銘其盤言誠能一日有以滌其舊染之汚而自新則當因其已新者而日日新之又日新之不可略有間斷也。

かくいへり、これに從へば我が鎭魂氣吹作法に於ける祓淸の意に粗々類似するものなり、唯だ心を洗濯すると、心意に依りて神靈を穢せる汚垢を洗濯するとの相違せるのみ、新陳代謝を旺んならしむる點にありては、同一なるべし。

佛敎には灌頂なるものありて、この禊祓行事に似たる儀禮の如くなれども、其意義大に異れり、佛敎大辭典灌頂の項に、天竺の國王即位の時に四大海の水を以て頂に灌ぎ祝意を表す、密敎には此世法に傚で其の人加行《ゲギヤウ》成就して阿闍梨の位を嗣ぐ時、壇を設けて灌頂の式を行ふ、顯敎には等覺の菩薩色界の魔醯首羅天に於て十方の諸佛より灌頂を受て成佛する事を說けども學人に於て之を實行するの、法則を說くものなし、云云とあり

基督敎に洗禮と稱する儀式あり、これも神の道に於ける禊祓の行事及び本法の作法とは似て其意義を殊にせり、而して基督敎にサクラメントと稱する儀禮あり、岩波哲學辭典に、基督敎に於て特に神聖にして、之なしには神の恩寵に預り得ざるものと考へらるゝ儀式を謂ふ、かゝる神祕的儀式は基督敎以前の宗敎殊に東洋より起れる、救濟的宗敎に於て重んぜられ、熱心に努力せられたるも、此儀式及び觀念は、比較的に早く基督敎にも入りて、洗禮、聖餐、按手、注油の儀式が祕密祭として行はれ、然かも之を通さずしては神の力は我々に働かず、我々は聖靈を受けて淨められ得ざるものと考へられたるなり、併しサクラメントに關する神學的解釋は、スコラ神學者によつて始めて與へられ、中

世初期には未だ試みられざりしなり、スコラ學者は之を恩寵と結び付けて斯く說けり、曰く、神は恩寵を人間に與ふるに必ずしも手段を要せざりしが、人間の本性を顧慮し、サクラメントを通じて之を與へることゝせり、かくして敎會なるものは、サクラメントの行はるゝ所にして、基督敎は、サクラメントの宗敎として認めらるゝに至れり、而して之を通じてのみ神と其靈とは人間に注がるゝものにありと、此見解を盛期スコラ學者は、アリストテレス的哲學によりて更に確めんとせり、又其が七ッの敎に限られたるも、第十二世紀ペトルス・ロンバルドゥス頃である、其中洗禮と懺悔式とは人間の中に恩寵を作り、堅信禮、聖餐式、婚姻禮、終油禮、任職式は旣に存する恩寵を增すものと考へられたり云云、同辭典に洗禮を說明して曰く、基督敎に於て新しき信仰生活に入り敎會に加へられしことを表明する爲めの儀式なり、此儀式は古代の殆ど凡ての民族に存せし「みそぎ」の式より發達したるものにして、紀元頃にはセミテイック宗敎に屢々行はれ居り、殊に猶太敎には改宗せる異邦人に之を行ひ、又洗禮者ヨハネは凡て悔改めたる者に之を命せり、基督敎の洗禮は此猶太の習に基きて起りしものなり、多分イエス以後に始まりしものならん、其著しき特色は「イエス・キリストの名に於て」なされしことにして、之により人は基督に屬し彼に於て新しく生れたる者となりしとの意義を現はさんとせり、云云、洗禮の方法に就ては、全身を水に沒する浸禮式と、水を額に注ぐ灌水禮とあり、古代には原則として前者行はれ、中世以後は西歐に於て、後者を普通とするに至れり、云云、かくて禊祓は宗教的儀禮に用ふるものとせらるゝも、我が神の道に於ける本法にありては、これらの意義を攝り祓淸の形式を儀禮とするも、同時に之を行ふことは、心身の修養作用と成る所のものなり。

於是《ココニ》詔之上瀬者瀬速《カミツセハセバヤシモツ》。下瀬者瀬弱而《セハセヨワシトノリゴチタマヒテ》。初於中瀬隨迦豆伎而《ハジメテナカツセニオリカヅキテ》。滌時《ソソギタマフトキニ》。所成坐神名《ナリマセルカミノミナハ》。八十禍津《ヤソマガツ》日神《ヒノカミ》。次大禍津日神《ツギニオホマガツヒノカミ》。此二神者《コノフタハシラハ》。所到其穢繁國之時因汚垢而所成之神者也《ソノキタナキシキクニニイタリマシシトキノケガレニヨリテナリマセルカミナリ》。次爲直其禍而所《ツギニソノマガヲナホサムトシテナリ》成神名《マセルカミノミナハ》。神直毘神《カムナホビノカミ》。次大直毘神《ツギニオホナホビノカミ》云云。

八十は禍の多きを云ひ、大は甚しきを云ふにや云云、さて世間にあらゆる凶惡事《アシキ》邪曲事《ヨコシマナル》などは、みな元《モト》は此の禍津日ノ神の御靈より起るなり。禍津日ノ神はもはら此ノ夜見ノ國の穢より成坐るぞかし、あなかしこあなかしこ。

其禍《ソノマガ》とは、禍津日の禍にして、即ち穢國《キタナキクニ》の汚垢《ケガレ》を云なり、禍ノ字麻賀《マガ》と訓べし。爲直は那富佐牟登志弖《ナホサムトシテ》と訓べし、直《ナホ》すとは、即ち滌《ソソ》ぎ淸《キヨ》むるを云ふなり、爲は將ノ字の意に用ひたるなり。

神直毘神、大直毘ノ神の直とは未《イマダ》直からざるを直す意の御名なり、既に直れる意にはあらず、上に爲《シテ》レ直《ナホサムト》とあるを以てさとるべし、されば此ノ二柱は穢より淸まるに移る間に成坐る神にして、直毘とは、禍を直したまふ御靈の謂なり。

禍津日ノ神より伊豆能賣ノ神まで、次第《ツギツギ》に成坐る義《ココロ》を、なほ委曲《ツバラカ》に云はむには、先ッ世中に所有凶惡《アラユルアシキ》事《コト》は、みな黄泉《ヨミ》の汚穢より起るものなり、故《カレ》古には萬《ヨロヅ》の凶惡ことを、凡て穢《キタナ》しとも麻賀とも云へり、書紀に黒心、濁心、惡心など書るを、何もキタナキココロと訓、續紀宣命に岐多奈久《キタナク》、惡奴《アシキヤツコ》又穢《キタナキ》奴《ヤツコ》なと見え、祝詞式に、惡事古語ニハ麻我許登《マガコト》と見え、書紀景行ノ巻に禍害《マガ》、此記に禍又死ねと云ふことを、麻賀禮《マカレ》とあるなど、是ら伎多那志《キタナシ》とも麻賀とも云へるは、皆凶惡き意なり、さて萬の事に凶惡を吉善《ヨク》なすを令レ直と云ひ、吉善《ヨク》なるを直るといふ。故《カレ》上文に、汚垢《ケガレ》を滌清《ソソギキヨ》むることを、其禍を直すとあり、かくて世ノ中に所有吉善《アラユルヨキ》事は皆此ノ御禊により起るものなり、故《カレ》古へには、萬の吉善ことを明《アカ》しとも清しとも、云へり、即ち此巻に汝心之清明《ミマシノココロノアカキ》云云、中ッ巻に浄公民《キヨキオホミタカラ》、書紀に清心《キヨキココロ》、明心《キヨキココロ》ノ赤《アカキ》心《ココロ》、萬葉廿に安加吉許己呂《アカキココロ》、また大夫乃《マスラヲノ》伎欲吉《キヨキ》彼名乎《ソノナヲ》、云云續紀宣命に、明支《アカキ》、浄支《キヨキ》、直支《ナホキ》、誠之心《マコトノココロ》、以而《モチテ》などあるを以て知るべし、故黄泉《カレヨミ》の穢惡《ケガレ》に因て、先ッ世間の諸の禍害《マガ》をなしたまふ禍津日ノ神、初めに成坐し、其凶惡《マガ》を滌清《ソソギキヨ》むとして、世ノ間《ナカ》の諸の凶惡《マガ》を吉善《ヨキ》に直したまふ直毘ノ神、その次に成坐し、さて滌清め竟《ヲヘ》て、吉善《ヨク》なれる時に、伊豆能賣ノ神成坐るなり。(古事記傳)

此是《ココニ》伊邪那岐大神《イザナギノオホカミ》。興ニ言《コトアゲシタマヒ》曰上瀬者瀬急《カミツセハセハヤシ》。下瀬者瀬弱《シモツセハセヨワシ》ニ而初於ニ中瀬一墮迦豆伎而《ハジメテナカツセニオリカヅキテ》。滌之時《ソソギタマフトキニ》。吹《フキ》ニ生大禍津日神《ナシタマフオホマガツヒノカミヲ》一 亦云ニ八十枉津日神一亦云ニ天之麻我都比神一。此神者《コノカミハ》。到ニ坐其穢繁國一時《イタリマセルカノキタナキシキクニニトキニ》。因ニ汚垢一而所成之神也《ヨリケガレタマヒシニナナシマセルカミナリ》。次爲《ツギニシ》ノ直ニ其禍一而《ナホサムトソノマガヲ》 吹ニ生大直毘神《ツギナシタマフオホナホビノカミ》一 亦云ニ神直日神一 大直日神一 次《ツギニ》伊豆能賣神、云云、

吹生《フキナシタマフ》とは御身に受給へる。夜見ノ國の汚穢を祓はむと、氣吹《イブキ》し給ふ。その御氣に吹き生し坐せりとのことなり。云云

故其八十《カレソノヤソ》枉津《マガツ》日神《ヒノカミ》。亦名《マタノミナハ》大綾津《オホアヤツ》日神《ヒノカミ》。亦名《マタノミナハ》大屋《オホヤ》毘《ビ》古神《コノカミ》。亦名《マタノミナハ》瀬織津《セオリツ》比《ヒ》賣神《メノカミ》。此者《コハ》天照大御神之荒御魂也《ノアラミタマニマス》。次其神直日神《ツギニソノカムナホヒノカミ》。亦名《マタノミナハ》大戸日別神《オホトヒワケノカミ》。亦名《マタノミナハ》氣吹戸主神《イブキドヌシノカミ》。亦名《マタノミナハ》天之吹男神《アメノフキヲノカミ》。亦名《マタノミナハ》風木津別之忍男神《カザケツワケノオシヲノカミ》。此者《コハ》天照大御神之和御魂也《ノニギミタマニマス》。次速秋津日神者《ツギニハヤアキツヒノカミハ》。亦云速秋津日子神《マタマヲスハヤアキツヒコノカミ》。次妹速秋津比賣神《ツギニイモハヤアキツヒメノカミ》。此者《コハ》水戸神也《ミナトノカミナリ》。次速佐須良比賣神者《ツギニハヤサスラヒメノカミハ》。與速須佐之男命合力而座神也《トモニハヤスサノヲノミコトトアハセチカラヲアハセテマシマスカミナリ》。

上件《カノクダリ》瀬織津比賣神。氣吹戸主神。速秋津日神。速佐須良比賣神、四柱者《ヨバシラハ》。所謂祓戸神等也《イハユルハラヒドノカミタチナリ》。

氣吹戸主ノ神。の氣吹《イブキ》は氣吹《イキフキ》にて氣吹戸とは、御禊坐る水戸を云ふ。（其は禍を直さむとして、御氣吹し給へる戸なればなり）、さて直毘ノ神は、その氣吹門《イブキド》を主《シユ》して、禍を吹失《フキウシナ》ひ給ふ故に、かく御名を負坐《オヒマセ》るなり。大祓ノ詞に、氣吹戸ニ坐須、氣吹戸主止云神、根ノ國底之國爾、氣吹放氏牟、とあるを思ふべし。

天之吹男ノ神、此御名も、禍を吹失ひ給ふよしなり、さて吹男《フキヲ》と申せば、直毘ノ神は、男神に坐けり、されども然は決《キハメ》がたき由あり、其は式に山城ノ國相樂ノ郡に、和伎ニ坐ス天乃夫支賣《アメノフキメ》ノ神社、と云フも見えたれば、此は吹男、吹女と竝べる御名にて、例の女男二柱にも坐ましけむ、と思はるればなり、（其は禍津日ノ神を、大屋毘古、大屋毘賣と申して、女男二柱にも坐まし、伊豆能ノ賣ノ神を、速秋津日古、

速秋津比賣と申て、女男二柱にも坐ますを以て、然は推量らるゝことなり）、
故《カレ》世ノ中に、吉善《ヨキ》ことに凶惡《マガ》ことといつぎ、禍事《マガコト》に福事《ヨキコト》のいつぐぞかし、其は國土《クニ》のみならず、神も人も、各々某々に、此ノ二柱ノ神の御靈は、賦《クマ》り賜はり有るになも、（其は神も人も、其本は皇産靈ノ大神、國産《クニウミ》坐る大神の御靈に依て、生出たるなれば、然有るべき理は炳焉し）、然る故に、神も人も、穢きことと惡き事を惛み怒らぬはなく、善《ヨキ》神善《ヨキ》人と云へども、怒《イカリ》ては荒ぶる事をも爲《ナシ》給ふぞかし、爲《ナス》ぞかし、これ禍津日ノ神の御靈を賜はり有ればなり、然在に、その惡み怒る心を和し靜めて、聞直し見直し給ひ、思ひ直すは、これ直毘ノ神の御靈を賜り有ればなり、（いと善き神たちの、その祭のおろそかなる、或は穢きことなどの有るを怒坐して、荒ひ坐る事の、古書に多く見ゆるは此故ぞ、かれ祟り神を祭る祝詞、その外にも、神直日《カムナホヒ》大直日《オホナホヒ》爾《ニ》直志《ナホシ》給比《タマヒ》弖《テ》、と稱へ、中にも、大殿祭ノ祝詞は、屋船ノ命に白す辭なるに、漏落武《モレオチム》事乎《コトヲ》波《バ》、神直日ノ命《ミコト》、大直日ノ命聞直志《ミコトキヽナホシ》見直志《ナホシ》氐《テ》、と云へるを熟《ヨク》思ふべし、此ノ諸神たちにも、漏落たることを怒り給ふ、禍津日の御靈は有り、また其を聞直し見直し給ふ、直毘の御靈も有るが故に、かくは稱ふるなるをや、此に准へて、人も各々然るべき理を悟ねかし）、さて祝詞ノ文どもに、禍津日ノ神の爲《ナシ》給ふ禍事に、相率《アヒマツコ》り相口會《アヒクチア》ふこと無くと稱《マヲ》す事の、此彼《コレカレ》見ゆるに就て言はゞ、彼の怒る心を思ひ直さで、荒ぶる事の彌進《イヤスス》みに進みゆくを、禍津日ノ神の爲給ふ禍事に、相率り相口會ふとは言べからむ、（あなかしこ、勿率《ナマツコ》りそ、勿口會《ナクチア》ひそ、穴《アナ》かしこ）、然は有れど、此ノ二柱ノ神の御靈

は、譬へば車に両輪《フタツノワ》あるが如く、誰もなくては得有るまじき謂れあり、其は彼の元享の御代の事などを思ふに、新田ノ義貞ノ朝臣、楠ノ正成ノ朝臣など、北條が穢《キタナ》き所為《シワザ》を悪み、世の亂れを直さむの心ありて、天皇《スメラミコト》の御命《オホミコト》を待構へられしは、禍津日、直毘二タ御靈を兼たるなるを、さる心も無く、北條が勢の大キなるに恐れて、とあるもかゝるも、神の御心に因て然るなれば、如何《イカニ》せむ、人ノ力の及ぶべきに非ずとて、武士の道をも熟《ナラ》はず、默止《モタ》あらむは、和魂の爲にも有れ、更に言ふがひなき事ならむを、待構へたるまにまに、天皇《オホギミ》の御命かしこみ、世のため君の御爲に、自の力の微を思はず、軍を發して北條を亡《ホロボ》したるぞ、荒魂の德用《ハタラキ》には有ける、(但し此は大略《カタ》の狀を言ふなるを、猶密《コマカ》に言はゞ和魂の用《ハタラキ》に荒魂の用《ハタラキ》をかね、荒魂の用に、和魂の用を兼ずては事を成さず、言ひもて行けば、其德用の一ッに歸《オチ》て、おぼおぼしきは、其本は、伊邪那岐ノ命の一ッ御靈の二ッに分りたる謂《イハレ》によることぞ思はるる)、かくて後に、また足利の醜臣《シコオミ》が、御世を亂したるにも、彼が勢ひの大《オホキ》なるに、少《イササカ》も屈《オツ》ることなく、千ぢに心を碎《タダキ》つゝ、宸襟《オホミココロ》をやすめ奉らむと爲《セ》しかども、終に心の如くならざりしかば、道の大《オホキ》義《コトワリ》のまゝに、討死せられしかど、(義貞ノ朝臣は、此後させる事もなかりしかど、正成朝臣は)、死てもなむ其靈を、生ノ子うからやからに移しつゝ、其本懐《モトノココロ》を遂《トゲ》むと爲られしは、是ぞ和魂荒魂をかね用《ハタラ》かして、事成らざらましかば、瓦となりて全《マタ》からむより、玉となりて碎かるべき、人の靈《ココロ》の鏡なりける、(古史傳)

古神道大義上卷に、禊に似たることは他の宗教にもあり、佛敎では「灌頂」といへるものあり、基督敎にては、「洗禮」と云ふものがありて、特に古神道に於ては禊が極めて重要なる地位を占めて居り、禊は神代本紀を生ぜしむる要件にて、萬我の本來、神たる所以を主觀的に實現する始めとなりたるものなり、禊に依つて穢を祓ふ努力は終始大切にて、今日に於ても國民全體擧つて「普遍的性質を有する祓ひ」を年に二度(六月三十日と十二月三十一日と)擧行せられて、之を大祓と云ふなり、これは我我が知り又は知らずして犯せし所の種々の罪惡或は身に着きたる色々の穢れ、即ち自分の心持よりでなく、外より偶然に着きし穢れを祓ふもの、其の大祓の祝詞は最も重要なるものなり。

伊邪那岐命が禊を爲されて、夫よりお出來になりし神々は多々あられて、先づ御身に着きし品物をお棄てになると、其の品物より色々の神がお出來になりしも、次に根之國の穢れの御身體に着きし穢をお淨めになる時に生れられたる神が更に大切の神なり、先づ八十禍津日ノ神、大禍津日ノ神の二柱の禍津日神が生れられ、こは根之國の元素を採りて、罪穢を此の世界に撒布せらるゝ神なり、根之國より持ち來られたる所の情實に依りて、種々の災害を此の世界に生ぜしむる神なり、伊邪那岐神は斯る神の生れられたるを見て又更に禊に依りて、神直毘ノ神大直毘ノ神をお生みになり、これは罪禍を直す神にて、禍或は穢は此根之國に在る潜在的の事柄が理想を離れて現れて來るものなるが、其の現はれて來る所のものを轉じて、それに依りて善を生ぜしむる神がこの神なり。

根の國の元素が穢れとして現はれて來たときには、其の穢れは、禍津日神が宰り給ひ、又之を轉じて善となす所に、直毘ノ神は生れられたるなり、我々の日常の行動に於ても、たゞ絶對に善と云ふべきことはなく、向上を見當として惡となる材料を轉ずる所に善があり得るものにして、恰も絶對に歩くと云ふことが無きと同じく、絶對には善はなし、歩くは進みながら、轉倒せざる所に在り、善は向上しつゝ惡を轉ずる所に在るものなり。

伊邪那岐命が根之國の要素を、自ら持歸りなされて、之を世の中に振りまかれたるが爲に、禍の神も出來又之を轉じて善とする神も生れられたるなり、されば古神道の大精神は如何なる所に存在するかといへば、潜在的の要素を排斥せずして、努力に依つて之を轉じて明淨正直を生せしむることを、徹頭徹尾主眼とするなれども、たゞ漠然と然る事の在るのでなくして、直毘ノ神に信頼し大なる努力を以てなすべきことに依つて、努力が極めて大切になり居るものなり。

禊とは身滌と云ふ意味、或は潔身と謂ひ、或は祓と謂ふ、祓といふは、洗《アライ》とも通じ、穢れたるものを取去ることに依つて、其中より眞面目を取出すことをいふなり、故に穢れたものと關係が無い譯のものに非ず、穢れを祓ふことに依つて其の中より眞面目を現出するにあり、祝《ハフリ》などゝいふことも矢張り此の祓に關係を有する言葉にて、祓は最も大切になり居るものなり、日本人は絶えず、心身を潔めることを重んずるなり、地勢などよりいふも、山があり海がある處の人民は、概して清潔を好むやうであり、之に反し山も海も無き平地のみ續く處の人民は穢い事に慣れて平氣なるが如き風あるも、多少は此の如き關係もあることなるべし、日本人は極めて清潔を重じ、身體のみならず、精神の汚れをも、除去することを努め、特に信念として之を養ひ來れるものなり、朝夜の世界より起き出づれば、晝の世界の入口にて、必ず顔面及び手また身體など滌き洗ひ清め、然して鏡に對して眞面目を反省し、日の光を拜する、又日本人は不淨の所に行けば、必ず手を洗ふ、旅行しても宿屋に行けば必ず風呂があり、家にゐても身分の如何に拘らず、必ず風呂に入ることをなす。

伊邪那岐命は否醜目《イナシコメ》醜《シコメ》き穢《キタナ》き國に到りて在りけり「故吾《カレア》は大御身《オホミマ》の禊《ハラヒ》せな」と仰せられたり、而して此の禊に依りて、御自分の爲された穢れと、他より爲された穢れとを問はず、之を轉じて原狀回復、否な原狀よりも更に善い狀態を生ぜしめんとするが禊なり、伊邪那岐命がお疑ひなされたり、また私かに覗いて見られたのは、御自分の爲された穢れであり、又御自分が豫想せられざりし、伊邪那美命の穢れを御覽になりしは、他より爲された穢れにして、此の兩方の穢れを祓ひて其の中より更に立派なる狀態を生ぜしむるもの即ち禊なりとす。

古神道に於て、祓といへば消極的に聞ゆるなれども、實際は積極的のものにして、其積極的の上に運用せらるゝ所の消極的の行動に過ぎず、祓といふ眞面目なる行動に依つて、善美を生ぜしむるものなれば、そこに勇氣を要求するなり、されば禊と勇氣とは離れられざる關係となり、現に根之國の方と接觸せらるゝ出雲系の須佐之男ノ命、大國主ノ神などの支配せられたる處に、愈々高天原の理想を實現する場合にも、武勇に依る努力を要せり、故に古神道にては武勇といふことを極めて大切にせるものなり。

元來一つの誠の心持を以て、穢れを拂はんとする其念慮其の心持より、有らゆる勇氣は涌出し來る、其の禊を爲さんとする努力が、即ち生命の存續を現し居るものにして、之を失へば生命を有せざると同一なり、所謂天皇にありても、また聖人、君子などいふも、耶蘇も、釋迦も、孔子も、苟も生命の有る以上は努力が永遠に存續するなり、若し之れ無くば聖人君子たる資格は無きものといはざるべからず、又普遍的なる祓の表現者でありし和氣ノ清麿が神託を受け、それに依りて悪しき行動に打勝ち、善を生ぜしめたるは、如何に武勇を要せられしか量るべからざることなり、勿論武器を持つて勇氣を振ふとは異るなれども、斯の如き行動を成し遂ぐるについての努力は、餘程大なるものでありしことは言ふべくもあらざるなり。

大祓詞を靜かに味へば、何とも云ひ得ぬ感じが勃々さして起り來りて、その穢れを轉じ更に立派なるものを生ずるべく、どこまでも努力する心持となり、自分は善き事を爲せしと思ふことも、穢れたる事を爲し居る場合が澤山あり、殊に善行は自分が爲せしと思ふことも實は神が爲させて下されしものにて、故に一善を爲して善行を自己が爲せしと思ふときは、最早其の時に穢れとなる、何となれば自己が爲せしもので無く神が爲させしものなればなり、されど惡い事をしても、それが爲に再び世の中に浮び出ることの出來ざる如きものにも非ず、惡い事も實は矢張禍津日ノ神がおさせになることなればなり、自分の穢れた罪の爲に自分の善行が成立せざるものなるが故に、何所までも努力を爲し、そを轉じざればならざるなり、されどそはたゞ自分のみでなく神の助けによるものにして、善たるも惡なるも、自分一人にて出來るものに非ず、故に我々の罪穢を除かんと祈る場合は、あらゆる神々はそれを聞き、なされて、そを消滅させるべく、進んで救助されることとなるを以て、我々は特に祓の儀式に依つて、自分の知り又知らずして爲した罪科、自己の意思に依り又は他より來りたる穢れを祓ふ爲に、年々大祓の式を行ふて居ることなり。

禊と祓この「みそぎ」は支那の文字に當てゝ「禊」と書くも、禊は「はらひ」(祓)とも讀む、其の例は古事記に「吾は否醜目醜めき、穢き國にいたりて在りけり、故《カレ》吾は大御身の禊《ハラヒ》せな」と謂ひて「禊」を「はらひ」と讀めり、或は之を他の文字に當てゝ滌身と讀み、又身祓《ミソギ》と讀む、萬葉集などには多く身祓を「みそぎ」と讀めり、之を廣くいへば、祓も禊も一つのものなれども、其場合を分けていへば、(一)自己の穢を物品に附して捨つる如き「みそぎ」は、祓と云ふことに當り、又「祓」は「洗」と同一なるが、自己の身體を水にて洗ひ淨めるが禊《ミソギ》なり、(二)それが又祓は水邊に依りて水を用ひずして致す場合、水を少しも用ひずして致す時は、如何なる場合に身を淨くするにも、之を祓と謂ひ、水邊に依りて水を以て淨めるときは、之を禊と謂ふと説かれてあり、(三)後世にては、天皇皇后が身を淨めらるゝ場合は禊にして、下下《シモジモ》の者が身を淨める場合には、祓なりと區別せしものもありし、されど結局其の本に於ては禊も祓も同一にして、何れにしても絶えず向上して行かんとする努力を其の精神となすものなり、この向上の努力に依つて總てのものが出來上り、之に依りて古神道の生命は輝ぐものにあるなり。云云、

斯くて禊祓は身を滌ぎ穢を洗ひ除く意義よりして、身體に附着せる汚穢物、垢等を洗ひ滌ぎて、除去すること、この所爲は風呂などに入浴するも、また海水浴を爲すこと、或は淸水を浴るも、冷水摩擦などするも、同一意義なるものなり、孰れを擇ぶも可なり、肯て冷水浴のみ効あるものと偏する勿れ、各自の身體は先天或は後天に生理的素因なるものを有せり、その所謂體質に適するを選ぶべし、而してその施す所の練習の積むに應じて、その好むに進行すべきを可とせん、猶ほ身體は其の老年に至るに從ひ、身體組織諸臟器機能は、漸次退行性に移り萎縮するものなるが故に、その調節裝置に違和を生ぜざるべく注意を施し、寸時も之れに放意を許さずして、これを行ふにあり、されば脂肪過多の人に於て冷水浴を爲すが故に、虛弱羸疲の人の之を眞似して突然營むとも、効果あるに非ずして、還て障碍を來すべし、また一老翁の攝る身滌ぎを見て、老人にしてこれを眞似て、この擧を爲すは無暴にして、疾病をこそ發し、更に有効なるものに非ざるなり、それは經年の抵抗力を養ふ慣習に因り

て、抗疾病質と成れるものと、これ等の養ひを爲す所の順序を經ずして、一擧に終局を望むの行爲なると、またその生理的素因を有する體質を顧ずして施すとに由りて、障碍を來すは、當然の歸結にして妄行と言はざるべからず、されば禊祓の行事は常に努力を要すること必然にして、これなくして、禊祓を營爲することを能はず、この意味に於て禊祓は自力の行なり、といふを得べし、而して此の行事を營むは、然く自己の身體に於ける生理的機能即ち調節裝置に留意し、常に違和を生ずるを豫知すべく、修養する所のものにして且つ、違和を生じたる場合は、之を大ならしめざるに止め、その整調を計る所のものなれば、その努力に依つて積まれたる所の經驗と、慣習性に養はれし免疫質は合理的ならざるべからず、されば禊祓を爲すには、その汚穢垢汗を滌洗するにありて、その附着の外因にあるものは論なきも、新陳代謝機能に因るものは、此の機能旺盛にして、老廢物の所謂垢の多量なると、汗の分泌の盛なるとを滌ぎ洗ふの效果に至りては、甚とも大なりと言はざるべからず、此の大なる効果を修むる身體は、常に其の組織新生し、酸化作用旺盛にして榮養を組織に賦與する調節、整調して所謂健康と稱する所の完全體なるべし、されど斯の如きは、禊祓の形式に由りてのみ得らるゝものに非ず、それは新陳代謝機能を盛んならしむる所の努力を要す、此の努力によりて新陳代謝機能完備され老廢物の多量なるを滌洗することを第一要件とするにあり、勿論この形式に因りて神經を活動させ、血液の循環また誘導せられて、酸化作用を旺んならしむるも、その穢れを洗ひ滌ぎて除去することを、本旨とせるものなれば、その副作用を以て修むる多大なる効果を得る能はざるなり、さればこの要件たる努力即ち身體組織及び諸臟器諸機能の圓滑なる活動を常に營爲するにあるなり、爰に於て本法の氣吹作法は、この要件たる諸機能の圓滑なる活動を營む所の合理的方法にして、その妙なる眞技《ミワザ》は神々に於て實際に行はせられ、教示せられ傳へ給ひて、これに由りて副作用に因る効果をも修むるを得せしめ、且つ天之吹男ノ神はこの眞技を司り坐して導き給へるなり。かくてこの氣吹作法を實修するには、最も努力を要す、而してこの實行努力の効果は諸臟器機能圓滑に活き、循環整調して身體組織に榮養賦與を全からしめ、新陳代謝盛んとなり老廢物旺んに排泄せられ、隨て洗濯ぎの要求もまた頻々なりとす。

　祓は拂ひといひ、拂ふことは、塵埃を拂ひ除き、負債を拂ふ如くに、我等の身體にまつはる穢れ、附着する塵埃など拂ひ除く如く亦神靈に附着する穢れ曇りを拂ひ除くことをも、祓ひといふなり、神靈とは天之御中主ノ神の御旨に從ひて產巣日ノ神は萬物に神靈を結び給へり、故に人間にもこの神の活きに依りて、神靈を結び賦せられたるものなり、されば人の衷には必ずこの神靈は存在せり、既に述べし如く我等が衷に心の存在を認むるならんには、必然この神靈の存在せることをも認識すべきなり、然るに心的作用に依りこの光り蔽はれて穢され、爲めに光熙あらしめずして認むるに難からしむ、そは魂《タマ》即ち心、この心の作用せるものは意となりて活用す、この意の活用は只管縱意を欲し我儘を爲し放縦意志を逞ふし、以て神靈を翳ひ穢すなり、この神靈なるものは、所謂理性また良心など稱するものゝ支配者なるものにして、その意思の理性良心に協ふところの判斷を爲すは、即ちこの神靈の輝きに由るものなり、然るに意思すること良心、理性に協ふて可とすることも、感情或は肉體の欲求欲望の爲めにこの光煕を壓迫し覆ふて而してこれ等感性的欲情を縦に行はんとするは、即ち感性意志の發作にして正鵠を誤れるものなり、例へば夫婦の和合は一家を統一し、一家に淨土を築き、軈て神の國に化せしむるにあり、然るにこの理想は、夫婦相互の衷に確然存在せるも、夫婦者の感性意志は、この理想を實現せしむるを妨ぐ、而してこの感性意志は互に反感を助長し、我儘縦意は遂に反抗的動作を敢て爲し反目するに至る、これに依りて一家は意はざるに紊亂し、子女の養育不眞面目にして、所謂不良性の子女を作り出すなり、而して一家の空氣は如何にも冷かにして、酷寒に於ける火氣なき室に入りし如く、あはれなるものあり、されど彼等の衷心はこれを欲するに非ずして、毎に反省し其の非を識る、されど彼レの感性意志に拘泥して、常に神靈を我儘縦意の心的作用は之を蔽翳す、即ち禍津日ノ神の神靈これにいつぎて發揚し、これに支配せられて、直毘ノ神の救濟加護を仰ぎ得ず、直きに直す能はずして、この反目裡に子女を設けて、頭髮霜を頂き、腰に梓の弓を構ふるも、直し得る幸福《さきはへ》も賜らず、終に黄泉路に旅立つもの多し、これ等はその禍津日ノ神に一生支配せられて、直毘ノ神の幸福を仰ぎ得ざる如何にも憫むべきものなるも、これ全く神の道を知らざるが故なり、さればかくの如くにして一生を過ぐさむより、神の道を繹ね辨へて、我等が衷なる神靈の存在を認識し、禍津日ノ神のいつぎ給へる、感性意志の發作たる我儘縱意の心的作用を拂ひ除去すべく、直毘ノ神の幸はふ神靈の直きに直す眞事《ミワザ》なる、良心理性の作用たる幸福《サキハヘ》を仰ぐこと、これぞ我等が衷の神靈の穢れ曇りを祓ひ晴れしめて、これが光熙あらしむるにあり、されば夫婦互に我儘を拂ひ除くに終始努力し、縱意をして發せしめず、理想の實現を期して和合を主とす、爰に於て高天ノ原の意義をそのまゝに一家は團欒して統一し子女の養育自然に適ひ、老に至りて神の國に安住せるを證し、所謂安心立命てふ意義狀態に生を終るなり、此の如きをして神の守護とはいふなり。また我等の意思は此所に在るこの菓子數個を食すれば、必ず胃腸を害するものなりと、思惟するにも係らず、口腹の欲求は克已する能はずして、これを喰ふことあり、かくして胃腸を傷ひ、身體に障碍を招きて遂に致命に至らしむるものあり、また美味なるものを多量に攝り飽食せば脂肪過多榮養加剩となりて疾病を發するものなることを辨知せるも、敢てこれを攝り、また酒精類を多量に用ふれば、子孫に惡疾を及ぼすこと、また己も軈て中毒して疾病を得る而已ならず命を奪はることの、多くの實見と訓誡とを得て自ら覺ると雖も、これを革むるなく、此等の如きは凡て彼の感性意志なる我儘縱意の致す所にして、慣習に泥むものなり、敢て改廢することの不可能事に非ず、直毘ノ神の幸福《サキハヘ》を仰ぐにあり。

此の如き我儘縱意なる心的作用を拂ひ除くに努力するは、即ち神靈の穢れ翳す曇りを拂ひ除去して清明に照り輝かしむることなり、されば思惟することの、感性意志に動かさるゝを抑制し、自省自律に由りて、判斷の正確を窮め、而してこれを理性良心の確定に依り始めて意志行爲に至るべきものとせざるべからず、爰に於て祓の意義を覺知するものなり、こは即ち鎭魂作法に由りて完成すべきものにして、この作法は既に述べたる如く、天照大御神の實行によりて高天原の大慶事の實證ありて、これを啓示せられたる御所爲《シワザ》にあり、これ感性意志の發作に依りて大失態を演ぜられ、その直きに直す自覺に由りて、その荒魂は和魂に推移し、直毘ノ神の神靈の幸福《サチハ》ふ直しの御行爲《ワザ》し給ひ、終にその判斷の正確と正覺とを執らし給ひて大英斷行を實現し給ふ所の天ノ石屋戸閉《トザ》して刺許母理ましましけること、自己を沒却し給ふ御所爲は、諸慾大權自ら消滅せるを覺うべし、そは自己を滅却して而して更に得る所の知情意は單なる感性に因るものに非ず、これを超越せる所のものなり、即ち天照大御神の天ノ石屋戸開きに依りて更に出現あらせられたる、大御神にして萬世不滅の御神靈にぞありませること、いふべくも非ざる事實なり、かくて鎭魂作法は天照大御神の齋き祀り給へる天津神の信向に基きて、大神靈を對象と爲し給ひ自己の神靈をして、これに歸一する御所爲を敎示し給へるものなれば、この敎示に隨ひて、大神靈即ち天之御中主ノ神を信向對象とし、神の道の信仰に因りて、我等の神靈を認め、これを穢し蔽ひ曇らせる所の感性意志たる我儘縱意の心的作用を祓ひ除去するに努力を終始し、自我を滅却して、更に超越せる知情意を穫得し、神の國たる高天原に入り安住するにあるなり、されば祓は鎮魂作法の作用によりて完成し、これに因りて我等が神靈の穢れ曇りを祓ひ除き清明熙光あらしめ、大神靈に歸一し神化せる意識狀態に至るの努力なりとす。

斯くて我等は天之吹男ノ神の司り坐せる、妙へなる眞技《ミワザ》たる氣吹の作用を爲し、人體の調節裝置の完備整調を保持し、肉體に係る諸慾望はこれを滅却し、純然たる生理的欲求に從ひて、所謂健康狀態なる生活法を營み、而して精神の肉體に及ぼす、影響最も大なるを識るが故に、鎮魂作法の作用に因りて、精神に起る諸慾望を除去し、心身共に完全なる狀態を建設して健全なる生活法を營爲すると雖も、あらゆる天災事變不可抗力的災害に遭遇するを如何にせん、況んやこの生活法の完全に營爲せんとする意志の弱き我等に於ておや、されば我等は爰に至りて、天津神に齋き仕へ、惟神《カムナガラ》なる神の道を信仰し、その啓示を自ら實踐して、この完全生活法を營爲ずべく、努力する援助を得、而して自己一切を滅却し擧げてこれを神に任せ、神の意思のまにまに生存することを以て己が命とするなり、されば天災事變、不可抗力など禍津日ノ神の禍事に逢ふも會はぬも、神まかせと思惟するにあり、そは旣に述べし如く、禍津日ノ神は禍事を爲し給へるによりて、反省を促し、直毘ノ神は其禍事を直し幸福へしめ給ひて苦慮を催しめ、轉々推移能むことゝなし、祓戸の神々は犯せる罪穢れを祓ひ清めて新生せしむ、それ故に我等の苦樂轉々し、犯せる罪穢も失はれて、生命を保ち得らるゝも、小さき自我はこの意義ある生命を持續すべきや保し難し、必ず神の思賴《ミタマノフユ》に與りて意義ある生存こそ出來得るものなれ、これなくして生命を保つべくも非ざるべし、故に我等は我等の生命を擧げて、天津神なる天之御中主神に齋き仕へ、我等の生命はこの神の意思に任せ毫も疑ふ所なく、生死苦樂この神の任意たるべし、かくて天災事變不可抗力的禍事の遭遇に當りても、その吉凶はこの神の守護に任せざるべからず、如何にこの難を遁れんことを欲すと雖も、避れ得べけんや、また幸福を求めんも意の儘なるものに非ず、既に述べし完全生活法を營爲する所の鎭魂氣吹の作用は、如何に幸福を得る事《ワザ》なるをも、容易にこれを信じ、これが實行を爲し得らるゝものに非ず、さればこの修養を完ふせんにも、必ず神の加護に賴りて全ふすべきものなり、神は萬物を造り萬物を守護せらるゝものなり、而してこの守護は彼に於てその任務の確定せるものにして、我等はこれに賴るに在りて願ふものに非ず、唯だ我等はこれに一任することに由りて、彼れに在りてはその責任を完ふし得らるゝものなり、故に敢て救濟を求めてその求に應じて救はるゝものにのみあるに非ず、唯だこの意義を理會して一任せば、その任務の隨行せらるゝ要點に注意し、これが見解を容易ならしむ、されば我等は森羅萬象天地自然の現象に倣ひ化育せられ、神の道に倣ふてこれを實踐し、神の任務の意義を會得して、信賴の薄弱なる我等が缺陷を認めて、實踐努力の信念を篤くす、これ即ち大神靈を對象として、我等が神靈を認め、而してこの神靈の穢れ曇りを祓ふ努力を爲し、以て神の道を踐み奉り、我等が負ふ所の任務を果すべきなり、これ我等に在りてこの責任を全ふせんと努むるは、對象たる大神靈は常に普遍的態度に在りて我等萬物を終始守護せらるゝこと、決して我等萬物の救濟を求むるに應じてのみに、爲さるゝものに非ざるが故に、これに倣ふ我等は、この行を踐み奉ること、神の道を踐むものなり、されば我等はこの當然の任務たる神の道を踐み行はゞ、對象たる神はその任務を果さるべく、我等を守護せられて、我等に振り懸る禍事を司り坐す禍津日ノ神の涯り無く、凶《マガ》ごと災ひ爲し給ふをば、神遣《カムヤラ》ひに遣ひ給ふべく、神直毘ノ神大直毘ノ神を賦《クマ》り給ひて、これ等凶災禍難を幸福《サキハヘ》に直すべく、加護あらしめて彌や榮へに榮へしめらるゝなり、かくて我等は我等が心身を休息せしむべく、睡眠を攝らざるべからず、生理的には熟睡は心身の休息に最も効果ありとせらる、然るに若し此の間に於て卒然災害ありとせば、感覺の鋭敏もこれを如何とも防ぐ能はざるべし、されば熟睡を得んにも、神に運命を任すの外なし、若しそれ自我をしてこれに意を煩はさんには一秒の睡をだに得る能はずして、遂に不眠と不安とに心身衰へ立つ能はざるに至るべし、この場合に臨みては必ず終局態度に出て、唯だ放任するの外手段あるべからざるべし、この意識狀態は所謂有神主義と無神主義とに岐《ワカ》るゝなり、さればその安心立命てふ意識狀態にある、神の國高天原を有せんには、必然有神主義を執らざるべからず、即ちこの信向の對象を有して、これに一任しこれを信頼して、始めて安心休息するを得らるゝなり、この意義に於てこの有神主義は純他力と言ふを得べし、かくて鎭魂氣吹の作法は神を絶對に信向信頼し、その他力たる守護を被ることに由りて、我等は神の道を踐む所の自力なるこの作法を努力實行するを透して完全なる國民性を覺知し得て、自力他力の一致せる統一せる神の國即ち高天原の意義を復興し、これに安住するにあり、これを夜の守り日の守りに守護り給ひ彌榮《イヤサカ》に榮へしめ幸福へ給はむと、いふにありて如何にも畏き限りなりといふべきなり。

斯く祓清詞の説明に依りて意義を會得し、而して諄を誦する意義を理會せざるべからず、この諄を誦するに腹誦して發聲せざるも可なり、されど發聲すること、殊に下腹部に氣を充實せしめ、力を込めて、こゝより發聲するは身體に多大の効果を齎すものなり。

諄の意義は其の詞の如く祓比清米拂比淨米幸《サキ》久在其志米と先づ誦する所の祓比清米とは、他力に依るものにして凶災禍難、不可抗力的禍事の我等に襲來するを、天津神の守護に賴りて、祓ひ除去せらるゝことを祈り奉り、我等が知りまた識らずして犯せる罪穢を祓戸の神等をして拂ひ去り消滅せしめられ、清め新生せしめらるゝことを禱《ホ》ぎ奉ることにして、即ち他力に賴るの祈念とも言ふべきものなり、然れども天津神の信向信賴は自己を反省するに依りて、自我の到底自己を終始する能はずして、必ず偉大なる神あることを信じ漠然これを信じ、次で熟くこれを信向信賴するに由りて大神靈と神靈とを認識し、絶對々象と爲すの意義を有して、これに全生命を擧げて一任し、凡てを神の意思に託して疑はず、禍福孰れに逢ふも、神の御旨と之れに順ひ否み反抗せず、必ず神の守護に依りて禍事は祓はれ幸福に直しめられ、疾病の穢れ犯せる罪は清めらるゝと確信することなり、而して重ね誦する拂比清米はこの意義を繰り返すものなるも更に悔責の意味を有するなり、我等は自己の反省に由りて自我を滅却し、一切を神に任せり、されば我等は凡てに責を悔ひて改むるものゝみなり、この責を悔ゆるに及んで自己を否定し自我を滅却するに努力あるものにして、斯く繰り返し稱する意義を發揚するにあり、かくて神は幸福《サキク》在らしむべく在らしめと誦するなり、幸福《サキハヘ》とは富貴の謂に非ず、神の道を踐みて自然に適ひて苦樂を離れ、健全なる心身を保持し、爽快なる氣分に滿ちつゝ自己の本分たる任務を遂行するが如き狀態にありて神の國高天原に安住する意識狀態を言ふ、さればこの誦は自己を反省し、而して悔責を表し以て神の守護に與り、自己の將來未來現在をして幸福《サキハヘ》あらしめよと祈禱するものなり。

次に誦する神靈乎輝志惟神乃道乎踐美奉良牟とは既に述べし如くに、我等が衷に存在する神靈を認め、この神靈を穢し曇らす所の自我心的作用を滅失せしめ、拂ひ除去し以て神靈をして光熈あらしめ、これが照耀に依りて理性良心の圓滑なる活用を全からしむること、即ち奮起して所謂克己の行爲をなし、以て神靈乎輝志する努力なり、かく奮起努力して、我等が衷の存在たる神靈の穢れ曇りを拂ひ除去して光熈あらしめ、惟神《カムナガラ》乃道即ち古典に記《シル》されたる神々の言行にして、神代の史實、自然現象たる森羅萬象とを照合して、其の事實その儘を敎とし倣ひ、且つ學びて實踐實行し奉らむと誓約するにあるなり、さればこの誦は奮起努力を以て、神靈の穢れ曇りを拂除し我等人格の向上を圖り、神々の言はれたること、行はれたる事實、示されたるを敎と倣ひ學び、これを踐み行ひて、超人格的修養を爲し、實踐の證を現し示さむと、誓約する所の自力の行ともいふべきものとす。

かくて、前きの誦言にて、他力的の意義に由り祈禱を爲して、神の恩寵恩賴《ミタマノフユ》を被ることを確信し、一切を神に任託して疑はず、反省悔責を爲すによりて努力を養ひ、次なる誦言は自力的意義に於て誓約を要とし、賦與せられた我等に內在する神靈を輝すに、奮起努力し、而して神の道を踐み以て超人格的修養の證を實踐に示さむとの旨を觀念し誦するものなり、されど他力的自力的なる意義を綜合統一する一致せる信念の意識狀態に在つて誦念するものにして、敢て自力的他力的なる差別あるに非ざるなり。

神名の奉稱

神の御名を稱へ奉るは敬虔の念の表示にして、諄の誦念を終へて、神々の神靈を幽冥に御送り奉るに際し奉稱する儀禮なり、その御名は、

天之御中主ノ神、　皇御神《スメミカミ》、　代々祖神《ヨヨミオヤカミ》。

稱《タヽ》閉《ヘ》奉《マツ》留《ル》。

と稱し奉るなり、この奉稱儀禮は默稱するも可なれども、修養として行ふ場合は發聲するを可とす、要はこの觀念の篤く、誠意を盡して唯だ眞面目にあるのみ、かくて天之御中主神とは、大宇宙の大生命、即ち大神靈《オホカムヒ》にして、皇御神とは、大日本國《オホミクニ》の生命即ち國ッ神靈《クニツカムヒ》なり、代々祖神とは、我家の生命即家神靈《イヘツカムヒ》なりとす、この國ッ神靈、家ッ神靈は大神靈の分ッ靈《ワケツヒ》にして、神の道に屬する神々なり、我等が日常觀念する所の神は、この三柱を主目と爲す、而してこの三柱の神は、三位の如く區別するも、其實一體なり、そは神なる神は天之御中主と御名を稱へ信頼する神のみにして、他の神々は凡てこの神の大神靈の分靈を有せらるゝ神靈なればなり、さればこの神の他の神々と稱へ奉る神は、所謂神の道なる神等なり、而してこの神々は、凡て大神靈の分靈たる神靈を認識せられ、その神靈を照耀發輝せられ、神なる言行《ワザ》を事實に表示せられし所のものなり、故にこの神々の言行の表示せられしものを、神の道と稱するなり、かくて國ッ神靈なる皇御神とは、神代より皇命《スメラミコト》として我が大日本國《オホミクニ》を知食《シロシメ》す代々の御位に坐すと、また坐せしと、現在より既往に遡り皇祖に至までの、代々の皇命《スメラミコト》に坐す御方を稱すなり、我が大日本國《オホミクニ》にありては、國家の創設と共に皇命《スメラミコト》は坐すなり、皇命《スメミコト》に因りて國家設立せるものなることは、我等が父母ありて我等存在し、我等が家もまた存在する如く、家長ありて家あり、父母に由りて家は建設せらる、而して家あらば祖先あり、祖先によりて家は創設せらる、我等及我等の家は父母と祖先とに因りて存在せるものなり、斯の如く皇命《スメラミコト》坐して、我等が國家は存在す、國家存在して皇命《スメラミコト》坐すに非ず、されば皇命は我等が國家の生命なり、若しこの生命を亡《ウツナ》はゞ、大日本國《オホミクニ》の生命は滅亡するなり、故に國ッ神靈と言ふ、神靈とは大神靈の分靈にして、天之御中主ノ神の意思を意思するものなり、されば國ッ神靈はこの神の意思を意思せらるゝ故に、神と稱すにあるなり、而して皇命は惟神なる神の道を踐みまして、國家を知食《シロシメ》すものなれば、人の意思を以て國家を知《シ》らすに非ず、即ち皇命の御言行《シワザ》は凡て神の道なり、故に皇御神《スメミカミ》と稱へ奉り、我等の日本國民たる日本人なる意義を確固たる觀念に在らしむると、同時に恩賴を賜はる所の感謝の意を表するなり。代々祖神とは我等祖先より父母に至るまでの人にして、我等が家の家長を言ふ我等が家の主は、我家を統治し、また祖先よりして我家を建設して、我家の存在を得せしむ、我等は我家の家長と我家の存在の爲めに、我等が生命を有するなり、我家に主を亡《ウシ》はゞ、統治を失ひて一家離散し、必ず幸福は保ち得ざるべし、我等赤兒より徐々に成年に至る養育は、我家の家長の存するに依りて、完全に行はる、若しこれを存せざれば幸福に完全なる養育を得る能はざるべし、我家の主は我等に對して、最善を盡して養育し、至善の道を以て我等を敎訓す、而して常に奮起努力全力を傾注して我家の建設に膺りて我等の幸福の基礎を固む、かくてその身死しては魂幽冥に在りて我等の守護をせらる、その我等に對する我家の主の言行《ワザ》は神の道に適ひ、神の意思に一致するが故に、我等の爲には神なる所爲《シワザ》にして、洵に神靈の光熈發揚せるものと認めざるべからず、されば我等に在りてはこれを神と見做すものにして齋き祀らざるを得ざるなり、而して我家の家長を神と稱へるは、祖先よりこの惟神なる神の道を踐み來れるに依れるものなり、故に代々祖神《ミヲヤ》と稱し奉るものなりとす。

かくて天之御中主ノ神を齋き祀るに因りて、神の道に坐す神々をも、齋き祀ることゝなる觀念を有すべきことなり、而してこの神に齋き仕へ奉ることは、即ち神の道を踐み奉ることゝなるなり、さればこの神を信向するに於て、神の道を信仰することに至れるものにして、この神なる神を信向するに非らざれば、神の道を信仰し得る能はざるなり、この神の信向を基礎として始めて、皇御神及び代々の祖神の信向を爲し得ることにして、この基礎なくしては、到底皇御神も代々祖神も信向し得ざるものなり、そは我等の生命は即ちこの大神靈の分靈たる神靈の存在に因りて保たるゝものなればなり、この神靈の光熈發揚するに非らざれば、皇御神も代々祖神も認め得る能はずして、我等が軈て家長となりても、神と認めらるゝことは、不可能のことなりこの神靈の光熈發揚するは即ち大神靈を認識せるに因りて、我等の神靈を認め、而してその信仰の練熟するに從つて、神靈は光熈發揚さるゝものなれば、この光熈發揚あるにあらざれば、皇御神も代々祖神も認むるを得ざるべし、されば神靈の光熈發揚するは、大神靈なる天之御中主ノ神の信向に起因するものなり、故に天之御中主ノ神を信向せば必ず皇御神代々祖神を信向せざるべからざるに至るなり、この神々を信向するに依りて、始めて日本國の日本人たる義意を全ふするにあり、若し日本人としてこの神々の信向を有せざるにあるならば、日本人として耻づべきことなり、日本國民の世界各國民に超越して矜る所のものにして、且つ超然たるは、その神靈を光熙發揚し、この神々の信向を有し以て神の道を踐み行ふ所に存するが故なり、我等の精神の統一するものは天之御中主ノ神の信向に因る、また我等日本國民としての統一せるものは、皇御神の信向に在り、而して我等が家の統一せるものは、代々祖神の信向にあるが爲めなり、この意義に於て町村の統一せるものゝ、氏神に存することを解し得ることなるべし、されば この神々を信向するに於て、我等は意義ある生活を爲すにあるなり、故にこの神々の御名を稱へ奉るものなり。

第三

鎭魂氣吹作法

鎮魂氣吹作法とは、本法の組織的形式をいふなり、この作法を行ずるには、神前に於て行ふものにして、この對象なくして、猥りに行ふべきものに非ず、神前といふも必ずしも神社、祠宇、殿堂等に祀られある神前をのみいふに非ず、神棚或は適宜に神籬《ヒモロギ》を設けて、此所に幽冥に坐す、神々の靈を招《ヲ》ぎ奉り、齋ひ祀りて、その前に於て行ふべきなり、さればやゝもすれば敬神の念を失ひ、猥りがましくなるものなれば、精神を緊張せしめて所謂君子、戒二愼シ乎其所一ヲ不レ睹ル且つ君子ハ愼ム二其ノ獨一ヲ也といへる如く眞面目に行はざるべからず、凡て修養ごとは眞面目に行はれざれば効果無きものなるも、本法に在りては、古へ神々の行はせられたる、甚とも妙なる眞技《ミワザ》をまねび行ずることとなれば、決して輕々に行ふべきに非ず、苟も敬神の念を失ひ且つ信仰心弛緩せば全く効果を得る能はざるものなり。故に此の信念を篤ふし以て行はゞ、必ずその効果を修め得べきは疑ふべからざるものなり、またこの作法を行ずることは、斯く述べし如く神々の行はせ給へる眞技をまねびて、これを神前にて行ふことなるが故に敬虔と信仰の念を持し眞面目に誠意を籠めていたすべきなれば、齋戒沐浴して行ふべきものなり、齋戒とは、ものいみのことにして、物忌とは（凡て神を祭る時に當りて、愼みて穢にふるゝことを忌むるために、家に籠りて愼み居ることをいへるものにてこの愼みなる意義を全ふせざるべからず、愼みを全ふするには、第一に飲食を愼むこと次は色慾を愼むこと、其他五官に觸るゝ感覺又は感性意志を愼むべきことゝなるも、就中二大慾たる食慾色慾の愼みを主要となす、而して色慾は食慾に因りて諸劣情を盛にせしむるものなれば、食慾を愼むこと最も肝要なり、この食慾を嚴重に愼むに於ては、諸慾自ら緩和せらるゝものなり、さればこの飮食慾を最も注意し、最も嚴正に謹愼せざるべからず、この謹愼の全きを得ば齋戒の意義自ら完全するなり、食慾を愼むことは、飮食共に愼むことにて、飮料を多量に攝ること、及び食物の多量を食することを愼むことなり、飮料にあては、アルコホル性のものを多量に攝ることは、最も愼むべきことなり、これを極少量に用ふるは、百藥の長とか、心身に對し良き効果を與ふるものなりといふ說あるも、慣れ易くして、この量を維持するに難く、必ず徐々に多量に及び遂に心身を害するに至るなり、さればこの種の飮料は修養中には絕對に攝らず愼むべきなり、其の他の飮料は凡て多量を愼み少量を攝るべし、少量と云ふは欲する量の半量以下に止むるものなり、食物は凡て淡白性の物を擇ぶべし我國は植物性食物豊富にして、風土に適へり、この種の食物を攝ること最も良法とす、肉食殊に獸肉類は絕對に避くるを善とす、魚鳥の肉と雖も常にこれを用ふるは不可なり、偶に少量を攝るは可なり、日常これを攝れば、必ず氣分に障碍を生じ謹愼なし難きものなり、飯は米飯よりも麥飯(麥五分、米五分の割合)を可となす、量は每に空腹を感じて、滿腹を感ぜざる程度即ち不足を覺ゆる量を攝るべし、されば每に三碗を食するものは二碗弱、二碗のものは一碗弱、四碗のものは二碗半に減じて食するものなり、副食物の量もこの比例によりて減ずべし、味噌汁の如きは一椀以上攝るべからず、かくて飮食物とその攝取量は凡て常に粗食を少量に攝るを貴び、膏味佳肴美食を多量に食するを穢れと爲し賤むなり、美食は自然飽食滿腹せしむるものなれば、爲めに鬱氣を催して淨まらず、精神もまた靜まらざれば、隨て敬虔の念も缺け謹愼を持し難し、されば飮食の攝取を嚴重に愼むこと、この齋戒の肝要事にして健康保全の樞要なるものなれば修養上缺くべからざるものなり。

沐浴は髮を洗ひ身體を淸らかなる水にて滌ぐことなるも、また淸水にて身體を拭ひ淨めるもよろしかるべし、こは所謂冷水摩擦を爲すことなり、孰れもこれを爲さば身體爽かとなり、氣分革り謹愼の念を深くせしむるに、最も効果あるものなり。さればかく飮食は粗食少食することを嚴重に定め身體を淸潔に爲し以て、作法を行ずることは、至誠を表するものなり。

着座

この作法を行ずるに、旣に述べし如く、信仰の對象たる神を御前にして適當なる位置を定め着座するを要す、着座を爲すには、容儀を正しくせざれば、敬意を失ふことは旣述の如し、されば形式たりとて、侮らず眞面目にこの形式を尊重し執るところに、信仰も敬意も存するものなれば、從つて着衣などにも留意し、衣を更え袴を着して行はば、自づと氣分も革りて、肅然と容姿も調ひ、姿勢容儀自然と正しくなるものなり、この形式は他人に見せんが爲めになすものに非ずして、神に對するが故に、その敬虔の意を表示するものなるを以て、唯だ眞面目あるのみ、人の見ると否とに關せざるなり、苟も濫猥なる風體を作して着座し行ずることは、最も忌むべきことにして且つ穢れとなるものなり、殊に女人はこの容儀に最も留意を要すべし。

着座するに當りその位置に到り立體の姿勢にて兩足の踵を接し、指先を兩方に開きて斜に止め、立體を正直にし左右の手を大腿の前方に垂れこれに當て頭は少しく屈め、肅然と目拜の禮を作して、靜に兩膝を折り、上體をおろすと共に、兩足の指先きを反らせて臀部を踵に乘せる時、左の膝頭をつき、次に右の膝頭を突く、この時左右の膝を開きその中間に片膝を入るゝ程をあける、この坐り方は所謂進む着坐といへる作法にて、この姿勢を跪居といふなり、この跪居せる時準備作法として下腹部に力を込めて張り出し、而して兩足の拇指を重ね正坐の姿勢を執りて臀部を足の蹠に乘せて着坐す、而して重ね合せたる蹠趾を徐々に兩方に開き、臀部の席上に着く程度に於て罷む、此際兩踵は骨盤を挾み、兩蹠趾は臀肉に接觸せしめ、而して臍下小腹を前方へ張り出す心持にて膨《フク》らし、臍上鳩尾に到る中間を窪ます、腰部薦骨の部位は少しく反らし氣味に爲し臀部を出す、所謂出尻の形をなす、上體は正直にし脊椎は自然の儘に立て、兩手は膝の上方へ左右斜に指間を開かず拇指を掌に折り曲げ開きたるままに靜に置く、頭部は正直に前方に向け頤を少し引く心持となし、眼は前方十尺位の所に視線を置き、細く開きあることなり、これを坐體の作法と爲す。

小揖

小揖は敬虔の意を表す所の形式にして既に述べし如く、兩膝の上に置きたる左右の手を靜かに左を下に右を上に重ね合せ、掌を內方に向け臍部の方りに着け、兩拇指を組みて掌へ深く折り曲ぐ、兩肘は彎曲の儘に張り出し肩をいからさず、上體を屈む、この度合は膝頭と正直せる頭部との中間より少し下げる位に止め、この屈み居る時間は大略安靜呼吸を二呼吸乃至三呼吸位爲すを度とす、而して元の姿勢に復すことなり、此際兩手は其儘その位置に在るものとす。

氣吹作法

小揖を爲し上體の元に復したる時、兩手の其儘その位置に在るを、少しく上方に其の重ね合せるままにて上げ、胸部心窩《ミヅオチ》の當りに止めこゝに着け、兩肘は張り出でたる儘寬にありて、氣吹の作用を爲す、氣吹作法は既に述し如く息を吹く作用を營むものなり、これを行ふには精神を落ち付け、心臟の鼓動なく、これを靜むること肝要なり、精神靜まらざるときは神經の統一を缺き、胸騷ぎ鼓動高まり呼吸も少か激くなりて、作用の障碍を爲す、されば臍下氣海丹田に氣を籠め力を入れて張り出し、氣力を充實せしめ、精神を此所に鎭むるなり、かくて兩眼を閉ぢたるまゝ口を細く開きて靜かに徐ろに長く強く吹き放つ、此際氣力を充實せる小腹を膨壓する心持にて吹くこと、こは氣《イキ》即ち瓦斯の肺胞内に蓄積されたる限りを出す心持にて氣吹するなり、吹き了る頃ほひには、下腹部の氣力衰へ下腹は窪むなり、これ即ち横膈膜上がりて肺胞を壓迫せるものなり、この故に空虛となれる肺胞は外氣の壓に因りて自然に吸氣をなし充實するなり、此際の吸氣は氣吹作用に由りて有らむ限りを吹き出したる爲めに、自然に要求も多くして深吸氣の作用を營むものなり、故に氣吹作用を了ると同時に口を閉ざし、鼻腔より吸氣すると共に、胸廓を擴げ横膈膜を下ぐる爲めに下腹部を張り出して吸ひ込めるだけ吸込みて、息を止《トド》めず、自然の要求するまゝに鼻腔より呼氣を爲すべし、此際口は堅く閉せる儘、鼻腔より徐々に長く呼氣するなり、此際の腹部の作用は二木式腹式呼吸の作用に留意すべし、この呼氣了れば更に自然の要求にて吸氣を營むが故に、息を止めずそのまゝ要求に應じ前回の如く呼吸を爲すべし、されど此の回は前回より深吸氣力少か減じて緩になれるなり、更に其次回は緩徐となり、四回目或は五回目には平靜呼吸に復するものなり、この呼吸作用は氣吹の作用に伴ひて、自然に起る深呼吸の作用なれば、殊更に深呼吸の形式に依りて爲すに非ず、必ずその要求の隨《マニマ》に營むことなり、さればこの呼吸を營む間に決して呼吸を停むることを爲すべからず、動もすると下腹部に氣力を充さんとするに、吸氣を爲して息を止め充實せしむることを爲すなり、かく爲すときは下腹部に充實するに易くあれども、こは肺胞の下端部に蓄氣し肺氣腫などに罹る恐れあり、且つ鳩尾の部位膨壓され隨て胃嚢も壓迫を受け心窩の下位窪まずして膨張するなり、こは最もこの作法を行ずるに忌むべきことにして且つ心臟の活き血管等に障碍を釀すことあるべし、さればこの呼吸を營むには、必ずこの部を窪めることに注意を要するなり、而してこの呼吸は凡て鼻腔より爲して口腔を用ふべからず、かくて呼吸の平靜に復するに及んで、氣吹作用の一回を了したるものなり、而して更に第二回に移り十回これを繰返し行ずるものとす、此の第二に移る時及び次々に移る際、動もすると深吸氣を爲し氣を蓄積して前述の如く呼吸を止め下腹に充氣せんと試むるものなり、此際も矢張りかく故意に爲すことは障碍を生ずることと同一なれば、これに注意して飽まで心窩の部位を窪め、唯だ下腹部のみ膨脹せしむることなり、故にウンといふ呼吸にて下腹部を張出すと同時に鳩尾を窪めることなり、かくして第二、第三と氣吹の作用を爲すべし、これに注意を爲すこと氣吹作法に於ける肝要なる條件なり。猶注意すべきは、初步のうちより、これを強く行ぜざることにして、練熟するに隨ひ強く行ふべし、動もすれば腦貧血症など起して卒倒することあるなり。

拜及び拍手

この作法は既に述べたる如き形式に依りて再拜短拍手の式を行ふなり、此際手は氣吹作法の時の儘にて、拜の作法に倣ひ俛伏するなり、俛伏せる間は三呼吸位なして、起き元の姿勢に復すべし、かくて再拜を了り、兩手を帶の當りに下げ、拍手の構へを作し、拍手の作法の如く拍つことなり、此の拍手は既述の如く最も眞面目に最も愼みて行ふべきことにして、決して忽せにすべきに非ず、苟もこれに由りて神々の御靈を招ぎ奉る甚とも畏き作法なれば、留意怠るべからず、而してこれを作すには下腹部に氣方を充實せしめ、精神を籠め、この腹より拍つ心持に非ざれば、眞面目に拍てざるものなり、眞面目にて拍つに非ざれば、至試の表るゝものに非ず、さればこの拜、拍手を作すには必ず此の部の留意を怠るべからず、かくて再拜拍手を了し、兩手を膝の上部に正しく置く、この置く作法は坐體の時の作法に倣ふべし、而して姿勢を整ふることなり。

祓清詞奏上

祓清詞は既に記載せるを奏上するなり、この、奏上を爲すには成るべく大聲を發するを可とす、大聲を發するは生理的に効果の有るものにして修養上合理的なる作法なり、その大聲を發するは自然下腹部に力の入るものにして、この練習に因りて知らず識らず下腹部に氣力を充實せしむるに至るものなり、故にこれに至る程の大聲を發するに非ざれば効果なきものなり、されば低聲に發するにも、要は下腹部に氣力を充實せしめこの下腹部より發聲するに歸するものなれば、此の意義を帶して發聲するならば効果同じなるべし、元來奏上に發聲するの意義は効果を主とするものに非ず、信念を篤くすることゝ、その主要なるものなり、されどこれに由りて此の如き副作用を爲し効果を得らるゝものなればかく説明するものなり、さればこの作法は臍下丹田に氣力を充實せしめ、精神を籠め、聲を据えてこの腹の底より發することゝなり、而して詞の句と句との間に吸氣する時、必ず深吸氣を爲すべし、此際も吸氣は鼻腔より爲すことに注意を要す。

諄《ノリト》誦讀

諄は既に記載せり、これを繰返し誦讀することゝなり、この誦讀も前同様大聲にて爲すを可とす、殊に身體の健康を圖るには、最も然かすべきなり、この作法を爲すには心身の統一を計る爲めに兩手を重ね合せ拇指を組む、そは手を開き掌を上に向け左手の掌を下に右の掌を上に向けたまゝ、左手の掌の上に重ねて、左の拇指にて右の掌に拘け折り曲げる、而して左の小指を右の掌の端に拘けその小指と拇指とにて右の掌の兩端を握るやうにするなり、その左の拇指に右の拇指を拘け組み結ぶやうになす、かくて諄を誦讀すること前後とも各五十遍以上宛つにして合せて百遍以上になることなれば、その數を計へつゝ誦するは難し、さればこの手の指先きを利用して計數器となすべし、その用法は四指の指頭と第一、第二指關節を應用するなり、これを拇指頭にて計すれば十二數を有るなり、此際十二の數を得ると左の四指を利用して一指をこれに當つ、かくて四指に至れば四十八數を得て、更に繰返すならば目的數を計ふるに難からざるべし、かくして誦讀するには下腹部の氣力を拔かず、益々充實を圖りて、一心を籠め、その反省、悔責祈禱を意味する意義を注ぎ、また奮起努力、誓約實行の意味の觀念を篤く、この心持ちを發揚すべき信念を持しつゝあるをこれに顯さゞるべからず、されば眞面目にこの作法を行ずること肝要なり、この作法は修養上最も樞要なる意義を有するものなれば、苟にも輕々にせず、重んじ行ふべきことなり。

神名奉稱

坐體の姿勢に復し、兩の手作法の如くす、神名は既に記載せる如く、左の順序によりて稱す、天之御中主ノ神、　皇御神、　代々祖神。

稱《タタ》へ奉《マツ》る。

かく朗かに稱《マヲ》し奉るにあるなり、こは信向觀念の表示にして、神の道信仰の基礎をなすものなりとす。

拍手再拜

この作法は前に述べたる再拜拍手の作法に倣ひて行ふことなり、されどこの作法にありては、拍手を前にし再拜を後に行ふことなり、唯だこの順序に前後あるのみ、而して神の道にありては後を重ずるが故に、この作法に於ては、必ず精神を落付け、最も注意を爲し、毫も心意を弛めず、緊張裡に行ひ了らざるべからず、そはこの作法に由りて神々の靈を幽冥に送り奉る大切なる儀禮なるが故なり、かくてこの作法は前の再拜拍手の作法と共に行ふ所に於て所謂兩段再拜の形式を執りしものなり。

後の氣吹作法

姿勢及び手の構へ等前の氣吹作法の構と同様なれば、その作法に倣ふべし、氣分の具合、精神の統一せる感じは、前の氣吹作法の時より遙に異りて、その氣吹の作用もまた前の作用の狀態と異ること、同一の言を以てする能はざるなり、精神、氣分、作用旣に異れるが故に下腹部の充實具合、息の長短總て異りて、自ら爽快の感を覺ゆるなり、腸の蠕動作用頻繁にして、宛然雷鳴を聞くが如し、胸の支《ツカ》へ下《サガ》りて、自ら空腹なるかを覺へしむ、また瓦斯の放散も頻りなり、されどこは、熟練の積むに至ればこの作用起らずなりて、常に腹中空虛を感じて飢餓せず、爽快藥を蓄へるが如し、唯だ侵害を被りし時、この部の平和を紊され、所謂調節裝置の整調を攪亂して違和を生ずるを說明する所に腸の蠕動と腹痛とを感ぜしむるなり、更に達するに於ては、これ等の作用も感じも無く所謂虛無の狀態に至るものなるべし、かくて後の氣吹作法は爽快なる氣分を帶びつゝ、その作用をなし、十回を營むにあり、茲に於て精神は稍々統一せられ、諸神經、組織、諸臟器機能また調節を得て爰に心身の整調を見るに至れるなり。

鎭魂作法

姿勢兩手は諄誦讀の時の如くに作すべし、而してこの作法は既にその意義を述べし如く、精神を身體の中府即ち臍下丹田に鎭め、外大神靈を認識し、衷に神靈を認め、大宇宙、大自然の意義を覺り、自己の神靈の意義をも覺りて、而して神の道を理會し、之を實行に徵さんとする所の努力を養ふ作用を營むものなれば、甚だ重き作法といふべきものとす、而してこの作法は精神方面を基準としてこれが統一を圖る所の作用を專ら修むるものなるが故に精神修養ともいふべきものなり、されば後の氣吹作法に由りて、心身の整調を得られ、その爽快なる氣分の基に瞑目を爲し、下腹部に氣力を充實せしめたるまゝ、口は塞ぎ鼻腔より徵かなる呼吸を營む、この呼吸はなるべく長きを可とす、而して精神を常に下腹部の衷に住め、此所に存在せる神靈を光熙發揚すべく努めて、その心的作用の勃興せんとするを却くること、即ち離遊する運魂を身體の中府に鎭むるに努力するなり、この鎭むる作用の便法として諄を腹誦する方法あり、こは聲を發せずして腹中にて誦するものなり、而して誦するその數は限りなけれど最少限を各五十遍とす、この數以上は各自隨意に定むるを可とす、この方法は初修のもの丶練習方法として適良なるものなり、かくして練習を爲すに心身の整調を得、爽快なる氣分に在りて、安住の狀態と化するが故に、自我は何時の程にか取り去られて、何んとも云ひ知れぬ心持ちとなり、恍惚焉として夢現の境に入る、この間胸中何物も無く、心の貧しき狀態にして虛無なり、之れ吾が神の國に入りしものにして淨土の安住なり、されど初歩の中は兎角忘我居睡の狀態に入るものなり、こは佛者の所謂二乘の狀態ともいふべきものならんか、未だこの爽快味を欲する欲情は去らざるなり、欲情の去らざる限り我儘縱意の伴ふ行爲にして純粹行に非ず、神の道はこの我儘縱意たる自我心的作用を滅却して、神靈の光照によりて爲される行爲なれば、この作法を修するはこの神靈をして光照あらしむべく、自我心的作用に由る障碍を拂ひ除去するに努力することにして、而して自己の本分を輝すにあるものなり、既に述べし如く、人はこの我儘縱意たる自我心的作法を拂除することの可なるを識るものと雖も、容易に實行し得ざるものなり、さればこの作法を修め練習に努め神の道を釋ね學びてこれが實踐を圖らば、精神自ら統一せられ身體の中府なる臍下氣海丹田の部に鎭まり、こゝに存在せる神靈を光照するに努め、外大神靈認識せられて、これに歸一する所の自己本分を現すに至る、而してその爽快なる氣分に在る心身の基礎の上に營むことなるが故に、苦惱は取り去られ、疾病は自ら癒し、諸神經安慰し諸機能整調を得るも、また當然なるなり、かくてこの作法の練熟するに伴ふて心身は健全となり、神の道の信仰はその實踐と共に篤敬に至り、その修養の效果は常の行爲に表れ、その靈驗顯證また著しきものありとす。

この鎭魂作法を了するに於て本法の作法を終了せるものなり、儀禮として次の作法を爲す。

深揖

この作法は鎮魂作法の姿勢兩手を坐體の作法に復し更に揖を作す所の作法に倣ふて行ふものなり、深揖は旣に逃べし如く、後を重んずる意義に於て信仰觀念の滿たる表式ともいふべき、儀禮なれば敬虔の念深くこれを行ふべし、拜と同じく俛伏し、其時間も三呼吸を爲す位に止め起き上るなり、長きも禮を缺き短きも亦禮を缺くものなり、かくて坐體の勢姿に復すなり。

起座退去

坐體の姿勢に在りて退く起座の作法によりて起立するものなるも、先づ跪居の姿勢に移りたるとき、下腹部に充實せしめたる氣力を弛めざるやう、これに意を注ぎ、更に氣力を滿たして、徐ろに、靜かに起立すべく右膝を起し、右の蹠にて席を確に踏み、腹の力にて起ち上り、その右足を後に引き左足の踵に右足の踵を着けて、立體の姿勢となり、着座の時の如くに目拜の禮を爲し、左足を一歩後ろに引き、次に右足を引き揃へ、而して靜かに退歩するなり。

これに於て本法作法を完了せるものにして、これに要する時間は大率一時間乃至一時間と二十分位を要するものなり、されど鎮魂作法は時間に限りなき作法なれば、此の時間は最短なるものなりとす。

この作法を更に順序的に表次すれば左の如くなるべし。

鎮魂氣吹作法表次

一、立體姿勢にて目拜　　敬虔の念を起す準備、敬意の表式

二、着　座　進む着座の作法にて着座す　　立てる時の爪先の前に坐する法

此際跪居の姿勢の儘、暫く停り、下腹部に氣力を充實せしむる準備としてこれに氣力を込める。

三、坐體の作法　　正坐、樂坐、龜居あり、臀肉を席に着けて坐す、この法は長壽者の好みて坐する式なり、專らこの坐法を用ふ。

四、小　揖　　敬虔の念を發輝する所の形式。

五、氣吹作法　十回を行ふ

氣吹一回の圖

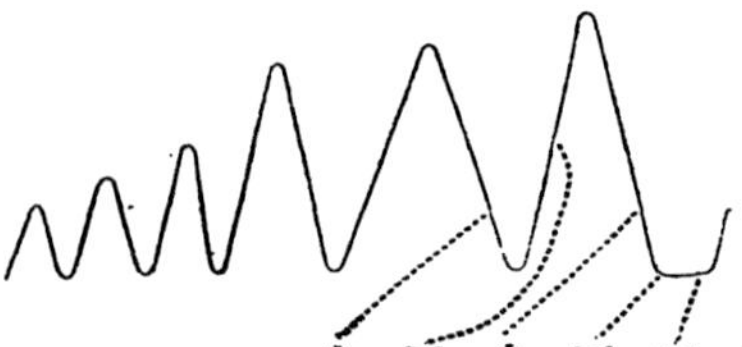
平靜呼吸に依る吸氣を鼻腔よりなす。
下腹部に氣力を込め張り出す。
息を吹き出す、氣吹の作用、口を細く開きてこれより吹くなり。
壓に由る自然的深吸氣鼻腔より入る。
息を止めずそのまゝ自然の深呼吸を營む以下凡て鼻腔よりなす。
平靜呼吸に復す。

身體調節裝置の整調を圖る準備作用なり。

六、再拜及び拍手

至誠の形式、眞面目の表現、神神を招き奉る作法。

七、祓清詞奏上

是より神神を前に招ぎ迎へ、對座せるなり。

清祓の起原を知り、神神に因りて吉凶禍福の由來を辨じ、身心に係る罪穢を神神に依りて清祓除去せらるる意義を審にし、神の妙なる、眞技に因りて身心の健全に至るを識り、神神の守護に與りて幸福を得ることを知る。

八、諄誦讀 各五十遍以上を誦す

反省、悔責、祈禱及び奮起努力、誓約、實行を意味する、信念を養ふもの。

九、神名奉稱

信向觀念の表示。神の道信仰の基礎固め。

十、拍手再拜

後を重んず、至誠を盡して神神を送り奉る形式。

十一、後の氣吹作法 十回行ふ

精神稍ゝ統一せられ、身體の調節裝置も略ゝ完備整調して爽快なる氣分を帶ぶ、專ら身體の修養なり。

十二、鎭魂作法

便法として諄を腹誦す、各五十遍以上

吾人の神の國に入り、淨土の安住狀態を實修す。

專ら精神の修養ともいふを得べし。

練習の積むに隨て、神の道を理會し、自己の神靈を認め、外大神靈を認識し、これに歸一する行に努力す、即ち我儘縱意たる心的作用を拂ひ除去す、これは下腹部に氣力を充實せしめ、微呼吸によりて精神をここに鎭め、神靈に翳す穢れ曇りを拂ひ除ぎて、これが光照に努むること、人の本分を盡すの行爲なり、この練熟に由りて、その證顯著なり。

十三、深揖

信仰觀念の滿たる表式といふべき儀禮。

十四、起座 退く起座の作法にて起立す

座せる時の足背の所に立つこと。

此際跪居の姿勢の儘にて、下腹部に充實せる氣を弛めぬやう注意し、更に氣力を込め滿たすこと。

十五、立體姿勢にて目拜

確信の信念を表示する形式。

十六、退　去　一歩後に引き立體姿勢を執りて、下腹部の充實せるを擁し之を抱へる意にて退歩す。

條件、齋　戒　沐　浴　飲食を嚴重に愼むこと粗食少食を攝るものなり、また色慾其他禁慾、清水浴又は清水にて身體を拭ひて汚垢を除くことなり。

本法を行ずるに必ずこの條件を伴ふ。

以　上

鎭魂氣吹法の神の道たる意義

人の欲情は涯りなくして、これを充たさんとする心意作用は凡てその我儘縦意に基因するものなり、神代に於ける神々の啓示せらるゝもの、この我儘縦意に於ける失敗を痛切に説明し、その眞理に違ふことを默示せり、これ我が神典の特色たるものなり、而してこの失敗に由りて反省し、更に幸福に轉化せし實證を示せるは、亦神典の光彩たるなり、神典は神々の言行そのものを眞面目に物語りせる史籍にして、神々の言行はその良否を問はず、皆これを道とするなり、されど自らこれに誡諭する所ありて、その是非明に辨覺せしむ、從つてその踏むべきを踐ましめ、行ふべきを行はしめらるゝ所の神の道なり。

欲情の終局は未來慾なり、死後の靈魂の始末と死とを揣るものにして、これに因り惑々悶惱し終に發狂、自殺、神經病、悒鬱症などに及ぶ、故にこれに對して精神修養を攝らしめてこれが救濟を圖り、更に社會道德上に起る、不道德且つ非道なる行爲の行はるゝも、この欲情に起因するは、言を俟たざるなり、而してこれが抑制策は他律的に法律規則、腕力兵戰等の强硬手段あり、自律的には倫理道德哲學宗敎など緩和方法ありて、この根本因たる欲情を恣行せんとするを遏むるにあり。

孔子は現存中に聖人たらんことを標的とし、智仁勇の三德を說きて、その欲情を選擇的とし、而して道に志、德に據り、仁に依り、藝に遊ぶといひ朝に道を聞き夕に死すとも可なり、といひて人の本分を盡すべきを表せり。

孔子の欲情は選擇的なるが故に、士の道に志て而して惡衣惡食を耻づる者は、未だ與に議するに足らず、富にして求むるを欲するならば、執鞭の士と雖も吾れ亦之を爲さん、求むべきものにあらざれば、吾れは好む所に從はん、などいひて富の求むべきものに非ざるを說き、物質欲情を忌避せられたるものゝ如し、疏食を飯《クラ》ひ水を飮み、肱を曲げて之を枕とす、樂も亦その中に在り、不義して而して富み且つ貴きは我れに於て浮雲の如しと、富の不義ならざれば得られずして、この不義して富みたる上に貴きものは、といへるは飽くまで物質欲情を否德とせられたるを思ふべきなり。

孔子は利他的行ひを說けり、己れ立んと欲して、而して人を立つ、己れ達せんと欲して、而して人を達す、といひまた自利利他的行ひとして、己を修めて以て人を安んず、己を修めて百姓を安んず、といひ、また行ふことは篤敬ならざるべからずとて、言忠信、行ひ篤敬ならば蠻貊の邦と雖も行はれん、言忠信ならず、行ひ篤敬ならざれば、州里と雖も行はれんや、などいひて、孔子は現世の選擇的欲情を目的として修養せしめ、死後は鬼神を祭るにあるのみに止めて、何等の慾望を說かざるにあり、されど儒敎となりては、これに滿足する能はざりしか、その鬼神之爲《ル》レ德其盛《ナル》矣乎、視《レドモ》レ之《ヲ》而弗レ見《エ》聽《ケドモ》レ之而弗レ聞《エ》、體《シテ》レ物《ニ》而不レ可レ遺《ス》、使《テ》下二天下之人《ヲ》一齊明盛服《シテ》以承中祭祀《ヲ》上、云云といへるに羨みてか、孝經に所謂身を立て道を行ひ名を後世に揚げ以て父母を顯すは孝の終りなり、などあるに依りて、史傳に名をとゞむべき欲情を養ふに至れり、されば縱に貴きを欲し、これを强て欲するに及ぶが故に理智に方策など旋らさしめ、富の援用を恃むは感性生活のまた已むなきものなり。

孔子はまたかくいへり、飽食終日、心を用ふる所なき、難矣哉、博奕なる者有らずや、之を爲すは、猶ほ已《ヤ》むに賢《マサ》れり、吾れ嘗て終日食はず、終夜寢《イ》ねず、以て思ふ、益なし學ぶに如《シ》かず、とこは人としての本分を盡すべきを諭せるものなり、されば孔子の思想は堯舜を目標として聖人たらんことを理想とし、周公の行ひを實踐し、道、德、仁を修め藝に遊ぶところの選擇的欲情なりしも、その經驗的修養殊に我れに數年を加して、五十以て易を學ばしめば、以て大過なかるべしといひ、また五十にして天命を知るといひ、その傳に晩にして易を喜び、韋編三絕すといへるは、孔子の易を學ばるゝことの熱心を表せるもの、その經驗と此の絕えざる行たる學びとは、六十而耳順ふといはしめて、藝に遊ぶの意義は感性的藝に遊ぶものにあらずして、耳順的藝に遊ぶ否遊ぶに非ず、之に活きるものにして、即ち自然に順ふ所なり、その耳順ふとは、感性に觸るゝことに對して眞面目に之に順ふこと、自然のまゝにして欲情に依りて順ふをいふに非ず、されば聲入りて心に通ずる違ひ逆ふ所なし、若し藝に遊び藝術を弄する理想時代にありては、欲情を脱し得ずして我儘縱意に屬するなり、我儘縱意に屬する時代にありては、耳順のものに非ず、必ず心意に順ふて違ひ逆ふ所のものなり、故に孔子はその經驗と絶えざる修養とに由りて、その思想は變化せるものと思はざるべからず、されば七十而從テ二心ノ所ニレ欲スル不レ踰エレ矩ノリヲレ、といひて、その自然の法度を知り、これに違逆せず順ひて、この法度を踰えざる心欲主義となれるものなり、これに依れば心の欲する所はその欲情に因るに非ざることは、不踰矩の條件に由りて證明せらる、されば我儘縱意はその耳順の意義と不踰矩の條件とにて絶對に行ふことを得られずして、心の欲する所は單なる知情意に因りてのものに非ず、また單なる道德律に踰ゆることをいふに非ざるなり、若し自我心意作用に由る心欲主義なるならんには、不踰矩の條件は成立せずして、必ず矩を踰ゆる我儘縱意の行爲を否定する能はざるべし、かくて孔子の斯の如き言行に徵すれば孔子は我が神の道なる神靈を認識し、之を光照あらしめて、この神靈の欲する所に意を從はしむること、即ち良心理性の活用にありて、矩を踰えざるものなり、されば孔子の欲情は感性的を脱し眞の知情意に化し、最早未來慾選擇的欲情も、また存せざるべければ、聖人たらんことを目標とも、藝に遊ぶことも、欲することなく、唯だ人としての本分を盡さんことを欲するのみ、何ぞ名を後世に揚げて、以て父母を顯すが如き、名聞欲、偏頗欲の害を欲せざらんや、然れども、儒教にありては、未だこの意義を解し得ずして、その選擇的欲情の思想に停りて、加ふに偏頗欲、名聞欲を縱にし遂に孔子の意思を理想に止めて、實現し得ざるものに至らしめたるなり。

イエスキリストは天國は近けり悔い改めよ、悔い改めて福音を聽けといひて、その天國に入り神の救濟を得んことに因りて、人の欲情を改革し、我儘縱意を抑止せるなり、宗教的にはイエスは神の救濟を得、神の國に入る所の人の爲の神の道なるべし、さればイエスの言行は凡て欲情に離れ、一生の行爲は何等私なし、神の使者として疑ふ所なくして、毫末もその我儘縱意を見ず、汝の信仰汝を救へりと、その神秘的なる救助もまた欲情を交へざるなり。

福音に「凡そ神の國の爲に家或は父母或は兄弟或は妻或は兒女を捨る者は、今の世にて幾倍をうけ、來世には永生《カギリナキイノチ》を受ざる者なし」といひ、また「神の國は顯れて來るものに非ず、此に視よ彼に視よと人の言ふべき者にも非ず、それ神の國は爾曹の衷に在り」とかくいへる神の國の爲に此等を捨て、幾倍を受け、永生を受んとならば、欲情を伴ひ、我儘縱意の行爲を敢て爲すべきに非ざるなきか、例へ神の國が如何なる性質なるものにせよ、これが爲にこれを捨て、剩へ幾倍の何ものか、また永生を受くるに至りては、欲情に係はるものに非ずと拒否するを得ざるべし、物質的に此を捨つるも悲慘なり、精神的に此を捨つれば虛僞となる、彼より捨らるゝとして、此を捨るも我儘は免れざるなり、さればこの不可解なる解決は、神の國を認識し得ざるもの ゝ、到底解釋し得られざることにして、神の國を認めこれに入り、神の國生活を營むものにありて始めて、その「捨る」の意義を解し得らるべくして、その欲情その我儘縱意の存在せざるを明にするなり。

「心の貧しき者は福ひなり、天國は即ち其人の有《モノ》なればなり」といへり、我が神の道に依りて、これを解すれば、天國或は神の國と稱するは、神典に在る所の高天原に於て、天ノ石屋戸開きの大慶事の行はれたる、狀態の意義なる高天原と同一視的解釋なり、心の貧きは欲情を持たざるもの隨て我儘縱意の行爲なきものと解すべし、されば心に我儘の無き者は幸福なり、天國はさやうの人の入るべき所なり、諸欲我儘を持たず神の國に安住するを得ば、幸福これより大なるはなし、「神の誡めを犯すは何故ぞ、それ神いましめて爾の父母を敬へ又父母を詈《ノノシ》る者は殺さるべしと宣給《ノタマ》へり、然るに爾曹は曰ひて凡て人父母に對《ムカ》ひ汝を養ふ可きものは禮物なりと云はゞ、その父母を敬はずとも可とす、斯て爾曹遺《ツタ》傳《ヘ》により神の誡めを廢《ムナシ》くせり」とその意義の深淵なるものを究むる能はずと雖も、この言に順へば神の誡めにて父母を敬へ父母を詈る者は殺さると、かくあるに依らば、これを敬ひこれに順ふことは神の御旨に協ふものなり、若し父母に反くことあるならんには、これを敬ふ意義に反するものにあらざるなきか、「神、人を男女に造り給へり、是故に人はその父母を離れその妻に合《アヒ》て二人のもの一體と成べし、然れば二つには非ず一體なり、是故に神の耦《ツハ》せ給へる者は、人これを離すべからず」とまた「爾曹のうち父たる者誰か其子のパンを求めんに石を予《アタ》へんや魚を求めんに其に代へて蛇を予へんや、然れば、爾曹惡《アシキ》者ながら善賜《ヨキタマモノ》をその兒曹《コドモ》に予ふるを知る」と、かくその福音を聽けば父母を敬ひ、子を愛むこと、妻に合ひ耦すること、凡て神の意思に適ふことにして、これに逆ふことは神の御旨に叛するものなり、されば何故神の國の爲め家、父母、兄弟、妻子、を捨て幾倍を受け來世に永生を受くることの出來得るものなりや益々不可解なるべし、神の國は神の意思の行はるゝ國なり、この國の爲めに、これを捨るは神の意思に反する行爲を爲して、神の意思に順ふものなり、矛盾せるものに非らざるなきか、何ぞ幾倍を受け、來世に永生を受け得るを得べき、常識を以てせば此の判斷は必ず正確なるを疑はざるなり、されど我が神の道に依りてこれを批判すれば、イエスの愛は既に感性的を超越せる神靈の光照に由りて爲される所の愛、即ちキリストの所謂聖靈より起る愛にして、感情的愛に非ざるなり、されば父母を敬ふ愛も神の意思に基くもの、男女の合耦もまた然り、兄弟兒女に及ぶの愛は聖靈に因る、而して神の國は神の意思する國なり、かるが故に父母兄弟妻子はこの神の御旨を帶して、この神の國に住するならんには、即ち安住するを得て、斯く矛盾の行爲は執らざるなり、かくて神の意思に順はず、神の國に安住するを爲さゞる所の我儘ものにありては、これを捨ること止を得ざるものにして、我が神の道に於て祓具《ハラヘツモノ》を負せ拂ふものなり、されどこれに因りて反省悔責を促せて、聽て悔改めて神の意思に順ふものとなる所の超越せる愛の注がれたるものなり。

「神と財《タカラ》に兼ね事ふること能はず、爾曹は人々の前に自己を義《タダシ》とする者なり、然れども神は爾曹の心を知れり、それ人の崇ぶ所の者は神の前に惡《ニク》まるゝものなり」、

「地に泰平を出さん爲に我來れりと意ふなかれ、泰平を出さんとに非ず、刄《ヤイバ》を出さん爲に來れり、夫れわが來るは人を其父に背かせ、女を其母に背かせ、媳《ヨメ》を其姑に背かせんが爲なり、人の敵は其の家の者なるべし」

「人もし祭の壇を指して誓はゞ事なし、其上の禮物《ツナヘモノ》を指して誓はゞ背くべからずと、愚にして瞽なる者よ、禮物と禮物を聖《キヨ》からしむる祭りの壇とは孰れか尊き、それ祭の壇および其上の凡ての物を指して誓ふなり、また殿《ミヤ》を指して誓ふ者は殿および其中《ウチ》に在《イマ》す者を指して誓ふなり、また天を指して誓ふ者は神の寶座《ミクライ》および其上に坐《ザ》する者を指て誓ふなり」

財は物質中人の好む所のものなり、人の生活を安定ならしむるに適用なるものとするが故にして、感性的生活を爲す欲情の然らしむるものなり、イエスの神と兼ね事ふること能はずといへる當然のことなり、神の意思に順ふには、この欲情を除去するに非ざれば從ふを得ず、況して財物などに事《ツカ》ふるものに於ておや、されば眞の神の道を辨へざるにありては、その久しき因襲に泥みて、欲情は自然のものと見做し、本能なりと思惟するものなり、故に欲情を有するも、何等思慮することなくして、自

己を義《タダシ》とするものなり、然れども固より神の意思に協ふものに非ず、神は欲情に依りて意思するものに非ざれば、神はその欲情を有する心を知れるなり、それ故に人の崇ぶ所の者たりとも、これに欲情を存すれば、神の前に於ては、惡まれざるを得ざるものなり、神は人を造り而して人に神靈を給へり、されど人は神靈の意思を肯はずして、自我心意作用に慣れ神の道を踐ざるなり、故に欲情を除去するを得ずして我儘縱意を盛んならしむ、されば、イエスは地に泰平を出さん爲に我れ來れりと意ふなかれ、とて人の我儘縱意を滅却せん爲に、聖靈の光輝を爲さしめ、人をこの意思に順はしめんとし、その欲情的我儘縱意の世界に臨みて、之に反する聖靈の意思の世界を建設せんとするものなれば、泰平を出さんとには非ずして、此の如き世界の人の爲には泰平には非ず、返て刄《ヤイバ》を出さん爲に來れるものなり、されば久しき因襲に依りて欲情且つ我儘縱意は義《タダシ》きものとせる人にありては、これを除去し滅却せんとするものをして、必ず泰平を亂すものと思惟し、刄を出さんものとするなるべし、それわが來るは、人を其父に背かせ、女を其母に背かせ、媳《ヨメ》を其姑に背かせんが爲なり、人の敵は其家の者なるべしと、その人の敵はその家にある欲情我儘縱意にして且つ物質なり、此のもの、その家に存在するならんには、爭亂絕ゆることなし、さればイエス之に聖靈の世界を與へんに、彼等はまた互に背反葛籐を免れず、されどイエスの注がれたる背かせる超越的愛は、その葛籐によりて反省悔責し悔ひ改むるに至りて天國に入るを得べきなり、されば刄を出さん爲、また背かせん爲にイエスの來れるは、之が爲め聽て神の國を得、天國に入るを得るものなり。凡て欲情は我儘縱意に依つてその度を失ふて量る所なし、されば禮物《ソナヘモノ》を指して誓はゝ背くべからずとて、未だ欲情を義《タダシ》とするが故に、イエスはいへり、それ欲情を以てせば祭の壇及び其上の凡ての物質を指して誓ふなり、物質を指して誓ふならば、必ず物質を得て而して物質を献せんと思惟し、而もそれは奉らんとする幾倍かを獲んことを誓ふならん、また殿《ミヤ》を指して誓ふ者は殿及び其中に在《イマ》す者を誓ふなりと、欲情を除かずして誓ふことはそが殿を欲して誓ふとも、これを指さば必ず我儘縱意はその中に在《イマ》す者これが帝王たりとて、それを欲して誓ふものなり、また人の欲情はその我儘縱意の作用に由りて涯り無き欲望となり天を指して誓ふ者は、神の寶座《ミクライ》及び其上に坐する者を指て誓ふに至れるなり、その不可能を欲するは、欲情に絡《カラ》む我儘縱意に因るが故なり、ざれば斯の如く神を亂し殿を亂し物質を亂し一家を亂す皆これ欲情と我儘縱意に因るものなれば、これを除去しこれを滅却せば、神の意思に協ふなり、而して神に誓ふ所のものは、その聖靈の意思に由りて人の本分を盡さんことのみなり。

「安息日には善を行すと、惡しきを行すと、生けるを救くると殺すと、孰れか爲すべき、彼等默然たり、イエス怒りを含みて環視《ミマハ》し彼等が心の頑硬《カタクナ》なるを憂へ手枯《テナヘ》たる人に爾の手を伸べよと曰ひければ、彼れその手を伸ばしゝに、即ち他の手のごとく癒へたり」

「三十八年病たる者一人かしこに在り、イエス彼れが臥しをるを見て其病の久きを知り、これに曰ひけるは癒えんこと欲《ネガ》ふや、病る者こたへけるは主よ水の動けるとき我を扶《タス》けて池に入《イ》るゝ人なし、我れ入らんとする時は、他の人くだりて我れより先に入る、イエス彼に曰ひけるは起きよ床を取り收《アゲ》て行《アユ》め、その人立刻《タチトコロ》に癒え、即ち床を取り收《アゲ》て行めり、此日は安息日なりき、ユダヤ人癒えし者に曰ひけるは、今日は安息日なれば爾床を取り收《アゲ》るは宜からず、彼等に答へけるは、我を癒やしゝ者われに床を取り收げて行めと言へり、彼等問《タヅ》ねけるは爾に牀を取り收げて行めと言ひし人は誰なるぞや、癒えし者その誰なるを知らざりき、蓋《ソハ》かしこに多くの人をりし故、イエス避けたればなり、厥後《ソノ》イエス殿《ミヤ》にて其人に遇ひ曰ひけるは、視よ爾すでに癒えたり復《マタ》、罪を犯すこと勿れ、恐らくは前に勝れる災《ワザ》禍《ハヒ》なんぢに罹らん、其人ゆきて、ユダヤ人に己を癒しゝ者はイエスなりと告ぐ、是に於てユダヤ人イエスを窘迫《セメ》て殺さんと謀る、蓋《ソハ》かれが此事を行《ナシ》しは安息日なりければなり、イエス彼等に答へけるは、我父は今に至るまで働き給ふ我もまた働くなり、此に因りてユダヤ人いよいよイエスを殺さんと謀る、そは安息日を犯すのみならず神を己が父といひ、己を神と齊くすればなり」、

人の神に對つて誓ひ祈るところのものは、その神の意思に順はんこと、而してその意思に協ふ所の人の本分を盡さんことのみなり、これを盡しこれに柔順ならんが爲めに我儘縱意を滅却し欲情を除去せんことを努むる所の救濟を仰ぐにあるものにして、欲情を完ふせん所の我儘縱意の救濟を祈るに非ざるなり、それ大宇宙の現象を見よ常に活動して罷むことなく、彼れに安息日として定まるものな

し、安息日たりとも彼れは萬物にその本務を盡せり、安息日は人の欲情に絡《カラ》まる我儘の行爲にて、神聖なるもの即ち神の意思にあらざるなり、さればイエスは人の因襲に係る神聖ならざるものをして義《タダシ》とし、飽までこれに執着する欲情を除去せんとせらる、我父は今に至るまで働き給ふ、我もまた働くなりと、人のその本分たる働きを盡さんに安息日のあるべき筈なし、若し神にして安息日を欲し、この日、光りを與へず諸現象休息せば、我等呼吸生命を保ち得べきか、こゝに思惟するに至らば、人の我儘の强きを知る、されば生けるを救くると殺すと孰れか爲すべき、然か推考するに及べば、欲情の神聖ならざるを悟りて、悔ひ改め天國に入らんが爲、人の本分を盡さんことを誓ふて、これに入りその光りを輝すべきなり。

「爾の中の光りもし暗からば其暗きこと如何に大ならずや」、

「もし爾の全身光明《アキラカ》にして、暗き所なくば、燈《トモシビ》の輝きて爾を照らす如く、全く光明《アキラカ》なるべし」

「燈《トモシビ》を燃《トモ》して斗《マス》の下におく者なし、燭臺に置きて家に在るすべての物を照さん、此の如く人々の前に爾曹の光を輝かせ然れば人々なんぢの善行《ヨキオコナヒ》を見て天に在《イマ》す爾曹の父を崇《アガ》むべし」、

「我《ワレ》世に在時は世の光りなり」

「我《ワレ》は世の光りなり我《ワレ》に從ふ者は暗中を行かず生《イノチ》の光りを得《アル》るなり」、

「光りなんぢらと偕にあり光ある間《ウチ》に行きて暗きに追及《オヒツカ》れざるやう爲よ暗きに行く者は其行くべき方

を知らず、なんぢら光りの子と爲るべきために光りのある間《ウチ》に光りを信ぜよ」「我は光りにして世に臨《キタ》れり、凡て我を信ずる者をして暗きに居らざらしめん爲なり」、

神を祈り神の道を信仰するは、人として神の意思に順ふて、人の本務本分を盡さんことを爲さんが爲なり、この本務本分を盡さば、神の意思に順ひその本務本分を盡す所の太陽の如く宇宙を照さん、太陽は常に神の意思に柔順にして、その本務本分を盡し、如何なる障碍を被ることも、未だ嘗て感情を害さずしてその我儘の行爲を見ず此の如く人も光明を照さんに於ては、如何なる障碍に逢ふとも感情に觸れ我儘なる行爲を爲べきに非ず、されど人は肉、感覺、精神を有するものなるが故に、このもの毎に葛籐を演じ、爲めに精神の統一を得ずしてその光輝の障碍となる、されば神を祈り、神の道を信仰して、この葛籐を解きまたこれが救濟を仰ぐにあり、故にイエスはその神の使者たるを信じ、而してその言行は凡て神の意思に依るものと信ずるを以て、我は世の光りなりといへり、かくてイエスは光りなんぢと偕にあり、爾曹光りの子と爲るべきために光りのある間《ウチ》に光りを信ぜよといひまた我は光りにして世に臨《キタ》れり、凡て我を信ずる者をして暗きに居らざらしめん爲なりとて、イエスは神の道となれるなり、さればイエスを信ずるは神の道を信ずることとなり、これを信ずるによりて光りと偕にあることにして、イエスの光りのある間《ウチ》に生《イノチ》の光りを得ざるべからず、これ即ち聖靈なり、もし爾の全身光明にして暗き所なくば燈《トモシビ》の輝きで爾を照らす如く、全く光明《アキラカ》なるべしと、この聖靈の存在を

認めこれが光照あらしむるにあればなり、されば爾の中の光りもし暗からば、其暗きこと如何に大ならずやと、その聖靈の光照せざるを歎ずるなり。

「父かならず別に慰むる者を爾曹に賜ひて窮《カギ》りなく爾曹と偕に在《ア》らしむべし、此は即ち眞理《マコト》の靈なり、世これを接《ウク》ること能はず、蓋《ソハ》これを見ず、且《マタ》しらざるに因る、されど爾曹は之を識る、そは彼れなんぢらと偕に在《ア》りかつ爾曹の衷に在《ア》ればなり」、

「わが名に託《ヨリ》て父の遣さんとする訓慰師《ナグサムルモノ》すなはち聖靈は衆理《スベテノコト》を爾曹に敎へ亦わが凡て爾曹に言しことを爾曹に憶起《オモヒイダ》さしむべし」、

「われ父にをり父の我に在《ア》ると我《ワレ》つげし言を信ぜよ、若し信ぜずば我事《ワガワザ》に因りて之を信ずべし、誠に實に爾曹に告げん我を信ずる者は、我行《ワガナス》ところの事《ワザ》を行《ナサ》ん、且つ此より大《オホイ》なる事《ワザ》を行《ナス》べし蓋我《ソハワガ》父へ往けばなり」、

人はその本分を盡すに於て光りを放つなり、光りは神の道にしてイエスの光りと一體なるもの、これ即ちイエスに依りて光りを得るが故なり、わが名に託《ヨリ》て父の遣さんとする訓慰師《ナグサムルモノ》すなはち聖靈は爾曹と偕に在《ア》りかつ爾曹の衷に在ればなりと、更にわれ父にをり、父の我に在ると我づけし言を信せよ、信ずる者は我行《ナス》ところの事《ワザ》を行《ナサ》ん、且つ此より大なる事を行《ナス》べし、蓋《ソハ》我父へ往けばなりと、その父即ち我が神の道に於ける大神靈に神靈の歸一するが故にして神を認識し我《ガ》神靈を認め得るに依る

ものなり、此は即ち眞理の靈なり、この聖靈は衆理《スベテノコト》を教へ神の道を憶起《オモヒイダ》さしむるものなり。

「我は心柔和にして謙遜者《ヘリクダル》なれば、我が軛《クビキ》を負ひて我に學《ナラ》へ、なんぢら心に平安を獲べし、そはわが軛《クビキ》は易く、わが荷は輕ければなり」、

「爾心《ナンヂ》を盡し精神を盡し力を盡し意を盡して主なる爾の神を愛すべし、亦己《オノレ》の如く隣《トナリ》を愛すべし、イエスいひけるは爾の答へ然り之を行はゞ生《イク》べし（永生《カギリナキイノチ》）」、

「我よりも父母を愛しむ者は我に協はざる者なり、我よりも子女を愛しむ者は我に協はざる者なり、その十字架を任《トリ》て我に從はざる者も我に協はざる者なり、その生命を得る者は之を失ひ我がために生命を失ふ者は之を得べし」、

神の道は人の欲情、我儘縱意を除去してその心を貧しくし、天國に入るべくその本分を盡し、聖靈を輝かしてその光明を放ち、世の光りと成るべきものにして、これに至るをいふなり、さればこの道を信仰するに依りてこれを得ることなるも、尙神の救濟を仰ぎ以て完全に得らるゝものなり、而して神は柔和にして謙遜なるもの、宛も牛の人に柔順にして、その軛を負ひて働く如くに我等の爲めに働くなり、されば神に救濟を仰がば、固より神はその働くことの本務なるが故に我等仰がずとも、我等が爲めに働きつゝあるものなり、さるを我等に於て之を仰がば、直接關係を結ぶを以て、我等に對する神の働きは顯著なるものあり、故に我等單りの働きは神と共同働作に移るべければ、わが荷は輕く

なり、輙は易く平安を獲べきものなり、爰に於て心を盡し、精神を盡し、力を盡し、意を盡して以て神を愛しこれに祈るなり、かく盡して愛し祈るは、我等に光明あらしむるなりこれに依りて反省してその光りたる聖靈の存在を識る、かくて神を愛する如く我等が聖靈を愛するなり、かく愛するごとく我等が隣《トナリ》を愛するなり、是れ所謂自利して利他するものにして、軈て神の國に入り永生すべきものとす、さればかく神を愛し神の道を信仰するに由りて、我等平安を獲、光明を輝すに及びて、我等の愛は肉、感覺、精神を愛すに非ずして、我等が聖靈を愛するものなるを識れり、これ即ち感性的愛に非ず、超越的なる愛なり、これを識るは神の道の信仰に由れるにあり、故にイエスは我よりも父母を愛しむ者は我に協はざる者なり、我よりも子女を愛しむ者は我に協はざる者なりとて、その感性的愛を主とするは、その神の道に由る超越的愛に協はざるをいへり、この超越的愛に依りて凡てに臨み、始めて愛の神聖は發輝するなり、これ即ち神の道なりとす、その十字架を任《トリ》て我に從はざる者も我に協はざる者、神を愛し祈て、神の道に從はざる者は、神の意思に協はざる者なり、その肉、感覺、精神に生《イキ》る者は、この超越的愛を失ふなり、神の道の爲めにその肉、感覺、精神の生命を失ふ者は、この超越的愛を有する光熙たる聖靈を得べし。

その使徒の言へる、「其爾曹に住むところの靈を以て爾曹が死ぬべき身體をも生すべし、是故に兄弟よ我儕肉の爲めに負ふところ有りて、肉に從ひ役《ツカ》ふる者に非ず、もし肉に從ひ役《ツカ》へなば死ぬべし、若し靈に由りて身體の行爲を滅さば生べし」また「肉に從ふ者は肉の事を念ひ、肉の事を念ふは神に乖るが故なり」とこれ即ち感性的生活はその生理的に於てその生命を保つ能はず、人は生活の爲めに勞役するに非ず、況んや嗜好を主とし感性の爲めに働かんとするものゝ、神の意思に乖るは當然なり、人は生んが爲めに働くに非ず、生命あるが故に働くなり、人は働くを本務とし本分なりとす、故にこの本分たる本務を盡すに由りて死ぬべき身體をも生すべきなり、これ即ち我等が衷の神靈の光照に由りて、その本分を盡し以て大神靈に歸一するを得るもの、これを以て生命とするにあるものにして、身體はこの生命に依りて生存せるものなり。然るに後世敎會組織を執るキリスト敎にありては、その敎會を莊嚴ならしめ、これが經營せざるべからず、されど事實上不生產的事業にして、これが經營に要する物質の生產するの途なし、一方社會は資本主義なるが故に、人は普遍的に之が負擔を爲す能はずして、必ず物質を所有する者に限りて、これが負擔を仰ぐの外なし、爰にイエスの意思と矛盾を生ずるが故に、最早この敎會あるキリスト敎にはイエスの道は存在せずして所謂有名無實のものといふを得べきなり、かくて牧師に於ても、道に生存あるを誤りて、道に依りて生活せんとするなり、爲めに物質を仰望するに至りて是亦イエスの道に違ふなり、牧師島倉儀平の如き殺人、放火、凌辱、傷害、詐欺といふ罪名に問はるゝ者も出て、八年間未決監に收容せられ悔改むる所なく、終に監房に於て縊死を遂げたり、その死に臨みて曰く、「財產妻子を奪はれ望みなき身、なんとなく世の中はイヤになり、俄に死にたくなりましたと」、人の我儘の終局は自殺なり、彼れは眞面目にこれを證明せり（島倉儀平のことと東京朝日新聞記事に依る）

釋迦はその到達點を涅槃とし、淨土を構成して佛と成るを目的とせり、耶蘇の神の國に入り靈的存在を營み平安を得ることゝ、孔子の心の欲する所に從つて矩を踰えずの狀態と究竟一致する所あるも、釋迦にありてはその佛と成る所の標的即ち欲望を前提として規定せるなり、而してこの標的に到達するに階級あり二乘、菩薩といふ、その自覺するを得、覺他せしむる能はざるものを聲聞、緣覺二乘とし、自覺し覺他せしむるものを菩薩とするなり、聲、緣二乘は小乘と稱し、菩薩は大乘に屬す、四弘誓願、六度の行を體得して靈的存在に達するものなり、而してこれが覺行窮滿たるものを佛とするなり。

その目的に到達するに二種あり、一を自力聖道門他を他力淨土門といふ、自力聖道門にありては、自己の慧智と努力とに依りて、諸法の事理を覺知し睡夢の寤むる如くに悟覺したるを自覺といひ、而して諸法則を遵奉して之を實行し、之に依りて自己を救濟し、自己體驗の德を以て、他を濟度し、且つ覺らしめ、かくて自他體驗の德を圓滿に行ひて淨土を構成し、四弘誓願と佛敎道德とを修めて靈的存在たる涅槃に達し佛と成るものなり、即ち佛と成る欲望を抱きて自己の力を賴みにこれに達せんとするものなり。

他力淨土門は易行道といひ、自己以外の力、即ち佛の願力に縋りて救濟を求め、その救助さるべき佛を信じ、その佛の名號を念ずるに於て淨土に往生し轉て涅槃成佛するものなり、この佛を阿彌陀佛と稱し極樂淨土の構成者なり、この佛は別願即ち四十八願を立て、自己の修行によりて佛と成り、衆生救濟の大願を完成し淨土往生の道を開けり、而してこの佛は過去未來の佛でなく現在の佛とせらるるなり、そはこの佛が一切衆生を救濟せん爲めに本願を起し、永劫の修行を爲すに依れり、その第十八願乃至第二十願に基きて人若し一心に專ら阿彌陀佛の名號を念じ、行住坐臥、時節の久近を問はず、念々に捨てざるものは必ず凡夫にありても極樂淨土に往生すべし、且つ死に臨みても此の念彌陀に届かば阿彌陀佛の來迎ありてその淨土に導くなりと、これ我が國にありては法然が淨土宗を開宗せる敎義に要とせるものなり、淨土眞宗の開宗者親鸞は敎行信證の四法を立て他宗の敎行證の三法のみ立てて、信の一法を重視せざるに對し特に信仰を高調し、正像末の三時に通じて何時如何なるものにても洩るゝことなき時機相應の法とせり、その敎は（無量壽經に説く眞實敎）行は（本願の名號即ち南無阿彌陀佛を念ずること）、信は（眞實敎によりて本願名號を聞き、少かの疑心なく之を信受すること）、證は（その純なる信仰によりて極樂淨土に往生して獲得する證《サトリ》）、その他力は即ち阿彌陀佛の本願力にして、四十八願中の第十八願至心信樂の願に應じて、阿彌陀佛大悲の願力廻向を受く、即ち他力廻向の信心を以て往生の正因となし、信後相續の稱名を以て佛恩報謝の行業とするなり、即ち佛の名號を聞き歡喜心樂の心を發し、一念無疑に至心歸命すれば其時已に往生を得て不退轉の位に到るものなれば、この一念が相續して其後に出る多念の稱名は、皆是れ報恩行にして往生の因とすべきに非ずとなす、かくて佛教にては總べて願と行との二つ、即ち理想實現の誓ひと、實行との完成によりて佛となるものとするが故に、淨土に往生するは例へ本願成就者たる佛の本願力廻向によりて成るとするも、淨土は佛の理想土なるが故に、この土に在りては、佛教道德の行はるゝ域なることは勿論なるべし、されば他力本願を願ふと同時に佛教道德及び規定を心得てこれが誓ひと實行とを爲さゞるべからず、この法規を遵奉するに非らざれば、勿論往生も出來ざるべし、若しこれなくして往生を得たりとするも淨土はこの法規を行ふ所の世界なるが故に、必然これを遵奉してその誓ひと實行との完成を爲さゞるべからず、さなき時は、淨土生活は到底許されざるものにして、必ず之より放逐せらるゝものなるべし、そはこの法規に從はざるものは違反者にして、淨土を亂すものなるが故なり、旣にその第十八願に設我得佛、十方衆生、至心信樂、欲生我國、乃至十念、若不生者、不取正覺、唯除五逆、誹謗正法。とありて、五逆罪及び正法を誹謗するものを除くとあればこは規定的のものなるべし、その歡喜信樂の心を發し、一念無疑に至心歸命すれば、其時已に往生を得て、不退轉の位に到るといへる、この狀態は靈的存在に至れる涅槃の狀態なるべし、その佛の名號を聞き歡喜信樂の心を發すには、その佛の性質及びその行爲を識るに非らざれば、これに一念無疑に至必歸命することは不可能なるべし、されば眞實教に依りてその性質を識り、四十八願に依りてその行爲を知らざる可からず、殊に第十七願乃至第二十願の四願は易行道に最も重要なるものなり、而してその往生すべき淨土の性質もまた知るべくして、これに往生して獲得すべき佛化の規定も究めざるべからず、これを究めざれば不退轉の位に到るを得ずして退轉せざるを得ざるべし、以上の諸件を知るに於て淨土往生の資格を有するものなり、爰に於て自力難行道を執るか他力易行道を辿るかを考究して、他力易行道を選びて之に依らむとして始めてこの事業創始者たる阿彌陀佛の名號を眞に聞くことゝなり、その大願修行によりて易行道の造られしを知り、これに辿りて、易易《ヤスヤス》として往生するを得ることを信じ、一念無疑にこれに至心歸命するに至りて歡喜信樂の心こそ發るものなれ、これなくして發るべきに非ず、かくて淨土に往生するを得ば所謂生二彼國土一已、得二奢摩他毘婆沙那巧方便力成就一、廻二入生死稠林一敎二化一切衆生一共向二佛道一にて利他の德を行ひ、其の標的に達するにあるなり、若しこの方法を擇ばずして往生を欲せば、その第十九願に依るべきにあり、第十九願は設我得佛、十方衆生、發菩提心、修諸功德、至心發願、欲生我國、臨壽終時、假令不與、大衆圍繞、現其人前、不取正覺と、この來迎を俟ちて往生すべきにして、所謂以二己功德一施二一切衆生一作願共往二生阿彌陀如來安樂淨土一に依るべきなり、その第二十願は設我佛得、十方衆生、聞我名號、係念我國、植諸德本、至心廻向、欲生我國、不果遂者、不取正覺とあり、淨土門易行道たりとて單に念佛稱名行のみにして淨土往生の遂げ得らるゝものに非ず、その稱名は第十七願にある一向念佛稱名行にあるものなり、その第十七願は設我得佛、十方世界、無量諸佛、不悉咨嗟、稱我名者、不取正覺。とありて、一向に阿彌陀佛を念じ名號を稱せよといへるものなり、その第十八願は淨土の結構を信じ、これに到るの樂む心を持ち、この淨土に往生せんことを欲すること十念して往生せざることなし、然し淨土の道德を亂し、淨土の規定法則を奉ぜざる者を除く、といふにあり、第十九願は心を佛道に寄せて、あらゆる功を立て、德を修め、一心に願を發して、淨土に往生せんと欲し、その壽命にて死するも、また壽命を待たず命を終りて、たとへ與ることなくとも、大勢の者を從へて其人の前に現れ迎へるといひ、第二十願は我が名號を問ひて、念を我國に係け、諸の德を植え本務を盡し、而して心を救濟に至らし、淨土に往生せんと欲してこの往生を遂ぐるを果さずといふことなしと、いへるものなり、かくの如く、この四願中に只念佛稱名のみにて淨土往生を遂げしめるものなし、唯だ十八願に依りて、その德行の條件を加へずと雖も、既に述べし如くその至心信樂に至らしむるには、佛敎道德法規其他德行に關する諸項目を識るに非らざればこれに至る能はざるなり、されば易行道にありても、佛敎の要目たる願行の二條件を缺く能はざるべし、爰に於て法然の第十九願に基き、親鸞の敎行信證の四法を立て、その證即ち德行はその行に依りて顯はるゝものとせり、故に佛敎道德殊に六度の行を實行し、その理想たる四弘誓願も實現さすべく努めざるべからず、その四弘誓願とは、

衆生無邊誓願度……衆生は無量無邊ならんも誓つて之を濟度せんと願ふこと、
煩惱無邊誓願斷……煩惱も無量無邊ならんも誓つて之を斷絕せんと願ふこと、
法門無盡誓願學……法門は無量無盡ならんも誓つて之を學知せんと願ふこと、
無上菩提誓願成……無上の菩提(佛道)を誓つて完成せんと願ふこと、

この四種の願即ちこれを理想とし實現せしめんと努力するなり、佛敎道德たる六度の行即ち六波羅蜜とは

布施、(金錢の有る者はこれを施與す、之を財施といひ、金錢なき者は說法を爲して施す、之を法施といふ)、
戒、(佛敎に規定されたる總ての戒行、我儘を戒むること)、
忍辱、(あらゆる忍耐、一切の侮辱、寒熱飢渴等を忍ぶ大行、これも我儘を自制すること)、
精進、(常に修養に勵み毫も怠らざること、心身の調和を圖りその整調完備を持するに勵む事《ワザ》を爲すこと)、
靜慮、(心を靜め統一あらしむること、定に入ること、三昧心に住すること、眞理を思惟して散亂の心を定止する要法たること)、

智慧、（諸法に通達する智、斷惑證理する慧、凡ての邪智誤見を去り、眞智を得ること）、

この六種をいふなり、これを修して、自利利他の大行を究竟し、生死海を越えて涅槃の彼岸に到ることこれを菩薩の行といふ、而して四種の願とこれを圓滿完全に行ふに於て、その標的たる佛と成り、靈的存在に到る、かくて爰に到れば淨土は佛自身の思想界ともいふべきものにして、これを構成して安住するなり、その釋迦は無勝莊嚴淨土を有し、阿彌陀は極樂淨土を有し、藥師は淨瑠理世界、阿閦の妙善世界など有して、淨土は聖者所住の國土なるべし、されば易行道を辿り淨土に往生を欲するに於ても、往生の上はその佛敎法規たる願行の二要件はこれを心得、畢竟はこれが實行と實現とに努力するの止むなきものたらざるべからず、これを例へば日本人が南北亞米利加は豐美にして且つ自由の國なることを聞き、歡喜信樂してこれに移住せんことを思念して罷まず、これに移住せんには大平洋を渡らざるべからず、渡海せんには、船を要す、爰に於て聖道門を執らば、この船を製造せざるべからず、この船を造り航海術を學び船子《ガコ》水失《カンドリ》船長《フナヲサ》の役まで心得て、渡航するなり、淨土門を辿らば、阿彌陀佛が自分に於て彼の國に安住國を設け、此所に移住民を收容すべく渡航用の大船を造り自身船長となりて、移住民の勸誘を爲す、故に移住を欲するものは、これに身を委ねてこの大船に乘じ易易と渡航し阿彌陀佛の淨土に上陸するなり、その航海中に起る難航事故は阿彌陀佛の責任にあるものなれ

ば、移住者は敢て思慮を旋らすに及ばず、生死一切阿彌陀佛に任せざるべからず、かくして生死を離るゝなり、また無事着船するに於て上陸するも彼の國を疑ふ心ありては上陸するを得ざるべし、この疑ひを除きて上陸するも生活の安定に不安を抱かばまた安住するを得ず、故にこの疑と不安を棄て、一向に阿彌陀佛を信じ、この佛の意思に絶對服從すること一念無疑ならざる可からず、疑ひ不安を去り、こゝに安住するを得ば、その國風に順はざるべからず、かくて日本人としての思想風習、自我としては我儘縱意欲情は一切我れより拂ひ除去せらるゝに至れり、これ至心歸命なるなり、されば最早日本人には非ず、南北亞米利加人としての阿彌陀淨土人たるなり、故に思想風習阿彌陀主義ならざるべからず、我儘縱意欲情存するとせば阿彌陀的ならざるべからず、若し日本人としてのこれを用ひんとしてもそは不可能なり、故國に歸りたき我儘は航海すること能はざるが故に、また親子兄弟に會ひたき欲情も最早協はざるなり、その國風を厭ふ縱意も遂ぐるを得ず、日本人としての自由は失はるゝなり、これを失ひて阿彌陀の意思に一致して、この國に於ける自由を味ふものなり、而して阿彌陀佛の命に歸命して阿彌陀佛の行を共に行ひて、始めて淨土生活の實を現し佛道の本義を證するものなり、かくて聖道門を執り船を造り航海術を學びて自分自身これに乘り航海するなり、その航海中に起る難航事故は凡て自分に於て思慮を旋らしこれが所置を爲すべきなり、その難破順航、生死は凡て自巳に係るものなり、故にこの大行に依りて自己の力の及ばざるを悟りて天命を知る、こはその經驗に因るなり、前者の場合の悟りは意と境遇とに因れるなり、この航海を遂げ彼岸に達せば、我が欲する所に上陸を爲し、所住の國土を構成し自己の思想を以て建設するを得ん、されど自己と同一なる大行をなして到るもの他にゐるが故に、自己の縦意に國土構成は不可能なり、必ず矩を踰えざる底に由りて構成せざる可からず、かくてこれによりてこの淨土に安住するを得ば、自己の思想の國なるが故に自由自在なり、されどその根本は佛道の道德その法規たる二要件を遵奉しこの二要件を行ふに於ての自由自在なるべし、されば淨土門にありては、阿彌陀佛の拘束範圍に自由自在を有するものにして、阿彌陀佛を離れて生命を有するものに非ず、阿彌陀佛と一致共同して自由自在を得るものなり、要するに自己にして自己の生命を有せざるものなり、それ故に南北亞米利加に移住せんにその自己の力に依りて自由渡航を爲すと、移民會社などに依りて渡航する如くにして、上陸地に到りても、一方は移民會社の土地に行き、一方は自己の好む所に行くを得べし、されど共に南北亞米利加の法則に從はざるべからず、その働きも科《シナ》こそ異るならんも、共に働くべきなり、その効果に至りては少か相違する所あらざるべからざるなり。

かくて佛敎にありてはその標的たる佛と成る、慾望と佛と成れる欲情を前提とせるが故に終始欲情を離るゝ能はざるものにして、その易行道に於ける四十八願中の欲生我國の(欲)も欲するものに非ざればならざるなり、成佛を欲し、淨土に往生を欲する慾を以て出發せしめ、而して無我にて常住せよとするならば、衆生も聊か迷惑せざるを得ず、勿論終極慾たる安住涅槃を得ることとなるが爲め、其の標的の成就を期して無我の境地に成り得ることとなるが故に、容易に成り得るものならんに、事實はこれに反して中々無我には成り得ずして煩惱に苦しめらるゝなり、易行道に於ても彌陀の淨土に安住するを得るものなるを以て、自己の生命を擧げて彌陀に任せ歸命することゝ容易たるものならんに、是亦實際はそれでなく、念佛稱名こそすれ、自我は其儘存在して迷ひに迷ひ煩惱に苦しむなり、こはその出發も到着も自我の離れざるが爲めにして、固より欲性を本義とせるに由るものなるが故なり、この欲性を主眼として法則を立て、これに依りて人を導き、而してその欲情を除去し、眞の欲性に生くべしと、いへるものなれば、衆生の迷惑するも最もなるべし、最初より欲性を以てせざれば、かく衆生をして惑はさゞるべきものを甚だ憾むべきものあり。

更に佛敎に於ては普遍的救濟を意味せざるものゝ如し、その欲する有緣に非らざれば濟度せず、その鬼に牽かるゝを見るも敢て救助せざるなり、耶蘇の九十九を山に置きて迷ひし一ツを尋ねざるか、若し尋ねて之に遇はゞ、九十九の者よりも尙ほその一ツを喜ばん、といひしに比せざるなり。

かくて佛敎は前述の如く欲性を主眼とするが爲めに布施も財施を稱し、物質慾も之を離す能はずして、終に金佛金堂綺羅莊嚴その見る者をして、眩惑せしむるに至れるなり。

我國に於て神道と稱し、儒道佛道、基督敎以外に宗敎的に發達せるは、儒佛傳來以後なることは、言ふべくもあらざるべし、殊に兩部習合神道の本地垂迹說より教理を說き始め、神佛一致の理を說き、これによりて行者は神となり、佛と成るものとせり、この說及びこの說の發達せるに及び諸流派を立て說をなす、これを俗神道と稱す、俗神道とは古道即ち固有の神の道に分ちていへる名稱なり、その內容の概略を敍述す。

度會《ワタラヒ》神道は伊勢神道ともいひ、その教義は老子の虛無說に據つて道の本體は混沌の始め、有無の差別を超越した境涯にあることゝなし、心身の淸淨を以て、この機前の境に入るを、この神道の本旨となす、その淸淨の最も重んずべきをいひ、淸淨には、正直、一心不亂、超生出死、六色の禁法、(六根淸淨)等の諸義ありて、要するに自然、神佛習合說、老莊、儒教、陰陽五行說と結合して、三神同神說中心の、一種の神道說を作成せるものにして、神道五部書をその中心とせるものなり。

吉田神道は兩部習合神道及び神社神道(各社の緣起行事を說くもの)に反對して起りたる唯一神道なり、その吉田家の祖天ノ兒屋ノ命(平田萬胤翁は吉田家の祖先に非ずといへり)、の神宣によりて、自家に傳りたる元本宗源神道とし、(天兒屋ノ命は神事の宗源を司るといへる書紀の語により)、神道は諸宗之本原なりといふ意を以て說けるものなり、その原理論は、神とは天地に先つて而も天地を定め、陰陽を超えて而も陽陰をなす、天地に在ては之を神といひ、萬物に在ては之を靈といひ、人倫に在ては之を心といふ、心とは神なり、故に神は天地の根元なり、萬物の靈性なり、人倫の運命なり、即ち神霊心は畢竟同一の精神的實在にして、道とは天地人に通ずる神の活きに外ならず、而して人に於ては心は神明の舍、形は天地と同根なり、心の動靜によりて、魂魄或は亂れ、或は安んず、心を守るの要は神を祭るにあり、神には元神あり、託神あり、鬼神あり、元神とは日月星辰にして、託神とは非生物の精神なり、鬼神とは人心の動作に隨つて現はるゝ所にして、元神託神の活きも凡てこゝに歸せり、即ち是れ心の賓客、萬物の主、人心の宗とする所なり、故に鬼神の鎭まると否とによりて、國家の安危は分るゝなり、神道は一身の道にして同時に天下の道なり、といふにありてこは、神者萬物心、道者萬行の源、三界有無情、畢竟唯神道、といへるにあるなり、神道護摩、宗源行事、十八神道を三檀行事となし、神道灌頂、安鎭法、神拜修祓等の外に結印護摩等の佛法的作法を交へ、之を切紙傳授となし、密に傳授せりといふ、その理論及び祭儀は、老莊、儒教五行説、佛教殊に密教の思想及び行事の混然として集合されあることは明かなり、唯だ國是神國、道は神道、國主は神皇なりといひ、兩部思想に對して、獨立の神道をたてゝ、之に萬法を歸一すべく努めたる氣慨と意氣とを見得るものあり、吾唯一神道者、以天地爲書籍、以日月爲證明、是則純一無雜之密意也、故不可要儒釋道之三教者也、といひ、宗源の意を説明して、宗者萬法歸一謂之宗、源者諸法緣所起謂之源、（神道者儒佛之宗、萬法之源也）、といへり。（岩波哲學辭典）

法華神道は日蓮法師の發案に因るものにして、天台、眞言の執りし神道に倣ひ創始せるものなり、神道沿革史論に建長元酉ノ年、示現神勅曰ク我ハ法華經守護ノ三十番神也、仁ニシテ也有リ二大誓願一我甚レ歡二喜スレ之ヲ一、仁者本化上行菩薩、承ルノ二本門法華經付屬ヲ一之人也云云。とあり、要は月の三十日を神々等交替にて法華經を守護するものなりとし、神佛習合をなせるものにして、神を透して法華經を信ぜしむる手段に外ならざりしなり。

儒家神道は儒家の神道観より起り、而してこれによりて儒神一致說に歸着し、爲めに國家的自覺、尊王的精神の現はるゝに至れり、藤原惺窩、林道春、德川義直、白井宗因、中江藤樹、熊澤蕃山、山鹿素行等にて、神儒、名は別にして實は一なり、共に心を正ふして民を憐み、慈悲を施すをいふなりといへるを素として、神道即王道、神明を信仰するは儒道の本意、孝子順孫不改父祖之道、道とは聖人の道なり、などいへり、當時の儒家に於ける神道観は排佛に始まれるものにして主儒從神のものなりしなり、貝原益軒の說く所は、神は上の義、神道は誠を主とし、淸淨正直を以てす、知り安く行ひ易き自然の道、即ち不言の敎にして、古典は史書にて經典に非ず、經典視して本義なき道理を附會し樣々に說くは、神道の誠を本とする正直の理に非ずとせり。

理學神道は吉川惟足の主張せし神道にして、吉田流唯一神道より出で古意を發見せるものと稱するも、專ら唯一說を祖述せるものなり、秘訣として玉は明智を意味して三種神寶之要なり、土は萬物の母、金は父にして五行の要なり、就中重きは金とす、人心にありては義にして敬の用なり、敬義は一本なれば人倫の道の基本なりといへり。

吉見神道は吉見幸和の神道説なり、神道とは單に祭儀のみを言ふに非ず、祭政一致の古道にして、換言すれば天皇のみ行ひ給ふべき、天皇の道なり、臣民はたゞ之を知るべきものにして之 知るは即ち神學なりとし、日本紀を始め古典に徵して國體を明かにし、君臣の道を說けるなり、山崎闇齋、度會延經、正親町公通に就き學びけるも、その哲學的附會說、秘傳、行事などはこれを排斥せり、而して神道五部書の疑書たることを辨じ、吉田神道が神祇伯の實權を握り横暴を極めたる事實を詮索し、これが攻擊をなせり、また垂加神道は宋學流弊を受けし理窟神道なりといへり。

垂加神道は、山崎闇齋の創始せるものにして、度會神道及び唯一神道に自己の儒道を結合したるものなり、その垂加草第一に神垂祈禱、冥加正直、我願守之、終身勿惑、といひて、神國的思想、國家的觀念は熱烈なる自覺となり、その信仰の有力なる要素となれるものなり、その說く所は、神代紀の解釋に、朱子の主旨、性理、大極、陰陽、五行說、また神道の秘傳として土金傳、僞愼傳、混沌傳などあり、牽强附會なる說とせり、また安座巡行と稱する行事あり、禪家の坐禪、朱子の致敬靜座に類するものにして、心を靜め神道の安心を練る所の修行なり、その巡行とは安坐中時々立ち上りて左巡りに廻りて、また安坐するの運動法なり、また觀神悟道といへるものあり、こは佛家の觀法悟道を眞似せるものなりと、而して闇齋が峻烈なる人格を根底とせる、この神道の根本精神は、其の以後の思想界に多大なる勢力をなして垂加神道の一派を生じ、殊に國家的信念は勤王論の源泉となりしものあり。（岩波哲學辭典及俗神道大意）

俗神道とは以上の諸説を指していへるものなり、その最も流行せるものは、唯一神道、出口延佳流、山崎垂加流なり、その俗神道大意に、この大成したる、俗の神道と云ふにも諸流有りて、彼の兩部神道といふを除く外は、みな唯一神道と名のることなれども、此も猶いまだ、佛意の兩部めきたる説や所業も、先入師となる譬への如くにして、逃れ果ざれば、古の道の眞を更にえしらず、只々漢意を附會することの、功者に成りしまでのものにして、其諸流の神道が各々其の立て方に少《イササ》かづつの違ひを有すれども、今の俗に、多く人の信じ用ふる所は、吉田家に立てし趣、また外宮の神主出口延佳の流と、山崎垂加の作りたる神道が流行せることなり云云、諸流の神道に、その行事器物神前のかざり等、大かた古へにかなはずして、見て眉を顰め、聞て耳を塞ぐが如きことのみ多くして言ひ盡し難きことなり、伊勢貞丈先生は、甚だかやうの事を憤り歎かれ、今の世の俗に、唯一などと名のりをれる、垂加流及び諸流の神學者流を、神《カム》はらひに拂ひ、神殿《カムタタ》きにたゝき殺さずは、誠の神道は明かになるまじといひて、

ちはやふる神をかすむる雲霧を
しなどの風に吹き拂はなむ

と詠み置かれしが、如何にも尤もなることなり、また鈴の屋の翁の歌に、

しるべすと醜《シコ》のもの知り中々に

よこざまの道に人まどはすも

とよまれしは、こゝの事なり。

古學神道は復古神道、純正神道、眞神道など稱し、佛教儒教等の浸潤せる神道、所謂俗神道を打破し、これ等浸潤を除去せる神道の眞面目を明かにすると、同時に之を主張したるものなり、荷田春滿、加茂眞淵、本居宣長、平田篤胤等は之を古道と稱し、それぞれ大なる門派をなせり、後世これ等を稱して四大大人といふ、平田一派に至りて神學的發展を爲し、平田神道の一派を起せり、古學として は日本文献學の基礎をなし、神道としては國家的自覺、尊王思想の發揮に多大の貢献を爲せしもの なり。

教祖神道とは古學神道の系統を引きし平田神道及び其一派の神學的發達の傾向を示せる頃、他方に俗神道の系統を受け、專ら庶民宗教として發達せる諸々の神道ありて、就中有力なるものゝ、明治初年以後順次獨立し、政府の公認を得たるものなり、宗派神道十三派と稱す、修成派、大成教、神習教、神理敎の四派は、古典により國家的教義を說くを本旨とせる點に於て、古學神道及び歷史的神道に多く異らぬものなり、神宮敎、大社敎も略々同一なるも、後者は大國主神の神格よりして、來世教的要

素に於て發展を示せり、實行敎、扶桑敎、御岳敎は富士山及び御岳等の神山を信仰し、登山苦行を行事となすを、その敎への本旨となす、宗敎的經驗を有せる生ける一個の敎祖を戴き、普遍宗敎的性質の方面に發達せるものに、黒住敎、金光敎、天理敎、禊敎の四種あり、これ等は療病を說くと共に、精神的救濟といふべきを力說せり、天理敎の心の誠と潔白とを重んじ、金光敎の心行と稱して祈念を生命とし、而して兩者共に博愛慈悲とを主眼とせる如き、最も注意すべきものあり、而して此等の諸神道が庶民的宗敎の常として幾多の迷信を伴へると共に、敎義として、少くとも原始的形式に於て、十分の發展をなし居らざることは、寧ろ當然なりとす。（岩波哲學辭典）

黒住敎及び禊敎は共にその祭神を天照大御神となし、黒住宗忠に依れば宗敎的行事として禁厭、水浴、參籠、社參等在來の各神道の爲す所を實行せるも、最も主眼とする所のものは、陽氣になれ、陽氣になるには毎朝太陽を拜して御陽氣を吸ふことにて、身心保健の方法なりとし、自己の體驗せる事實を發表し敎導せるものなり、こは畢竟生理的には深呼吸を營みしものにして、精神的には、私に心を去つて、天地の心をとらへよ、然らば人は神を見、神と共にありて即時にまた永久に生き得る、これ即ち神となれるものなり、何事も天に御仰せ被成候はゞ、萬事樂しみの外無御座、一切敎は天よりおこるなり、其敎へを請け、日日樂み暮すこそ信心なりといひ、感謝と喜悦との境地を築くにあり、その五事の敎とて、一、敎を外すな。　二、天に任せよ。　三、我を離れよ。　四、陽氣になれ。

五、活物を提へよと説き、また日々家内心得之事として、一、神國の人に生れ常に信心なき事。一、腹を立て、物を苦にする事。　一、己が慢心にて人を見下す事。　一、人の惡を見て、己に惡心をます事。　一、病氣の時、家業怠りの事。　一、誠の道に入りながら、心に誠なき事。　一、日々難有事を取外す事の條々を常に忘るべからずとなせり。（岩波哲學辭典）

井上正鐵は唯一問答書及び書簡集に、その敎へを遺せしも、その宗敎的行事としては、御祓修行、また永世の傳などを爲せり、その敎は慢心を去りて、神の助けに依賴すること、即ち神道の窮極なりといひ、その問答書に「日夜寢食を忘れ、御祓修行致して、神德を仰ぎ唱ふる聲、枯果てし時、吐く息、引く息も出兼ぬる時に至つて、身體豁然として快よきことを覺ゆ、惜しや、欲しや、いとしや、可愛やの迷ひの心もなく、食を思ひ、衣服を思ひ、住所を求むるの欲なく、唯國恩、君恩、師の恩、親の恩の廣大にして忘れがたく、我行ひの惡しく淺ましき事のみなりと思ひ、後悔の涙瞼をひたし、四恩の難有き事身に滿ちて、喜びの涙、斷えやらず、此の時よりして、初めて誠の心といふもこの事なるやと思ひ云云」といへり、この誠の心は天地の心にして、やがて天照大御神の心、こゝに自己と大御神とは一致するものなりとせり、（岩波哲學辭典）その息の術と云へるに舊事紀を引きその伊弉諾尊曰我所レ生之國唯有二朝霧一而薫滿矣乃吹撥之氣化二爲神一是謂二風神一也とあるもの及び天照大御神並に素戔嗚尊の宇氣比のもとに氣噴之狹霧所レ生二云云の條によりて説き、また神拜の式は天照太神の御傳にて白川殿御傳へなり、某も此の御傳にあづかるが故に神道の教を得たり、故に神職たり、主客をいへば、式は主たり、息は客たり、又息の事は諸藝ともに入用なり、息やひ惡しく腹内惡しき時は其式を得るとも業《ワザ》ならず、然らば息は客たり、然れども世間に其式を受る者多しと雖も其心をしらず、故に息の事を教ゆ、弓馬鎗釼の術と雖も又斯の如し云云、また永世の傳、御祓ひもと一つ事にて、御祓は勤め安く、永世の傳はつとめ難く、それ故いまだ信心を頂き申さず者は、勤まり難く御祓は安し、その人々の勤まり安きにまかせべく、尤も病人などには少々づゝ利益のたがふ事あれども、それは勤め得ば自ら分るものなり、聽聞は信心の思ひを増し、御祓ひ永世の傳は、此身の罪咎を滅し、病を拂ふ云云。

また萬病は心氣顚倒して安からず、血氣順道せずして後起るものゆへに、少彥名尊は禁咒の法を傳へて病をすくふ、心氣顚倒して安からざれば、飲食必ず亂る、飲食みだるれば・食必ず脾胃に滯りて、氣血廻らず病を生ず故に大巳貴尊は藥の法を傳へて病を治むる是醫の道の大元なり、能く其元を知り自得して學ぶべし、心氣顚倒を鎭め定むるには、息の術に勝るものなし、故に臍下へ息を下して顚倒を治すべし、自身勤むる事能はざるものは觀通の術を以て施すべし、又氣ものに凝りて動かざる時は禁咒を以て動かし氣を轉ずべし云云。また麁食少食永世の傳相續の上は、日々怠りなく線香一本位は神前にて永世の傳を勤むべし、永世の傳は只安らかに息を臍下にくだし、充たしめて、それを安らかにつくことよろしく、强く勤むるときは、餘りだうじるものなり、只々數をいたすことよろしく云云。

（唯一問答書、書簡、書翰集、）

實行教の御恩禮式と稱へるものにて、「つくいき、ひくいきのおほきなるいきは、たへなるみはしらなれば、いきもみも、あめつちやもにみちて、こゝろからはなり」。とありて毎朝太陽に對つて大なる呼吸を爲す所の行事ありといへり。（御恩禮式）

かく黑住教禊教及び實行教には神道行事として呼吸法を修めしむるは、その神道教義と共に、心身保健を圖る宗教的行事を具備して、悟覺するを得しむるにあるなり、こは神道に依りて安心と身體の健康とを得む爲めの修養法に他ならず、かくて俗神道と稱せるは、固有の神の道を説く所の、古學神道者より見做して、聊か卑謗的意味をも含みて、名づけたるものゝ如くなるも、その宗教的教義を立て、これが行事に至りて、儒佛の教を援用せるものなれども、その歸着する所は國家中心主義にして、佛教の如く印度中心主義また儒教の支那中心主義には非ず、畢竟我々國民は神代より神々の祖先を有するその子孫たることの思想を堅實に涵養し、併してこれに安心を與へ、身體の健康を保持する方法を攝らしむべき道を説けるものなり。されば敢て之を卑謗すべきものにも非ざるべし、されど我が固有の神の道に於ては、我等が祖先神たる神等及び國家の祖の神々の行はれたる、また言はれし所のものは、凡て我等が爲めには教へとなるべきものなるが故に、これを道とし我等が踐み行くことを爲すべきことによりて、我等が本分を輝すべきものにあり、然るをその基礎たる神の道を疎みその援用する所のものに泥みて、神の道の本質を失ふに至るが故に、寧ろこれが浸潤を除去するを以て、この本質を發輝するものなりとせるものにして、そは經年の經驗と事實とに徵して之が改革を圖りしものにあるべし、さればこの本質を發揚せんには、純然たる神の道を踐ましむるにありて、他を顧眄することを許さゞるにあり、隨て古學神道なるもの興りて。古道を明かにし、之に依らしむるに努めたるものなり、故に我等は之に依りて、我等が本分を自覺することを得るにあり、されど我等は最早宗敎思想の上に儒、佛、耶蘇など此等諸宗敎の普衍せる世界を有せり、而して我等の小き知識は此等の爲めに惑はされ、更に感性はその顧眄的視力を禁止して一定に對はしめず、隨て思想は浮薄にして根蔕を有さず、故に何ものをも選擇することを得ずして、之に雷同し操る所なし、それ故に我等はその思想を堅實ならしむるには、その本體を識り、其本分を覺知せざるべからず、これを覺知るには神の道を繹ぬるにあり、而してこれが本質を究むるには、諸宗敎の敎義に就きて比較研究を試むるを要す、かくてこれによりて我等が本分を自覺するを得べし、その本質を極め、この本分を覺知するに到りて、始めて確固たる信念を得、不拔なる思想を樹立し得らるゝものなり、されば神の道を繹ねて、我等は如何なる關係に由りて存在せるものなるやを識らざるべからず、これを知るには古典に依るの外なし、古典を閲るに不眞面目を以てせば。その眞意を理會し得ざるべし、我等は神代より純正無缺の史實を有し、國家は此の史實に因りで存立し、世界無比の國體を構成せるも、我等が祖先よりその本體を識り、自己本分を盡して、これが補翼に終始努めしものなるが爲めなり、この事實の證明は我等が社會生活に於ける氏神の祭祀と一家　於ける祖先祭祀とにあるなり、その氏子の氏神を擁して之を祀りこれが存立に努む、而して氏子は此神の守護を得て安寧を維持し、この信念に依りて幸福を得・かくてこは氏子の統一機關たり、故に此の社會の存在と共に存立するなり、而して此の機關は氏子の共立制度によりて構成せられたる祖先よりのものなり。祖先祭祀もまた一家の統一機關なり、之が祭典を營むには、家族一統集合して之を擧行す、而して家族は此の機關を補佐し之が存續に努む、家長を擁護し家長は家族の保全を圖る、畢竟一家安全の道なり、若し家族にして此の思想に反し、その祭祀に與らざりしものありとせば、一家を亂しその統一に缺陷を來すべし、されば一家は常にその根原に留意して、互にその思想統一に努むべきにあり、されば斯の如き道を踐み行ふに於て、一家は永久に存續し、一村は永遠に統一せられ、一國は萬世不變の國體を構成せるなり、これ故に我等が國家の神神は其神靈幽冥に存在して、我等が國家を守護せらる、神の道なる神々の神靈も亦幽冥に坐して國民を守護せられ、一家の祖先の神靈はこれまた幽冥より我等が一家の守護を爲し給へるなり、この神々の守護せらるゝは、神々の神靈幽冥に存在して、その本務たる本分を盡くす所の守護をせらるゝものにして、この神靈なるものは天之御中主神と稱へまをす大神靈の分靈なり、天之御中主神とは既に述べし如く大宇宙の大生命を假像し名づけたるものにして、これに大神靈存在す、こは固より幽冥に存在して、凡ての自然現象の支配を爲し、これが意思するによりて活働せるものにして、これが守護に與り在るものなり、而して之が分靈たる神靈を萬物に分配せらる丶故に神代に於ける神々より我等が祖先、また我等に至るまで、此の神靈を結び給へるのみならず、我等以外の萬物凡てもまたこれを有するなり、神の道なる神々はこの神靈を發輝して、その本務たる本分を盡されたるによりて、其所爲大神靈に歸一するものあり、故に神なる尊稱を諡りて神とは爲せるものにして、固より神なるものに非ざるなり、而して此の神靈は幽冥に存在しても、またその本分を盡さる丶にあるものなり、されば我等が祖先はこの神靈を發揚し、その本務たる本分を盡すに努めて、我等が一家を保持存續せしめ、國家を補翼し子孫家族の安寧秩序に終始し、その私なき行爲の如きは、我等が爲めには、神なる所爲なり、故に我等は之を神と稱へ祖先神として齊ひ奉り祭祀をなすものなり、されば祖先の神靈は幽冥に存在して我等が守護に任ぜられ、我等が齋き奉る祭祀を受け給ふにあり、されどこの神靈幽冥にいたりては、大神靈に歸結することは、その根本原理に基くものなるも、我等が祖先の神靈の歸趨する所の大神靈たる、天之御中主神を信向し、これに齋き奉るが故に、祖先の神靈を祭ると共に此の大神靈をも祭ることとなれば、爰に祖先の神靈と大神靈と結合して我等が守護を爲し給はるにあり、また神の道なる神々即ち國家の神等にありても、その神と稱へまをすは、人のこれに名付けて稱するものにして固より、神なる神に非ざること既述の如く、その神の道なる言行の實蹟に神なる所爲の在りしに由りて、これを神とし稱へ、これが所爲を學びこれに倣ふて、その神靈を祭り奉るにありて、こは神なるそのものゝ存在せるに非ず、既に述し如くにその神靈なるものゝ幽冥にいたりて、大神靈に歸結し、これと結合して存在し、國民のこれを齋ひ祭り奉るに、そを受け給へるにありて、而してこの神靈は大神靈と共に國家國民の守護に膺らるゝものなり、かくて我等はその本體たる大神靈を認識し、之れ即ち神なるものなるが故に、これを絕對信向するにあるなり、若しこれに疑惑を抱きて之を究め、而してその神なる根本を捉へ糺明の上にて信向せんとするならば、そは不可能に歸するなるべし、大宇宙の根本原理を究めんにも然く容易のものにはあらざるなり、されば大宙宇の現象を觀じ、これに大神靈の存在せるを認識し、而して森羅萬象の作用を攻究せば、その知らざる所に於て闕如たるもの幾何かこれを察するに足らん、かくしてその神なるものを識らむとするなり、さればこの信向に由りて漸次その神の認識正確を得られ、確固たる信念を得るに至るべし、この大神靈の存在を認識するに非ざれば、その分靈たる神靈を認むるを得ず、故に大神靈を認識しこれに絕對信向を置くに於て、神靈を認め得て。而してこの神靈は大神靈の分靈なることを識るを得べきなり、また我等が衷に存在せる神靈を認めて、これと同一なる神靈必ず宇宙に存在すると認識し得られざるに非ず、畢竟は認識の方法にあるのみ、さればこの神靈は大神靈の分靈なるが故に、分離せるものなれども。そは軈て一體たるものなることを識らざるべからず、而して大宇宙の現象はこれを觀知するを得べく、また我等が身體の諸機能は之を感知するを得べし、而も大宇宙と我等が身體とは分離してまた一體たるを識るなるべし、神靈もまた然り、大宇宙の大神靈はその大宇宙に存在して之を觀ることを得ず、我等が神靈はその身體に存在してまた觀ることを得ざるなり、然れども我等に見えざる心の存在することを知らざることは非ざるべし、この心の作用によりて、深く衷を觀察せば良心、また理性なるもの丶存在を認め得るならん、而して更に深く觀察するに於て、之等理性良心不良心などの司裁者の存在を認むるなり。その良心の司裁者と不良心の司裁者の異なれるも、これを識るならん、その理性を司るもの丶存在もまた認識するを得べし。これ即ち神靈なり、この神靈こそ大神靈の分靈にして、分結《ワケムス》びを得たるものなりとす、故に大神靈且つ神靈は物體にあらず、されば我等の物體たる身體は死と共に遂に消滅するなれども、大宇宙の消滅せざる限り、大神靈は消滅せざるなり、この大神靈の消滅せざるに於ては、その分靈たる限り。神靈もまた消滅せざるべし、靈魂不滅などいへるは、この意味にて謂へるものならんか、されば我等が身體は消滅するとも、衷に存在する神靈は、大神靈の分靈なるが故に消滅するを得ずして、大神靈に歸結すべく幽冥にいたり、大神靈と共に大宇宙の存在せん限り永遠に存在するものなり、これ故にこの神靈の不滅の意義を覺知せば、我等の祖先例へば、父母或は家長に於て、我等が一家と我等の爲めに努むる所の行爲にして、その正しきを行へば一家は平安に保持せられ、家庭は圓滿にして、我等兄弟姉妹一族は無事憂慮また杞憂するところも無く、家內安全に暮すを得べし、これ神靈の光照せるものにしてその理性の活きは良智の作用となりて證となれるものなり、而して軈て神靈の幽冥に到れば全く光照せるものなるが故に、その本務の本分を盡くすべく幽冥に在りて、一家一族の安寧幸福を現世に在りしに勝りて努むるにあるなり、故に守護し加護すとはいふなり、これ即ち神靈の活きなり、この意義に於て、神の道なる神々は、その神靈幽冥に存在して國家國民を守護せられ、我等が安寧幸福の爲めに永遠に努めらるゝにあり、爰に於て我等は、その生けるとき、父母に事ふる如く、死しては之を祖神と稱へ祭祀奉齋する所以なり、神の道なる神々を齋ひ祭るも、此の意義に由るものにして、而してこの神靈は大神靈に歸結するものなるが故に、大神靈を絶對信向せば、この神の道なる神、我家の神をも信向することになり、而してこの神の道なる神等、我家の祖神を祭祀奉齋するは、大神靈即ち天之御中主ノ神を祭り奉るものなり、されば我が神の道鎭魂氣吹法に於ては、大神靈即天之御中主神、神の道なる神等、これを總稱して、皇御神とし、代々祖神として我家の祖先とを一體三位とし、信仰の對象と爲して奉稱するなり。かくて神靈なるものは、耶蘇の謂へる聖靈なるものにして使徒バウロの言に「我キリストに屬する者なれば我が言は眞にして僞りなし、且つわが良心聖靈に感じて、我に大なる憂あることゝ、心に耐へざるの痛みある事とを證《アカシ》す」とあり、またイエスのわれ父にをり父の我に在《ヲル》ることを信ぜざるか、などに徵するなり。また佛教に佛性といへるものあり、佛とは覺悟なり、一切衆生皆覺悟の性あるを佛性と名く、性とは不改の義なり、因果に通じて、自體改まらざるを性と云ふ、麥の因、麥の果、麥の性改まらざる如し、華嚴經三十九に佛性甚深眞法性、寂滅無相同二虚空一、涅槃經二十七に一切衆生悉有二佛性一、如來常住無レ有二變易一、とこれに依れば佛性とは覺悟の性あるをいへるものなり、されば神靈に稍々似たるもの丶如きなるも異るなり、されど寂滅無相同二虚空一といへるに依れば、略々同一なるものと想はしむ、如來常住無レ有二變易一といふに從へばその異らざるかと想はる、更に覺悟する所の性と解すれば一致せるもの丶如くにして異れるなり。また儒教に天ノ命之《ヲ》謂《フ》レ性《ト》、率《フ》レ性《ニ》謂《フ》レ道《ト》、とある所の性は註に「天は陰陽五行を以て萬物を化生す、氣以て形を成て而して理も亦賦す、猶は命令の如し、是に於て人物の生ずるや各其賦する所の理を得るに因て以て健順五常之德と爲す所謂性なり」と命猶令也、性即理也とあり、素と信向なきが故に天といひて靈といはず、命といひて分靈と解さず、同一視すべきものにしてその立て方を殊にす、即ち天の靈を大神靈と爲し、性の靈を神靈となす、天の生命を性の生命と爲す、天の生命を萬物に賦してこれを性といふ、性猶理にして理性の生命は天の生命なり、故に理性の生命を神靈といふ神靈は天の生命たる大神靈の分神なり、されば儒教の性は理にして神靈の意思に依りて活くものなり。

かく諸宗教に就きこれが比較研究を試みんに、我が神の道なる神の神靈は耶蘇に於ける聖靈と一致するものにして、その「眞《マコト》の拜する者、靈と眞《マコト》を以て父を拜する時きたらん、今その時になれり、夫父は是の如く拜する者を要《モト》め給ふ、神は靈なれば拜する者もまた靈と眞をもて拜すべきなり」、また「是れ爾曹自ら言ふに非ず、爾曹の父の靈その衷に在りて言ふなり」、といへるによりて甚だ明瞭なり、されど「天に在ます爾曹の父は、求むる者に聖靈を予へざらん乎」といへるは神靈の意義を殊にするものあり、然るに「われ父にをり、父の我に在《テル》ことを信ぜざるか、われ爾曹に語りし言は自ら語りしに非ず、我にをる父その行《ワザ》をなせるなり」、とこの言に依れば、我が神の道なる大神靈また神靈の意義を同ふするものと解し得べし、それは例へ神の道たるイエス自身を稱へるものたりとも、我等の知識はこれをイエス單り有するものに非ざるを知る、されば大神靈たる父、神靈たるわれ、の存在を説明せるものにして、その永生《カギリナキイノチ》を得るといへるも、所謂靈魂不滅の意義に解せらるべし、唯だ我が神の道にありては、神代よりこの意義に依りて國家を構成し來れるもの、殊に高天ノ原大慶事を以て構成し、而もその性質に至りては、その神靈の光熙せる、面白く對照し、歡聲響《ドヨメ》動き手熨斗く平安に在りしものにして、基督者の屈服迫害を前提とせる境遇より神の國を理想とするに因りて生れし思想よりせば、聊か其の異なる意義を思ふべし、而してその意義を明かに説明せられざるを異なるものとするなり。その神靈なるものは求むるものに予《アタ》ふるものに非ずして、固より大神靈の分靈として、結ばれたるもの、此の間求むる(慾)予ふる(欲)を措かざるなり。佛教の所謂佛性とは異ること既に述べし如し、この佛性は神靈に由りて活くものなり、されば佛性の心ともいひ得べきなり、而してこの佛性を具備するが故に佛と成るを得るとなし、欲性を誘起し、終に欲情の爲めに終始し到底安心立命の意義狀態を得るは至難なるべし。我が神の道にありては、神に成り得ることは、自己に於て例へ求むるとも、得る能はざるものにして、こは絕對に求むることを得ざるなり、そは我が神の道に於ける神々は自己に於て求めて神と成れるものに非ずして、こは自己に非ざる他人に因りて神となせしものにあり、故に如何に自己が努めて神と成らんことを求むるも、そは他の肯《ウケ》がはざる所にして之を神とはせざるなり、されば我が神の道にありては、神となるべき道は素より有らざるを以て、これを求むるは始めより不可能事たるなり、それ故に神靈なるものは、佛性の如く佛となるべき性たる欲性を有するものと異なるなり、透明純眞なるもの、瑣の欲性を混へざるものにして、たゞその本務たる本分を盡くすのみにありて、何等望む所なし。而も現在未來永存此の如きに在るが故に、其意義もまた佛性と異るものなり。儒の性も旣に述べし如く其意義を殊にす、我が神の道は古へより言擧げせぬ國といひて、理窟を言はず、在りの儘なるを貴び、究理に及ばず、唯に神即ち天津神を中心とし、これが信向に依りて萬物に接するものなるが故に、天地を以て書籍と爲し、日月を以て證明と爲すなどいへるものあり、されば儒敎の性はその註に言へる如く、（性は即ち理なり）、とあるものなれば、隨て天は大宇宙の或部をいひ、萬物を化生する陰陽五行の作用、及び氣を以て形を成さしむる所の支配者を天といひて、天の心をいはざるなり、我が神の道は、この支配者の心へ直接交涉を執る所のものなるを以て、理窟は最早必要を爲さず、在りの儘より出發するなり、若し究理に拘泥せば、爲めにその本質を見失ふことなるが故なり、儒敎に於ても、敎祖孔子にありては、この本質を基礎とし、修養に道を學ばしめたるものなるも、儒敎に至りて理を究むることにのみ努めたるが爲めに、孔子の本旨を失ひて、究理にのみ奔命を勞せるに過ぎざるものなり。それ故に天といふも性といふも科學的見解に過ぎずして、大神靈また神靈と其意義を殊にするなり、されば大神靈は大宇宙の靈なれば、天の靈となるべきものなり、故に自然現象を唯だ理に依りてのみ解釋を降す能はずして、その由て來る根本を識るべきにあり、性もまた天の命とし、理としてのみ見るを得ざるなり、若しこれのみに止まるならんには、例へば人の性は天の命なり、彼は此の如き性を有す、彼の性も天の命なり、彼の曲《マガ》は彼の性なるが故に直らざるものなり、とて之を肯定しその直すことを爲さずして放縱に爲し置くこと毎となるべし、これ即ち其の理にのみ依るが故なり、また性善、性惡など稱するも理に依るなり、神靈は大神靈の分靈にして、その性の靈なり、されば善にも惡にも非ず、天の靈にして善且つ惡なるものに非ざることは明瞭なるべし、性といふも、天の命即ち天の分ちものにして、天の靈の分靈には非ず。即ち神靈は天の靈の分靈ともいふべきものなれば性の靈といふを得べし、されば性は神靈の意思に依りてその作用を爲す所のものなり、隨てその性とせし所の曲《マガ》或は直或は惡或は善などいふと雖も、これを如何やうにも變化せしむるを得るなり、此の如くなるを以て儒敎の性は神靈に依りて活用するものにあるなり。

かくて我が神の道にありては、その信仰の對象は大神靈即ち大宇宙の靈、天之御中主ノ神を以てし、皇御神　即ち國《ツ》神靈たる神の道なる神々、代々祖神即ち家《ツ》神靈たる父母家長より祖先に至る神、を一體とし、この靈を招ぎ奉りて齋ひ祭り奉るなり、この招ぎ奉ること、最も信向の意義あるものなり、既に述べし如くに、大神靈に歸結し給へる所の國《ツ》神靈、家《ツ》神靈の三位を招ぎ奉るべく裝置《シツラ》へる祭壇に迎へ奉りて、その祓淸詞を奏し、諄を誦し、御名を稱へて、招ぎ奉りし靈をこの祭壇よりその鎭まりませる所に歸へりませるまでの觀念は、その信向を證明する所のものなり、而して靈の不滅のものなる意義は前述によりて明かなるを以て、物に接するに非ずして、永生なる靈に接することなり、されば孔子の神を祭らるゝ狀を論語に祭《ルコトク》如レ在《スガ》 祭《ルコト》レ神《ヲ》如《シ》ニ神在《スガ》一とあり、こは孔夫子の神を祭るは眞に靈に接し居らるゝが故に、其狀態が弟子等に斯く神の在すが如くに見られしものなるべし、唯に在すが如くに形容を作して、安ぞ弟子等にかく感動せしむることあるべきにあらず、況や孔子にありて虚僞の行爲のなし得らるゝものをや、かく在りてこそ信向ありといふべきものなり、かくあるに於て眞面目は現はるゝものにして、これなくして眞面目の現はるゝものに非ず、故に此の深き信向を有して始めて神との交通を得るものといきべきものなり、既に述し如く大神靈の分靈は萬物に分配せられあるが故に、隨て我等の衷にもこの神靈は存在するなり、されば、この神靈を光照あらしめ、大神靈と常に對照することに於て、神靈の本分とする所なり、神靈は大宇宙の靈たる大神靈の分靈なるものなれる、神靈はかく神聖なるものなり、耶蘇のこれを聖靈と稱せるも宜べなりといふべし、神靈はかく神聖なるもの、例へば清水の透明なるが如く何等混入することなく如何にも清淨なるものにして且つ純眞なるものなれば、少かの感性を混へざるを以て、勿論欲情の起るべき筈なし、感情も亦同じ、而してこの感覺的精神的に起る所のもの即ち我儘は肉體的作用及び心的作用に基くものにして、神靈に係るものに非ず、而も心的及び肉的に可とする所のものは、神靈の厭ふ所にして、爲めに良心の不可とするものなり、故に我儘は神靈の最も排斥するものにして、良心の最も惡む所のものなり、されば我儘は自己の欲望を充たさん爲め、神靈の光照をして毎に防げ之を穢し且つ覆ひ曇らし、横暴を極む、隨て良心と毎に葛籐を演じその爭ひ罷むときなし、而してこの神靈光照を防げらるゝによりて、大神靈との對照圓滑ならず、爲めに身體は調節を缺ぎ、精神は疲勞してその作用に障碍を生ず、爰に於て神經衰弱、神經疾患精神病など發し、身體には諸疾病を招くに至り、心身羸憊するなり、故に我儘なる生活は感性的生活(肉と魂)にして、人としての假裝生活なり、隨て其の誤れることも瞭然たるものにして、驟て自覺するものなりとす、されどその誤れるを自覺するも、これを改むるに躊躇して、その自ら革むるに容易ならず、これ即ち根本意義を覺らざるが爲なり、この根本意義を覺ることを得ば、凡て自由自在たるなり、そは大神靈を認識しその分靈たる神靈の我等が衷に存在せることを認め、この神靈は大神靈と同じく神聖にして清淨潔白なるものたる事を識るなり、これを認めこれを識ることを得ば、宇宙に於ける凡ての自然現象はその爲す所のその私ある所なきを知るなり、唯だ肉眼にて視得る所の生物は、その肉體の生存せる爲めに、その生活に要する榮養を私しするのみ、而してその活働し行ふ所は、その私する所なくして、行ふ可きを行ひつゝあり、人間及び特種生物に在りては刺戟及び感性的欲情よりして、生活に要する榮養物質に嗜好を持つに至り、そが選擇を爲すに及びて、自我生活を營む習慣を作り、我儘は養成さるゝなり、されば我儘生活は自我生活を營むによりて、養はれたるもの、その自然に非らざることを覺り得べし、そは多くの生物の與へらるゝ榮養はその賦與せらるゝものを以て、生活するものにして、敢て特種嗜好物を選擇して攝るものに非ず、唯だその習慣に伴ふて共通的選擇を爲すことあり、例へば肉食生物、植物性食生物、有機性食生物、無機性食生物等なり、人類に於ても、人種にありて・食物を殊にせるものあり、かくて生物は賦與せらるゝものを攝りて生活するを得るものなるを識るなり、爰に識る所のものは、我儘勝手に賦與せらるゝものとし、識るものに非ずして、その識別的なるものなり、例へば生物の或種のものは空氣と水とのみに由りて生存せるものあり、人も生物なり、故に人も空氣と水とに由りて生存し得るものなり、されど人は動物にして或種の有機物を攝る習慣を有せり而して日本人は植物性食物を主食として動物性食物を副食とする習慣あり、或種の人類は、動物性食物を主食として植物性食物を副食とせり、この習慣はその風土氣候の關係に因るものなるが故に、日本人もその風土氣候により身體に適する所の食物を攝取することなり、而してそれは最も粗末なる食物を攝りて、最も健全なる體質を得る所の習慣を作すにあるなり、此の如くに識別し、更に有機物質に於て此の如きを得るに至るを得ば、嗜好に依りて攝る所の物質は、凡て我儘に由りて欲する所のものにして自然の與ふる所の榮養物に非らざるものなりと解して識別するにあり、かく識別するに於ては、人の生存上最も必要缺くべからざるものは、空氣と水となることを知り、而して食物は最も粗末なる物質を攝取すべきことを知り、また直接間接には日光の温熱の最も必要なるを識るが如く、森羅萬象の凡てが人に如何なる効果を與へるかを識るに至る、耶蘇も聖靈は衆理《スベテノコト》を爾曹に敎へ亦わが凡て爾曹に言ひしことを爾曹に憶起《オモヒイダ》さしむべし、といへり、されば神靈の存在を認め、其意義を識らば、その純眞潔白なるものにして神聖なるものなれば、勿論慾望且つ欲情など之に存在すべきに非ず、されば未來欲たる死後の始末も隨て分明することは、その大神靈に歸結するものにして而してこれと共に宇宙在らん限り永遠に存在してその本務たる本分を盡くすものなり、彼の地獄極樂など假想的のものに至るに非ず、こは、畢竟現世に在りて靈的存在を營むものにありては靈界に到れるの時、その働きの異らざるが爲に苦辛を伴はず、現世に於て我儘縱意欲情に泥む自我的存在を營みしものは、絶對たる靈界に至りて、靈界存在たるその本務の本分を盡すべき働きの上に苦辛をせざるべからず、この時自我の現世を欲するとも不可能なることなり、これ即ち根本原理なり、これに依りて明かなるべし、されどその極樂淨土に安住し、無間地獄に落つるが如きは、その知らざる所に於て闕如するものにして、こは生前に於ける靈的生存と肉的生存とに、安否の差別の存在するものあれば、歸結する所のものも然かくあるべきものならん、なれども、死しての後は肉的生存を離れ靈界生存に移る絶對的のものなるが故に、用意の如何に依りては、その安住と苦住とは有るべきに推測するを得るなれども、現世生在より推して知る所のものなるが故に、この觀察はその意思に任せて推惟するを要するなり、かくて神靈は不滅のものなるを以て身體屍となりてはこれを離れ幽冥なる大神靈に歸結し、既述の如く神靈に在りて我等の守護を爲し給へることなり、されば我等にありても、此の神靈存在するを以て、死すれば我等が神靈は身體を離れ、幽冥なる大神靈に歸結し宇宙あらん限り永遠に存在するものにして、而して我等が子孫を守護するものなるにあり、これを以て我等が神靈の本分なるにあり、見よ大宇宙は森羅萬象の爲めに活働しつゝあることを、而してそを本分とせり、その靈たる大神靈はこの現象の作用の爲めに終始するを本分とせるなり、この分靈たる我等の神靈は、この意義に於て終始すべきをその本分とするものなり、かくて我等子孫を守護するを得ば、其の餘力は國家國民に及ぼすべく努めざるべからず、即ち神の道なる神等はその子孫より國家國民に對して、その神靈の本分を盡さるゝにあるものなり、それ故に、我が神の道に於ては、我等が國家國民の爲めに、その本分を盡し守護の任に終始せらるゝを知るが故に、これを神と稱へ、その神靈を招ぎ奉り齋ひ祭ることと、我國紀元より罷むことなし、我家及び我等子孫の爲めに我等が父母より祖先に至る家長の神靈幽冥にありて、これが守護に終始せらるが故に、祖神と稱へ神靈を招ぎ祭祀奉齋することは祖先よりまた息むことなきなり、これによりて我等は我等の最終欲情に係る死後の靈の措置を識り、その確定せる根本原理を解するを得て、この欲情に迷罔せず、その安心を爲すべきことなり、かくて神靈を認め、死後に於けるこれが始末を識るを得ば、我等現世に在りて、この神靈を光熙あらしめその本分を盡くすに努めざるべからず、これ即ち靈的存在を營む所のものにして、人の本務本分を盡くす所のものなり、神靈を光熙あらしめこれを發揚するには、我儘縱意を滅却し欲情を失ふにあり、既に屢々述べし如く、この我儘縱意欲情によりて、その光りを防け、これを穢し覆ふて、爲めに光熙ならしむるを得ざらしむ、さればこれを拂ひ除去するを得ば、自からその穢れ取り去られて神靈は光熙を放つべし、我儘は心身諸慾の根源なるが故に、これを除去するは、所謂惡鬼惡魔の退散することにて、我が神の道に於ける禍津日ノ神の退さ給ふものなり、されば我儘を除くことは、罪穢を拂ひ清むることにしてまたこの我儘を除かんとする心的作用を爲すに由りて、直毘ノ神の加護を得ることになり、爰に良心(直毘神の神靈)不良心即ち我儘(禍津日ノ神の神靈)との葛籐となり、その神の道の修養に依りて神靈漸く光りを發し、その我儘の除去せられ自我生存の喪亡すると共に新生する所の即ち靈的生存に移るなり、これ耶蘇の所謂蘇生の如くにして、而して神の國に入るものなり、かくて神靈全く光熙を放つに至れば直毘ノ神(良心)も我を離れ、純眞透明、清淨潔白なる神聖の靈的存在を營むにあるなり、而して、その大神靈に歸一ずる所の働きを爲すことなれば、現世に在りては、自然現象の活働する如く、我等も活働することと人の本分なるべし、これ故に人はその自然の私なき活働の如くに、私なき活働を營むことと即ち人の本務たる本分なり、されば耶蘇の謂ゆる人はパンのみにて生るものに非ずと、然りパンのみにて生るものに非ず、靈に由りてこそ完全に生き得るものなり、また人は生んが爲めにパンを求むるものにもあらず、パンの爲めに働くに非ず、安定を得んが爲めの働きにもあらず、人は生存せるが故に働くなり、身體の活働はその死と共にこの働きを滅するなりされど靈《レタマ》の活きは止まずして、この身體を離れ更に幽冥なる大神靈のもとに到り永遠に活きを罷めざるなり、されば靈の活きは肉體に關せず、その身體に存在せる時の靈の活きも、その肉體との交渉同一なるを以て、肉體は靈に從つて生ること即ち自然に適へるものなり、耶蘇また謂へり我父は今に至るまで働き給ふ、我もまた働くなりと、また易の乾の象に天行健君子以自疆不息といへるも、その自然現象の活働して、その私なきをいへるものにして、その註に若少有一毫陰柔之私以間之、則息矣。とあり、かく働くことは神の本務本分にして自然の本性なるが故に、人は働くを以て本務本分本性ならざるべからず、而も私なき働き我儘なき活きにあるなり。

我が神の道に在りては、國家の祖神たる伊邪那岐、伊邪那美ノ神の國家建設に當りて、此の働きの意義を明かに示されたるなり、二柱ノ神は各自の意思よりでなく、天ッ神の命に從ひて我が國家の建設に膺り給へるなり、而してこの建設に臨みて、その活働に必要なるもの即ち夫婦の結びを實行せらる、國家建設を爲すにも私の意思に非ずして、天ッ神の命に依れることなれば、これに私欲の存在せざるは炳然たるべし、而してこの建設は單獨にて造らるゝものに非ず、この大活働を爲し、その大目的を達成せんには、夫婦の結びといふことを以てせざれば成らざること、即ち天降り給へると同時に、何よりも先きにこの契りを爲し給ひて、而してこの結婚に要する殿及び結びの嚴正を表し給へる天ノ御柱を見立て給ひて、夫婦の結びを完成されたり、人の成年に達すれば一家を構成すること神の命なり、而してその耶蘇の謂へる如く、神、人を男女に造り給へり、是故に人はその父母を離れその妻に合《アヒ》て二人のもの一體と成るべしとの如くに、夫婦の結びを成すこと、神の御旨に協ふことにして、我が二柱の神はこれを確定せられたるなり、而もこの確定は神の命たる目的を達成せん活働の爲めに成されたるもの、その本能の要求、快樂の基礎など我儘勝手のものに非ず、即ち一家建設の活働の爲めに要する所のものにして、これ人の本務なるべし、がく我が神の道にありては、我が國家建設の起原にありてその大事を確定されその本務を示されたり、されば人の働くことは神の命なり、その働きは私の働きに非ずして、働くこと神の命を完ふするものにして、これその本分を盡くすことなり、隨てこは神聖なるものなるが故に一點の私の混はるべきものに非ず、斯の如く我が神の道たる二柱の神の啓示によりて働の本分たること、夫婦の本務なる意義を識り得るものなり。

かくて神の道とは古典に記されたる神々の言行及び古へより現在に及ぶ國民の意志によりて、神と稱へ祭祀せる神等の言行をいふ、この神等の言行は天之御中主神の行に協へる行ひ、即ち此神の意思に適ふ行ひを爲すにあるなり、既に述べし如く、その大神靈に歸一する神靈の光熙せるもの、例へば伊邪那岐、伊邪那美ノ神の天ッ神の命を以て、國家建設を爲さるゝに當りて二柱ノ神は各單獨にては建設する能はざるを以て、夫婦となり國を生み成さむと、思《オモ》ほして、先づ男神よりこの由を女神に通じて、その意思を糺され、素より異存の有るべき筈なければ、同意せられて結婚の約は成立せり、既に述べし如く、國家を建設するは天ッ神の命なり、夫婦の結びはこの國家建設の命を全ふせん活働の爲めのものなり、これを我等は神の道としてまねび倣ふに、一家を構成することは、その成年に達すると同時に天ッ神の命なり、男女の結婚を擧ぐるはこの天ッ神の命を完ふせん爲の要求にして、欲情に基因するものに非ず、而して夫婦共にこの命の本に一家を造る（天之御柱、八尋殿見立）、ことより子供を設くる（生子淡道之穗之狹別島《ミコアハヂノサワケノシマヲウミタマヒキ》）、にいたりて、一家構成は眞面目に行はるゝものなり、欲情は結婚後に起る問題にして、若し欲情を前提として、結婚することあらんには、必ずそは過ちなり、必ず此の如き結婚は破鏡せらるゝか、或は煩悶懊惱に陷るかまたは、欲情を離れて眞面目に歸るかにあり、この欲情を離れ純然たる眞面目にあらざればこの一家の構成は完成するものに非ず、されば二柱ノ神は天ッ神の命を完ふせん本分の爲めに、妹脊の契りを爲し給へること、これ本務なり、かくて神の道に於て我儘を最も忌むべきは、我儘は欲情を起し、欲情過ぐれば我儘をつのらすが爲なり、二柱ノ神かく契り給ひて、天之御柱を媒介として麻具波比《マグハヒ》給ふ爲めに左右よりこれを廻りまして、御合《ミアヒ》ますとき、女神先づ言を發し給へり、こは女性の特性ともいふべき、感情の男性より激しきところより、その愛情の感激の餘り情操を制止する能はずして表現せるもの即ち我儘の行爲なり、愛といふ欲情に移りては、男女の間に於て必ず男性の深き愛、厚き情は理性に由るものとなす、女性の感激的愛、浮薄なる情は感性的のものにして理性に由るものに非ず、この感性的なる行爲は凡て我儘縱意なるものなり、故にこの我儘に由る欲情は凡て理性的のものに非ざるなり、されば二柱ノ神はその麻具波比により御子、水蛭子《ヒルコ》を生み給ひたるも船般に入れて之を流しすて給ひ、次に淡島《アハシマ》を生み給へど、これも亦御子のかずに入れ給はざりき、かく我儘の行爲ありて爲された麻具波比は、その結果不良なりし爲めに、二柱ノ神は合議し給ひて、この旨を天神に奏《マヲ》され、更に天ッ神の命を以て、布斗麻邇《フトマニ》に卜相《ウラヘ》して、その女神の先言《コトサキタチ》たるに因りて不良なり、亦還り降り改め言へとの示しありしを以て、二柱ノ神は前《サキ》の如く天之御柱を廻り給ふ、此度は男神より先に言葉かけさせられて首尾芽出度御子生ませられたるなり、こは即ち女神の我儘を除去し、男性の深愛厚情の基に結婚は成立さすべき啓示にして、愛情に係ることは必ず、理性的ならざるべからざるにあることなり、また欲情は我儘ノ募らすものなり、伊邪那美神國家建設に係る國土を生みまして後、諸々の神等を生み給ひ、その火ノ神を生みまして病み給ひ、遂に神避り給へり、爰に伊邪那岐神は愛我那邇妹命乎《ウツクシキアガナニモノミコトヤ》、謂易子之一木乎《コノヒトツケニカヘツルカモトノリタマヒテ》とありて非常に哀悼なし給ひ、その火ノ神を斬り給へり、即ち欲情の過度に因りて起り來れる矛盾にして、十拳劔といふ兵器は現れ、これが活用を爲すに至れり、泰平も此の如く欲情の過ぐれば劔の出ずるにあるなり、而してこの欲情は遂に我儘を募らすに至りて、男神は女神を慕ひ給ひて、その黄泉《ヨミ》ノ國に追ひ往き給へり、その逢ふべきものに非ざるに會ひ給ひ、その視るべからずと、制止給へるを忍び給はずして、これを見給ひ、これが爲めに悲劇を演じ、加之ず、穢を受け給へり、かく欲情は遂に我儘を募らせ、その我儘の爲めに國家建設に係る相互の意義は破壊され、愛《ウツク》しき妹脊《イモセ》はその千引《チビキ》石《イハ》にて隔斷せちれ、終に事戸《コトド》を度《ワタ》されて永き別れとなれるなり、而してその身心には穢れを被らせ給へり、爰に於て伊邪那岐ノ神はその我儘の非なるを識り給ひ、反省なし給ひて、吾者《アハ》爲御身之禊《オホミマノハラヒセナトノリタマヒテ》而心身の祓禊を行はせらるゝにいたれり、かくて身に纒るものに由りて、祓戸ノ神等を成し給ひ、その身滌ぎに由りて禍津日ノ神、及び直毘ノ神また諸々ノ神を生み成し給へり、こは畢竟愛情はそが理性的に爲されたるものと雖も、愛情過ぐるは欲性なるが故に、この理性は感性の爲め妨碍せられ、その我儘を排除するを得ざらしむ、而して益々これをして募らしむるにいたる、さればこは全く破壊的のものなりとて、かくはこれを絶つべく祓禊の行事を爲し給はせられたるにあり。

その禍津日ノ神は我儘欲情にいつぎ給ふ神にして、我儘を爲し欲情起らば禍ひ絶ゆることなし、凶禍疾病に惱まされ、究竟自我の反省するに及べば、玆に直毘神いつぎ給ひて良心の活きを爲さしめ、その反省悔責重ぬるに於て、禍津日ノ神は退き給ふなり、即ち直毘ノ神は反省悔責するにいつぎ給ひて凶禍疾病を直し給へるなり、かく伊邪那岐ノ神の禊祓を行はせ給へることは、その不良の行爲たる我儘欲情に由りて得られたる經驗を、その反省悔責にありて、更に新生爲し給へる所爲なりといふべく、されば禊の最後に三貴子を得給へり、是れ即ち天照大御神ノ月讀ノ命、建速須佐之男ノ命なり、而して伊邪那岐神は天照大御神に高天ノ原を、月讀ノ命に夜之食國《ヨルノヲスクニ》を、建速須佐之男命に海原を知らせと、各に知《シ》ろし食《メ》す所を定め給ひて、國家建設の大成を遂げ本分を盡し給ひて天上《アメ》なる日ノ少宮《ワカミヤ》に留り坐せり、而してまた淡海之多賀に坐せり、此の如く伊邪那岐ノ神は國家建設の大業を命ぜられ、これが大成を爲し給へると雖も、その天《ツ》神の命たる本分を盡しては、何等欲意なく、御子に對しては、その盡すべき本分を負せ、これに何等の功も歆け給はず、また御子に奉仕することをも負せ給はず、唯だその本分を盡して去り給ひて、天上《アメ》なる日ノ少宮に留り坐してこれが守護を爲し給へるのみ、これ神の道たる大神靈に歸一する神靈の行ひ、即ち神靈の光照せる事《ワザ》にして、神の行はせ給へる事實なり、されば我等はこの神の道をまねびこれを傚ふにありては、我等が人としての本分は活働にあり、この働きは自己の力に非ずして神のもの即ち天《ツ》神の命なり、そは伊邪那岐伊邪那美神に於ける天《ツ》神の命を以て國家建設を爲し給へるに徵す如く、我等に在りても神の命にして我等の爲めのものに非ず、それ故に我等が一家は家長の有にあるに非ず、祖先よりの建設にして且つ神のものなり、それ一家を構成するは神の命なり、こは家長の本分を盡すに依りて爲されるものにして且つこれを成すには、必ずこれなくして成し得べからざる妻を迎へ、夫婦の努力に依りて構成することその本務なり、かくてこれに由りて一家を保持し、子孫を養育す、即ち一家は一家族の安住所にして一家族のものなり、而してこはまた一家族のものに非ざるなり、そは家族は家長を定めて一家はその家長に委ね、他は更に一家を構成するなり、而して前なる家長の死しては、その神靈幽冥に存在して一家の守護を爲し、その死せざるものは所謂ノ隱居を爲し、伊邪那岐ノ神の日ノ少宮に留り坐せる如くに、一家の守護を爲すにありて徒食するに非ず、かく我等は天《ツ》神の命を以て一家を構成すべく働くこと、即ち人の本分にして、この本分を完成せん爲めに夫婦なるものを要するものなり、これ本務にして結婚を要することは欲情また我儘に由るものに非ず、その我儘欲情はこれを破壞するものなり、こは神靈の光熙を穢し曇らし妨ぐる所の不良のものにして、凡ての罪穢を醸成する所のものなれば、神の道に最も忌むべきものにして、これを排斥するなり、故に伊邪那岐ノ神はこれを拂ひ除くべく禊祓を行はせられ、後世に敎示せられたるものなり、さればこの我儘欲情を除去するに非ざれば眞の道即ち人の本分を盡くすを得ずして、その安住を得る能はず、且つ我等現世を去らんとするも、これが爲め所謂成佛、淨土往生、神の國、天國鬼神など欲するの情止まず、爲めにいつぐ禍津日ノ神の禍事に苦惱し迷悶の中に逝くなるべし、かく在りて幽冥に往かば神靈の苦辛想ひ遣らるゝことなむあり、かくて屍となるに於ては神靈これを避けて大神靈に歸結すべく幽冥にいたり、その本分を盡すべく一家の守護を爲さゞるべからず、この時に及んで子孫の齋き奉り祭祀を行ふを受くるに、現世に於て靈的存在し神靈を光照し人の本分を盡せるものゝ平安に之を受け、然らざるものゝ苦惱を以て之を受くるなるべし、而して祭祀奉齋せるは伊邪那岐ノ神の淡海の多賀に宮造り祭祀せるの意義に當るものなり、隨てこの意義を理會して我儘欲情を除去し神靈を光照あらしめ、その本分を盡くすにあり、これ即ち靈的存在を營むことなるが故に、現世も死後も神靈の光照に違ふことなく、死後の安心を得るものといふべきなり。

かくて伊邪那岐ノ神禊祓の行事に由り新生ともいふべき、清淨潔白純眞の狀態にいたり給へる時成りませる神、天照大御神は、その那勢命《ナセノミコト》速須佐之男命の我儘を爲し給ひて、その本分を盡くし給はず、而も妣國《ハハノクニ》に罷《マカ》らむとて、その姉《ナネ》ノ神の御許に往き請ふて罷らむと、天《アメ》に參《マ》ゐ上《ノボ》りませるに、疑ひを抱かし且つ欲性を刺戟して我儘を發揮せらる、その速須佐之男ノ命の我儘は單純性なるものにして欲性を混へず、唯だその命に順はず好奇心に驅られ、反抗的に死を慕ふて泣きいさつのみ、天照大御神の我儘はかく疑より欲性を混ふるに至れるが爲めに大に發揮して、その武裝を凝らし、威力を示して威武を振はせ給へり、これに依りて兩者は葛籐を演じ給ふに至る、この葛籐は疑ひといふ心的作用に因り欲性を誘起し、欲情の過度よりして感性は理性を妨げ、その姉弟の義を忘却して我儘を募らせ、遂に禍津日ノ神いつぎ給ひて、矛盾の行爲を作し給ふ、これ荒魂の作用なり、疑ひを證《アカ》すに辯言の盡くす所に非ず、要は實行にあり、その疑ひの實行の所爲に證《アカ》しせられて正否決せり、これに依りて反省を促し、直毘ノ神いつぎ給ひて和魂の作用を生じ、その曲《マガ》れるを直きに直す行を爲すなり、而してこの接踵頻繁なるに及んで禍津日ノ神去り給ひ、直毘ノ神も亦退り給ひて、伊豆能賣ノ神の御靈移らして明津《アキツ》にして明《アカ》く、淸《キヨ》まらしめ給ひて神靈を光熙ならしむこれ純眞淸淨潔白の狀態なり、爰に至りてその本分たる命を揩きて天石屋戸《アメノイハヤド》閇刺許母理《タテテサシコモリ》給へり、これぞ所謂佛の涅槃、耶蘇の平安の狀態なるべし、而してその姉弟ノ神の葛籐はこの姉《ナネ》ノ神の措置に由りて解決するを得たるなり、然れどもかく神の命なる本分を揩きて、さし籠りこれを盡くし給はざるに及べるは、如何にその反省悔責の思し召しの、その謹愼の慇懃なるに依りて窺ふに足るものあり、かの我儘の惡むべく欲情の厭ふべきはこれを以て察せざるべからず、畢竟欲性は疑ひを起し疑ひは我儘を募らす、爰に至りては神の命を全ふする能はざるを識り、その本分たる命をも措くに於て、神靈を光熙し新生たる本分を盡くせりといふべきなり、故に天照大御神はこの命に對し畏み給ひて、斯くは刺許母理給ふなり、かくて高天ノ原及び葦原中國は悉く闇くなり、光りを失ひて常に夜の如くなれるなり、此の如くにて月日も往き過ぎけり、然るに、萬の神の聲は八釜しく滿、萬の妖《ワザハヒ》悉く發《オコ》りしが故に、爰に於て八百萬神等は言ひ合せ、ふれ合すこともなく、天ノ安之河原に神集《カムツド》ひ集《ツド》ひ給ひて、天ノ石屋戸開き奉りて、天照大御神を出し迎へ奉らむこことを神計《カム》り給ふなり、これ天ノ石屋戸開きの史蹟にして高天原大慶事の祝儀なりとす、かく天照大御神は神ノ命を以て、高天原知ろし食されしも、弟《ナセ》ノ命の參ひ上り坐するに疑を抱かれ爲めにその我儘を募らせ遂に高天原の中樞攪亂され、それによりて反省され、神ノ命を全すべき本分を盡くす能はざるを自覺し自制自決によりて、その神ノ命なる高天ノ原知ろし食す大命を、措きて、引責し差し籠り給へるなり、神の啓示殊に我が神の道に在りては、この神々の言行を學び踐み傚ふこと即ち信仰なり、さればこの神の啓示たる天照大御神の史蹟は之を信仰し學び踐み傚ふべきものなり、さらば我等に在りて、その本分たる働きの不能に至らば、此の如く潔く自制自決せざるべからず、動もすれば我等の欲性はこの潔きを欲せずして、その本分たる責任を轉嫁して更に愧ずる所なし、この史蹟に傚ふて如何に恥とせざるを得ん、これに至るも畢竟欲性の伴ふが爲なり、殊に現代の如き物質萬能主義にあるに於て、その醜態の露骨的なる厭ふべきものあり、こは資本主義制度の斯く歸結せしむるの止むなきものならんも、我國家に在りては、此の如き史蹟ある神の道を奉ずる國なるが故に、こを學びてこれを踐み傚ひ、この醜態を改めざるべからず、その神を祭るはこれを學びこれを踐み傚ふ爲めのものなり、啻に形式のものに非ず、上これを爲さば下之に傚ふ諺の如くなり、眞面目ならざるべからず、これによりてこの醜態を改めずんば、神の啓示は何を爲すべき、甚《イ》とも畏く而も眞面目にその醜態を露はし給ひてかく諭さしめらる覺醒せざるべからず、天照大御神の此く引責差し籠り給へる爲め高天ノ原の機關中絶して、その光りを滅する月日を重ぬるに及び、漸く世上譟然となり萬妖横行するに至る、爰に於て八百萬神はその高天原の中樞に在りて御姉弟ノ神の葛籐は、そも矛盾なる所爲なるが故に、之が觀傍の位置に立てり、然るにその賢明なる姉《ナネ》ノ神の措置に敬意を拂ひその解決を望めるなり、されど天照大御神はその本分を盡くす能はざるを識り給ひてよりは、敢て高天ノ原を知ろし食すの意思なく鎮魂の御儀にのみ坐《マシマ》せり、されば弟命《ナセノ》の勝さびにまかせられて、惡戯罷まざるが爲めに、此くは世中譟然とし萬妖横行するに及べるなり、それ故に八百萬神等は特に參集を期して會集せるに非ずして唯だ、天照大御神の差し籠り坐して出で坐さぬに、世の中光熙を失ひ、此く禍ひの發るに憂ひて、この光りを敬慕し圖らずして八百萬神は天ノ安之河原に集ひ合ひ給ふたるなり、かく集合せらるゝに在りては、何等議する所なくして、唯だ天照大御神を迎へ出し奉らんことのみ圖り給へり、この八百萬神は我等が祖先の神等なり、かく姉弟《ナネナセ》ノ神の矛盾葛籐にその姉《ナネ》ノ神の既に賢明にして神ノ命を以て高天ノ原知ろし食すの大命を蒙らすものなるに、更にこれによりて辛き經驗を嘗めさせられ、その自我を滅却し、大自決の制裁は其の光り燦然たるものあり、安ぞ我等が祖先の神等に於て、この神に對し議する所のあるべき、唯だ唯だ其の御光りの一秒だに速く迎へ奉らんことを惟へるなるべし、而してその計圖萬全を以てし、その眞面目にして親密なること古事記の證する所なり、この眞面目を以てしてこそ、動かすべからざる大御神の神靈動けるなり、そは八百萬神の一擧共咲にして天ノ宇受賣ノ命の眞面目に由るものなり、されば天照大御神も開く可からざる、天ノ石屋戸を細めに開《ア》け給へり、燦然たる御光りは、自我滅却と共に神靈光照して、その光り舊に倍せるなり。これ故に八百萬神の計圖になれる鏡《ミカガミ》に映じ、その反射作用は大御神の奇《アヤシ》と思ほし給ふに至り、計らずも自ら御戸より出でませるなり、爰に於て八百萬神はその交渉遺憾なく進捗して本懷成就し、高天ノ原及び葦原中國自ら照明せられ得たり、さればこの天ノ石屋戸開きの行事は天照大御神の神靈八百萬神の神靈と相ひ照しつゝありしも、大御神の自我はこの神靈を穢し覆ひ曇らせて、神靈の光照たる本分を失ひしが故に、大神靈との對照の自ら缺如するを自覺され、反省悔責自制自決によりて引責せられその籠りませる上に因りて、高天ノ原及び葦原中國の闇とはなれるなり。されどこれが爲めに新生ノ得られ神靈は更に光照を放ち、高天ノ原、及び葦原中國は照され明かなるを得たり、こはこれ八百萬神の神靈の光照に相ひ照合し、更に大神靈この對照圓滑せるが爲なり、これ即ち完全なる歸一狀態、純然たる統一態なりこの意義に於て建設せられたる國家なるが故に高天ノ原とは稱するなり、即ち神靈の歸一せる實體なり、此の如き意識狀態の本に此の如き實生活に生存するを靈的存在といふべく、この狀態に生存する國民に在りて構成せる國體こそ眞の神の國であり淨土にして安住國なるものなり。

かくて八百萬神等は共議を爲し給ひて建速須佐之男命にその高天ノ原の中樞を攪亂せるに對し、千位《チクラ》の置戸といふ解除《ハラヒ》の科《シナ》を負はせ、その體刑として鬚《ヒゲ》を切り、手足の爪を拔かしめて、高天ノ原を神夜《カムヤ》良比《ラヒ》給へりかく八百萬神は天照大御神の那勢ノ命にませども、その我儘を縱に行はせられ、高天原の中樞を攪亂し惹ひて高天ノ原及び葦原中國《ツ》は闇黑界となれるなり、例へその所爲欲性を混へず惡戯的なるにせよ、此く大事に及び自我の快樂を貪りしは、これを穢れとするなり、故に八百萬神は之に斯く解除《ハラヒ》を科《オフ》せ高天ノ原を放逐せられしものなり、こは須佐之男ノ命の神靈我儘の爲め光照を穢し曇らせるを以て八百萬神の神靈と照合するを得ずして、遂に爰にいたれるものにして、こは已むを得ざることなり、されど須佐之男命の我儘は欲性を混へざる淡白性なりしが故に、軈て神靈の光照發輝するに至れるものなれども、こはこの解除を科せられ體刑の禊を爲し放逐せられ給へるによりて、その反省悔責に穢は祓ひ清められ、清淨潔白新生せらるゝに依れるものなり、その大氣都比賣《オホゲツヒメ》神を殺し給ひ、八俣遠呂智《ヤマタオロチ》を切散《キリハフリ》給ひて、それより獲給へり、都牟《ツム》刈之《ガリノ》大刀《タチ》、即ち草薙ノ劒《クサナギノツルギ》を天照大御神に奉り給へるによりて、その證《シル》し明かなりとす。

此く神の啓示せらるゝ如く我等は、我等の自我を滅却し、その我儘縱意欲性を除去して、我等が神靈を光照あらしめ、天照大御神及び八百萬神とに由りて構成せられたる、靈的存在たる高天ノ原の意義ある行事に對照せる御鏡は、大神靈に天照大御神の神靈對照し、更に八百萬神の神靈に照合せる歸一狀態を爲せる記念のもの、即ち高天原の意義を宿せるものにして、軈て天照大御神の神靈たる所の御鏡に等しき皇御神の神靈と照合し、大神靈に歸一すること、神の道を踐み奉るの行《ワザ》なり、故に我等はこの意義ある信念と理會とを以て、國家を構成せば、高天原を實現し以て安住するを得べきなり、これは國家を構成するのみに非ず、一家建設に在りても此の意味に於て行はゞ必ず高天原を得べし、また一身を立つるにも此の意義を以てせば一身は必ず高天原に入るを得べきものなり。

斯って鎭魂氣吹法の神の道たる意義は、前述の如く神の道を繹ねこれに依りて神靈の光照狀態即ち靈的存在に歸結するを得べく、この道を信仰の本に理會し、而してこれに達せんにはこの神の道たる、此法を學び踐み倣ふことによりて、神の道を實踐實修することゝなり、軈てこれを實證するに至る、既に述べし如く鎭魂作用を作さん事は、我等の終焉を究め本分を識り我儘縱意欲情の神聖ならざるを覺知して、靈的存在たる神靈の光我を努むるものなり、而してこれに由りて我等は我等の起原を識る、これに到れば我等はまた我等の存在の意義を識る、爰に於て我等は我等日本人たるの確固たる信念を有するなり、これを得るに至るは、凡ての迷妄凡ての煩悶懊惱を滅絕するにあらずして之に到達するを得ざるものなり、これ即ち神の道を辿るには、この鎭魂法の作用を營むに由りて完全を得るにあり、されど人には執着我慢といふ我儘と、これに伴ふ縱意而して欲性は、その人の生活狀態に係はりては、容易に之を取り去ることの可能ならずして、これが自他に意はざる害毒を流布するに至るべし、此の如きはその思慮の至らざること勿論なるも、こは正確なる思惟判斷の及ばざると、また判斷はその正鵠を得るも、果斷に乏しきにありてはその斷行するを得ずして、荏苒終にこれが轉回する能はざることあり、甚とも嘆ずべきこととなるべし、さればこの果斷と斷行とを養ふは最も樞要なり、昔者佛敎傳來するに及んでこれを門閥跋扈に對し、秀俊利用の道を拓く意味と、その横暴權威勢力を壓する手段との機關に最も重要たるものとして、專ら應用せり、而してその佛敎の敎義たる、我が固有思想に適はざる爲め、これに支那思想を混へ更に神の道を取り入れて、漸く普衍するにいたる、こは當然の歸結にして且つこれが布敎者にありても、その敎義を極むるに及んでは、本來日本人たる限り我が固有思想に復歸するは、また必然たるものなり、彼の氣吹颪《ヲロシ》に「彼ノ家(吉田卜部)の説に、空海も親鸞も弟子ぢやと云ッが、夫は不淨ながらも、平人のこと故に、どうでものことだが、日蓮を弟子にしたは相濟まぬ、云云」とあり、また俗神道大意に「菅原寺の行基と云ッ法師が朝廷を欺き奉り、神佛一躰の旨に申掠め奉、かの奈良の大佛を、畏くも天照大御神の本地と云ふに致して、造つたるより以來の事と云云、また聖徳太子、舍人親王もみな兩部神道なり、空海諸道に通達して、神道の奥義をきはめこの兩部神道を中興せり云云、また最澄法師が、この御山に寺を建て、大山咋ノ神を山王と申シ奉つたる、その妄説は云云、また最澄は桓武天皇の延暦二十一年に諸越《モロコシ》へ渡つて、天台の宗旨を受て、同く二十四年にかへり來て後に、ますます神佛一致に混雜して、其弟子慈覺など、それを次々に演弘《ノベヒロ》めて、凡ての神に本地を立て、本地が佛で、權《カリ》に神と云ッ號をはじめ、日吉ノ神をも山王權現にしてしまつたぢや、また天照大御神、八幡ノ神、加茂ノ神、松尾ノ神などを始め、名だゝる神々を撰び出して、これに一々の本地をつけ、月の三十日をまはり持に交代して法華經を守護し番をするなど〻云て、これを三十番神と云ちや（中略）、今の世ノ人はこの三十番神と云つを日蓮がしたる事と思つて居るが、實は天台宗でいたしたのを、日蓮がその趣向を盜んだもので、これが謂ゆる日蓮宗は、天台宗のあぶら虫なる所ぢや」、などありまた、淨土門の開宗者法然法師の二枚起請といふに、「法藏比丘の昔の他力本願の彌陀如來の自在神力を信じ奉りて若し是より奥深きこと存せは日本國中六十餘州大小神罰を蒙り來世にては四十八願にもれて無間におつべし」。とかくいへるなどに徵するに孰れも固有思想に復歸せるものなるも、その我慢執着は我儘と欲性との刺戟にその判斷の正鵠を失するものなり、かくて苦心慘憺して神の道に違ふまじく垂跡說を移入して、これを補はんとせるものなり、彼の榮西道元法師もこの道に違へることとの改むる能はざりしに、衷心苦しみしことなるべし、こは儒敎の道の如くその修養に博く文を學ぶを主とせずして、欲性を主とする所の成佛なる條件に執着し、その經典を修養的に硏究し應用に資せんとするに努めざりしが爲めにして、即ち我儘と欲情とに沒頭せるものよりして、その形式思想を改革し、我が固有思想の形式の基にこれを利用し、その綜合統一せる、日本獨特の思想を樹立し、以て我が國民の思想を統一し、惹ひてこれを世界人類の爲めに普及せざりしを憾むものあり、その親鸞法師の如きはこの思想を有すること、その最も顯著なりしに、その一部の改革に止め、終にその形式を革むる能はざりしは如何にも口惜きことゝいふべし、こは皆その我慢と欲性と我儘とを、離れ得ざりし爲めにその本を忘れたるものなり、その佛道に依りて安心且つ成佛するを得ば我が神の道に於ても安心成佛するを得らるべき筈なり、要はその教とする所を學び、これを我が神の道に應用するにあるのみ、儒道且つ耶蘇にありても亦然り、その教へを學ぶにありて、これに泥化するに非らざるなり、こはそも我等が存在の意義を明かにせざるが爲なり、孰れにもせよ、我等は我が日本國家の一員たるを識らば、我が神の道を繹ねこれを明め、その我慢と欲性と我儘とを除去し、一致の行動を執り、一致の形式を行ふて覺行窮滿たるべきにあり、これ我が日本人たる覺者なるものなり、さればこの完全なる統一を得るには、その氣吹作用に由りて身體の裝置を完備し、この鎭魂作用にて完全せしむるなり、これ即ちこの作用を營むに於て精神上に起り來る葛籐且つ心的作用は凡てこれを治し、身體に發りし不整調の裝置はまたこれを完備平癒せしめ、これに篤き信念を以て結合するが故に、その心身共に健全を得るに在るなり、かくて氣吹の作用は既に述べし如くに、神々に於て行はれたる事實にして、この作用により積極的功果を收め得たまへるは、我が國體の存在と共に其證現《シルシアラハ》に明かなり、而してこの作用が如何に學理に適應せるものなるかに至りては、最早その論證の餘地なきものなり、而もこの作用は聽て鎭魂作用を完成ならしむる所のものにして、更にこの作用に依りて我等身體の中府にその神靈の鎭り處を設定し、且つ身體の調節裝置にその完備を缺げるは整調を得て無病に至らしむ、こは即ち古へ神々の行はれたる所爲《ミシワザ》が眞理に適ふ所のものなるが爲なり、かく此の作法に因りて心身にその積極的なる効果を収め得るは、神の道たる意義を有するに由るものなり、而してこの作法を常に怠らず行ふは心身の修養の法として、最も完全なるものにして且つ神の道を踐み行ふ所のものたるなり。

鎭魂氣吹法　終

『きさいのみや御歌』

あらたまの年の始にちかふかな
神ながらなる道をふまむと。

附録

幽冥の義は平田篤胤大人の靈の眞柱に「抑、その冥府と云ふは、此顯國《ウツシクニ》をおきて、別《コト》に一處《ヒトトコロ》あるにもあらず、直にこの顯國の內いづこにも有なれども、幽冥《ホノカ》にして、現世《ウツシヨ》とは隔り見えず、故《カレ》もろこし人も、幽冥また冥府とは云へるなり、さて、その冥府よりは、人のしわざのよく見ゆめるを、顯世よりは、その幽冥を見ることあたはず、そを譬へば、燈火《トモシビ》の籠を、白きと黑きとの紙もて、中間《ナカラ》よりは り分《ワカ》ち、そを一間におきたらむが如く、その闇方《クラキカタ》よりは、明方《アカキカタ》のよく見ゆれど、明《アカキ》かたよりは、闇方の見えぬを以て、此差別を曉《サト》り、はた幽冥の、畏きことをも曉りねかし。さて、人の死《シヌ》れば、その幽冥に歸くからに、八十の隈路《クマヂ》に隱《カク》りし如く、何處《イヅレノトコロ》に手向《タムケ》して、逢《ア》ふべくとも知りがたかるを、神代の學びを委く爲て、その神代の神等の現世人《ウツシヨビト》に見えまさねど、今もなほ、其社《ヤシロ》々に、御身ながらに、隱鎭《カクリシヅマリ》坐すことをよく辨へ、さて人の上を考へれば其理りの知らるめり」とあるによりてしるべし。

また靈魂の鎭り居ることにつき「さてまた、現身《ウツソミ》の世ノ人も世に居るほどこそ如此《カク》て在れども、死て幽冥に歸《オモム》きては、その靈魂《タマ》やがて神にて、その靈異《クシビ》なること、その量々《ホドホド》に、貴き賤き、善き惡き、剛《ツヨ》き柔《ヨワ》きの違《タガヒ》こそあれ、中に卓越《スグレ》たるは、神代の神の、靈異《クシビ》なるにも、をさをさ劣らず。功《イサヲ》をなし、また、事の發《オコ》らぬ豫《マダキ》より、其ノ事を人に悟《サト》すなど神代の神に異なることなく、菅原の神の御稜威《ミイツ》などを、見て知るべし、この神の御《ミ》上俗の生心《ナマゴコロ》なる輩など、何くれと論《サダメ》云ふは、すべて信《ト》ろに足らず、其は、かの大國主ノ神の隱坐《カクリマ》しつゝも、侍居《サモラヒ》たまふ心ばへにて、顯世《ウツシヨ》を幸賜《ヒ》ふ理《リ》に、ひとしく、君親《キミオヤ》、妻子《メコ》に幸《サチハ》ふことなり、そは黃泉《ヨミ》へ往《ユ》かずは、何處《イツコ》に安在《シヅマリ》てしかると云ふに、社《ヤシロ》、また祠《ホコラ》などを建て祭《マツリ》たるは、其處に鎭坐《シヅマリヰ》れども、然在《シカラ》ぬは、其墓《ソノオクツキ》の上に鎭居《リ》り、これはた、天地《アメツチ》と共に、窮盡《キハマリツク》る期《トキ》なきこと、神々の常盤《トコトハ》に、その社々《ヤシロヤシロ》に坐《マシマ》すとおなじきなり」、とあり。

鬼神新論に禮記の祭儀に　孔子の語なりとて、人生有レ氣有レ魂有レ魄、氣也者神之盛也《ナル》、魄也者鬼之盛也《ナル》衆生必死《ス》、死《スレハ》必歸《ス》レ土《ニ》、此謂《ヲフ》レ鬼《ト》、魂氣歸《ス》レ天《ニ》、此謂《ヲ》レ神《ト》、合《テ》二鬼《ト》與一レ神而享《ルハ》之敎之至也。骨肉斃《レテ》二于下《ニ》一化《メ》爲《ル》二野土《ト》一、其《ノ》氣發《シテ》二揚于上《ニ》一、爲《ス》二昭明焄蒿悽愴《チ》一、此《レ》百物之精也、とあるなどを引て、人の生るゝと死るとは、陰陽二つの氣の、聚《アツマ》ると散る《テ》とにて、聚れば人となり、散りては元の陰陽に復る、其は薪盡《タキギツキ》て煙《ケムリ》の騰上《ノボリアガ》るが如く、何所《イツク》に歸《オモム》くと云ふ事なく、消散《キエウス》るなり、死生人鬼一つにして二つ、二つにして一つなり、子孫の祭を爲すに及びて、來格《キタリイタ》ることは、子孫はこれ祖先の氣なる故に、彼此もと一氣なれば、祭祀《マツリ》に其ノ誠を盡す時は、同氣相感じて、感格あるなり、など云り、まづ祭儀なる、人生有《リ》レ氣云々の語を孔子の語なりと云ふこと信《ウケ》がたし、然るは論語に依て熟《ラツラツ》考ふるに、孔子は此《カ》やうに、隱《カク》れたるを索め、知らざる事を、云ふ人とは見えねばなり、按《オモ》ふに此は決めて、後ノ世の小ざかしき者の、孔子に託《カコツ》けたる妄說なる事論なし、然るは、いま一層《ヒトキザミ》、この上を問て、しか陰陽聚りて人と生《ウマ》れ、氣魂魄と云ふ、三つの奇物《アヤシキモノ》を生じて、かく活動《イキハタラ》き、また陰陽消散《チリ》て死る時は、其ノ魂は天に發揚《アガ》り、魄は土に歸《カヘ》る事は、何の理に因て然るや、また同氣相感ずるとやらむ、其ノ子孫にのみ、別《ワヤ》て感格ある事は、如何なる理に依て然るやなど、竆問《キハノトヒ》たらむには、何《イカ》にとか爲《ス》る、爰に至りては、百千《モモチチ》の聖人額《ヒタヒ》を蹙《シジ》めて、考へたりとも、知る事能はじをや、偖この孔子は、不レ知《ヲ》レ生《チ》焉《ソ》知《ラム》レ死と云へりけれ、然れば人の生《ウマ》る始のこと、死て後の理などを、推慮《オシハカリ》に云ふは、甚《イト》も益なき事なれば、只に古傳説を守りて、人の生るゝ事は、天津神の奇《クスシク》妙《タヘ》なる産靈《ムスビ》の御靈に依て、父母の生なして、死れば其ノ靈、永く幽界《カクリヨ》に歸き居《オモム》るを、人これを祭れば、來り歆《ウク》る事と、在《アリ》の儘に心得居りて、强《アナガチ》に其ノ上平穿《タヅ》鑿《ネ》でも有るべき物なり、其は此ノ上の所は、人の智《サトリ》もては、實に測り回《ガタ》く、知りがたき事なればなり、孔子も於《テ》二其ノ所《ニ》一不《ル》レ知《ラ》蓋《シ》闕如《ス》也と云ひ、また述《テ》而不レ作《ラ》信《メ》而好《ム》レ古《ヲ》なども云へるに非ずや、其ノうへ靈異を現す事は、同氣相感じてなりと云はゞ、其子孫たる者の禱《イノ》らぬ限りは、靈の無るべき理なるに、然はあらで、靈の祟《タヽリ》を爲し、又福を與へるためし多く有り」。といへり、

岩波哲學辭典の平田篤胤の記の中に、彼の古道説の根本は、「服部仲庸が三大考を承け、また耶蘇教書の影響のもとに大成した開闢説、及び終末觀に存する、天地開闢に先んじて、虛空北極の上空紫微恒の內(高天原)に、三神があつた、天之御中主神は主宰神、高皇產靈神は神事中の顯事を司ごる男神、神皇產靈神は幽事を司る女神で、この三神の產靈の靈妙な活らきによつて、天地開闢のことが行はれた、即ち先混沌たるもの生じ、その葦牙《アシカビ》の如く燃えあがるものから天、即ち日を生じ、その根もとか

ら、夜見即ち月を生じ、殘りたゞよつたものが凝つて地球となつた、而して、この國土に伊邪那岐、伊邪那美の二神がいでゝ、日本國を始め。諸外國其他有生無生の萬物を生んで、世界が成立し、同時に、天の支配者として天照大神、國土の支配者として須佐之男命を生んだ、天と黃《ヨ》泉とは、初めは大地につゞいてゐたのを、天孫降臨の前後から斷絕し、それとともに、日神天照大神に對して、須佐之男命は、月を支配する神、即ち月讀命となつた、斯の如くにして、天は、その質淸明、勝れて美しい國として、天神を始め善神これに留り黃泉はその質重濁、禍事惡事の國、地球中我國は天の萠上つた所として、天に近い最も勝れた國である、死後靈魂は、宣長の言つた如く、穢い泉にゆくのではない、形體は土に歸するが、靈性は滅することなく、この顯國の內にある、見えぬ幽冥の世界に入つて、幽冥の神たる大國主神の出雲大社を本廷とした、幽政の支配を受け、現世に於ける善惡の應報を受ける、現世は、所詮人間の善惡を試みる爲の假の世で、幽世こそは本世である、富といひ幸といふ現世の福は眞の福でなく、その爲に中々に幽界に於ける殃の種となるものが多い、而して、幽界の生活は、現世と同じく、吾人は死後は靈魂の姿となつて社祠とか墓に鎭つて、依然として現世的生活を續ける、かくの如くにして、靈魂は不滅で、こゝに神道の安心がある、されば幽冥大神は固より、諸神の照覽し給ふ所を常に愧畏んで、德行を磨くこそ神敎に習ふ道である、斯の如き根本思想に基いて、その說くところの古道を、世界の諸道中最高の道で、儒佛兩敎は固より、耶蘇敎も、畢竟古道の變傳に外ならないとして、熱烈な皇國主義、忠君主義を宣傳した」、とあり。

人の身體に關する科學的方面に於ての說明に、醫學博士二木謙三氏が講演せられたるものを、調和といふ雜誌に、血行と腹壓との關係と題して記載せられたるもの、參考となるべきを以て之を借用して記す。

一

私は體質改善といふに必要なことを、一つ一つ簡單に述べて見たいと思ふ。

抑々體質改善とは健康になることである、健になるとは、よく働ける身體になる事である健とは易に、「天の行くこと健なり」とあつて、運行して止まぬ働が云ひ、康とは字書に「和なり、樂なり、安なり」とあつて、どこにも苦痛なく和樂安穩なる狀態を云ふ、而して、這ふなるにはどうしたらばよいか、といふのが即ち問題なのである。

二

それには各臟器と組織とを健全にするより外に道はない、人體は臟器と組織とより成るが故である、身體の外側から云ふならば、先づ第一に皮膚を健全にすることである、それには冷水摩擦がよい、每朝必ずやるがよい、三分間の時間があれば濟むことである、湯殿でも、井戸端でもよい、先づ洗面盥一杯の水で、初め顏と頭を洗ひ、其の殘りの水を、片膝立ての姿勢で、體を堅めて、肩からかければよいのだ、そして手拭や、タオルで摩擦する、或人が、冷水摩擦は心臓の爲に惡いと謂はれたが、それは只一方面からの見方で、我々の見方は異ふ、即ち假りに、もし皮膚に冷水を當る事が心臟の爲に惡いとならば、他日雨に遭つて濕れた時に往々害を受けねばならない、それでは困るから、水を浴びても害せられぬ様にならされねばならぬといふのだ、これが體質改善の要旨である。

三

次は筋肉だ、筋肉を健全にするにはなるべく働く方がよい、洗濯や掃除もよい、體操もマラソンもよい、が、能ふべくんば生産的な興味ある事をするのがよい、競技は、勝てばよいが負けては氣持がよろしくない從つて無理がかゝることが多い。

商店で座職の人も座つて働いて居る間でも、話する時でも、運動はする事ができる、即ち身體に力を入れて座つて居り、又下腹の底から聲の力を出せばよい、

「ハイこの反物ですか、これは見場はよいが持ちが惡うございます」、とかいふ風に腹の力で云へばよい、お辭儀一つでも、上つ調子でなく、心力を込めてすればそれが運動である。

四

次は肺臟である、肺を丈夫にする爲には上體を整へてをけばよい、結局《つまり》脊骨が眞直であればよい、柱によりかゝれば、頭と腰と踵とが之に接し、壁を背にして立つ時には、兩肩が之に接する様にすれ

ばよい、斯様な姿勢で以て呼吸するのである、その呼吸には二種ある、肺尖呼吸と胸式呼吸と腹式呼吸とである、本當の呼吸は胸腹式呼吸であるべきである、然し大體に於て人は胸式呼吸だけやつてゐるのだから、練習としては腹式をやるのである、これは、人が所謂文明の爲めに疲れると腹式呼吸が先づ衰へて胸式のみになり、愈々死に際しては肩でセイセイ息する樣になるのでも分る、斯樣な譯であるから、我々は一日に十分でも十五分でも、座つても、立つても、老人なら臥《ね》て居てもよいから、我々の呼吸を、腹でゞも胸でゞもなし得る樣に練習するのはよい事である。

五

次には胃腸をよくせねばならぬ、其爲には、食べ足りないのは勿論よくないが、それよりも食べ過ぎぬ樣にせねばならない、何故といふのに、人は食べ過ぎて病氣することはあつても、食べ足りないで病氣をすることは稀であるからである、人は病氣さへしなければ長生《ながいき》する、されば無病長壽といふのである、故に病氣さへしなければよいのだが、靑年の胃腸病老人の腎臟病、血管硬化など、皆胃腸の惡いために出るのだから注意せねばならない。

六

最後に我々は血液の循環をよくせねばならぬ、心臟は胸腔内にあり、胸腹の境なる横隔膜の上にある、此横隔膜は饅頭笠の如く、又筋肉纖維は傘の骨の如く、放散狀に走つて居る、周圍は肋骨の下方に附いてゐる、中央はブワブワであるが、下には腹部内臓があつて横隔膜を上へ押上げ、上には肺並に胸腔の陰壓により横隔膜が上方に吸ひ上げられて居るのだ、その上に心臓がのつてゐるのである、この心臓の血の二分の一は腹の方へ行き、四分の一は手足に行き、殘り四分の一が胸部以上の脳、心臓、肺へ行くのだ、かくの如く血液の大部分は下へ行くのである、それに心臓は押出す力はあるが吸ひ上げる力はないから、弱い人には心臓に歸り來る血は少なくなり、下部に鬱血することが強くなる、然らば何故に強い人には血液は心臓に歸るのか、其は大部分腹力によるのである、弱い人で腹力が少なく、心臓へ歸る血が少なければ腹部に鬱血を來す。

さて腹には一番上で右の所に肝臓がある、肝臓は(一)同化作用をなし、(二)毒を消し、(三)無益な物を血液から擇び出して、(四)廢物を處分した剩りで以て膽汁を送り、之を腸に送つて消化を助ける等の大なる作用をなすものである、肝臓に鬱血すれば其の作用が減弱する、肝臓の下に腹腔内には胃がある、之れに鬱血すると胃加答兒を起す惧《うひ》がある、腹部の左の方には脾臓がある、之れは細菌又は毒物が血液に流れて來ると、これを殺し又は消毒する物質を造り、人體を此等の有害物から防禦する働をなすのである、こゝに鬱血すると其働が出來ぬ。

次に腹部の半ば以下を占領して腸がある、腸は最後の消化及び吸收をなすもので、これが鬱血すると慢性腸加答兒が起る、消化も不完全となる、固よりよろしからぬことである。

次には腹部の左右兩側に腎臓がある、腎臓は、各臓器でできた排泄分を受け、愈々悪い物を尿となしよいものを撰み分ける働をするので、この腎臓がよければ人體を極く清浄に保ち得るので、若しこれが鬱血によつて不完全になると、弱くなり活動力が衰へ終には尿毒症などを起すのである。最後に最下部に生殖器があるが、これが鬱血すると婦人病、ヒステリー症其他様々な病氣を惹起したり、又姙娠中色々な故障を惹き起すのである。

七

鬱血が右の様に腹部の重要機關に色々な故障を起す理由は鬱血すると酸素の供給が不充分となり、勞廢物の排除が不完全となる爲めである、其《それ》のみならず、欝血した場所から血液が心臓に歸り來らぬ爲め、心臓が他の臓器にも血液を送ることが不充分となつて、他の臓器に貧血が起りて之を害する、心臓が少しづゝ歸り來る血液を急《いそ》いで他の臓器に送る爲めに小さく早く打つ様になり、心臓もつかれる、斯様な時には腹にウンと力を入れるのだ、かくすると、腹壓の作用で欝血は腹部から押上げられて右の心臓に入り、清浄になつて左の心臓に歸り之れが全身に豐富に流れる様になるのである、これをよくするのは腹壓なので、則ち腹力が必要となつて來るのである、腹壓は第一に腹壁が強くならねばならぬ、風呂敷の様であつてはならぬ、腹壁にはイロイロの筋肉がある腹直筋は、これを張ると腹壁が前へ出て居る時に之を少し引き込めて垂直迄にして腹壓を高むる働がある、然し之は更に腹を凹陷せしむる力がなく、次に腹横筋といふのがある、腹壁を皷の胴の様にしめくゝる働をする、大に腹壓を高むる力がある、最後に、斜に上下に走る腹壁筋といふのがある、これも腹横筋と共に腹壁を皷の胴の様にくびる役をして腹壓ヽ高むる、この三つが緊ると內臟を上へ押上げる事となる、この時、横隔膜が腹部を上から押し下げて、更に一層腹壓を高むる爲めに、內臟內の鬱血は海綿に含まれた水の絞らるゝ如く散じて血液は心臟へ戻るのである、故に、腹壓とはこれ等の筋の作用で起るものなのである、さて腹壓と血液環循の關係を說明するには口《くち》で云ふより模型で示す方が分りが早い。

八

第一の模型は主として直徑七八寸の鈴形に合せた上下二個の硝子鐘より成つてゐる、此二個の鐘の中間には、ゴム膜を張つて上下二腔に仕切つてある、上部は胸腔、下部は腹腔を示す、このゴム膜は横隔膜の積りである、これは外から仕掛けして、上げ下げ自由に出來る樣にしてある、この横隔膜の上方には薄いゴム膜で作つた心臟と肺臟とがブラ下つてゐる、このゴム製の模型肺臟は、上鐘の頂を貫いて、硝子管で硝子鐘の外《そと》に導いて空氣の出入に便にしてある、模型心臟は外部に仕掛がしてあつて、自由に收縮擴張を營ませ得るやうになり、且つ實物の心臟の如く四つの辨があつてポンプの役目をなすものである、又この模型心臟からは硝子管製の血管が、前述ゴム製横隔膜を貫いて腹腔に入り、更に下鐘の內部を貫いて腹腔の外に下垂して下肢の循環を示してゐる、尙腹腔鐘の前面に圓窓が明いてゐて、これに丈夫なゴム膜が張つてある、これは、腹壁即ち丹田を象《かたど》つたものである、そこで腹壓を高めようとすれば横隔膜を下げる樣に仕掛し、腹壓を下げようとすれば横隔膜を上げる樣にするのである。

先づ腹式呼吸といふのは、このゴム製横隔膜を上下せしむることで、其度毎に空氣は肺臓内に出入し、腹皮が緊張弛緩することがよく見らるゝ。

次に心臓の作用を示すならば、横隔膜を緊張即ち下降が適度なれば血液循環がよく行はるゝことが見られる、次に横隔膜を弛緩即ち上昇せしめて、腹壓の減少することを丹田にて示し、其に心臓を働かせて血液循環をやらして見ると、血液が下腹部内臓に溜まつて(欝血)心臓に歸らぬことがよく分り、同時に心臓から出て行く血液も弱くなることが見らるゝ、此時、試みに横隔膜を強く緊張下降せしむれば丹田に腹壓の高まることが見られて、同時に腹部内臓の欝血が多くなり、心臓が働いて全身の血液循環が旺盛になることが明かに見らるゝ、即ち血行を盛ならしむる爲には如何に腹壓が大事なるかは見らるゝのである。

九

この理を一層明瞭に説明する爲に、こゝに第二の器械がある、この器械は大小多數の、曲つたのや眞直なのや、種々樣々の硝子管より成つてゐる、全身の血管に象つたもので、最上なるは、腦髓中間腹部の硝子管の群とゴムの袋とは心臓及其附近の諸血管を示す、下垂せるは腹部、脚部の血管を示す、下垂せるは腹部の邊にあるゴム袋は、腹壓に準《なぞら》ふべき壓力を造る爲のものである、强弱二樣の壓力を出し得る樣に工夫してある、其外、頭部血管の部の直下に二本支へ出されてある白い管はそれを人體の兩腕に譬へたものである　先づ前述腹壓を象つたゴム袋を調節して高き腹壓を出させて心臓を象つたゴム袋を押して見る、全身の血液は此の通りよく廻るのである、而して前述の兩腕はこの通り勢よく張つてゐる。

所が今度はこの人の腹壓を弱めて見ますと、此人は疲れた譯なので、兩腕は力なくダラリと垂れて仕舞ふ、この場合どうすればよいかと云ふに、試みに此の模型を仰向に寢かして見るのである、蓋し血液を上下に廻すことは難しいが、横流させるのは容易であるから兩手が幾分緊張し來ることが見らるゝ、然しその代り起こして見れば又直に手は力が拔けて疲れて仕舞ふ、これで腹壓が弱くて起きて働けない體となつたのである、そこで腹壓を高める仕掛をして見ると、この通りに模型の心臓を働かすると血流が盛になり兩手も常に緊張して元氣よきことが見らるゝのである、而して腹壓は腹式呼吸によつて養はれ之を强むれば隨分强くなり而して、之を緩むれば直ちに綿の如く柔かくなるのである、單に硬くなつた計りで柔かくならぬか又柔かくて强くすることの改善を要すべき體質であることを注意せなければならぬ。

附　言

鎭魂氣吹法は、完全なる修養法たることは、既述の概要に於て識らるべし、隨て、これを身體の攝養方面に徵せば、健康を保持するは、勿論にして、最も難治の疾病を癒するに効果偉大なるを見る、これは難病に罹り、數年に亘る久しき懊惱は、精神方面に過大の障碍を與へ、兩々相須て病勢益々相加ばり、爰に羸瘦に羸瘦を加へ衰弱甚しく、かくて生活欲はその衰弱を怖れ榮養を增さんことに汲々す、されば食餌より榮養價を得んことを欲して、養價多き美味なるもの殊に鷄卵肉類を嗜み、その多量を攝るに於て榮養の効果增大するものと誤解し、これを多量に攝取し、且つ强壯劑等用ひて不完全なる內臟諸器を攪亂し、疾病をして愈々重からしむ、これ世の難病者の攝る通弊なり、而してこれ等の病者は、醫家を轉り廻りてその姑息的藥物療法を受け、その藥効なきを嘆じ、更に養生の道を訪ねて、飽く所なく、果ては祈禱、神厭、神賴みなどに迷入するにあり、これ等は全く科學の知識に缺げ、精神の修養を怠りて、その暗さに因るが故なり、それ故にこの法に依り、修養するときは、精神上の修養は勿論のこと、科學的方面の知識を修め、その理解を得て以て眞理を究め、精神に安意を得、確信を抱きてこれが攝養を爲すがためなり、即ちこの確信と安意を以て修養するが故に、その効顯著なるものにして、そは榮養價の最上たるものは空氣にして殊に遊離酸素であること、食餌は動物性食物より植物性食物の方榮養に適し、攝取は多量よりも少量に効果多きことなど、凡て慣習に反すること、且つ精神上にありても善と意ふことは惡であり、良とする所は不良にして是非また此の如し、これ等は自我の容易に柔順なるを許さず、されぱこの確信と安意を得、漸くこれが實行に堅實性を得て忽にせざるなり、かくあるが故にこの信念は信仰を生み、如何なる難病者と雖も信仰はこれを救濟し、神の靈驗を顯すなり。

この修養の爲めに修養所を東京府下杉並町字阿佐ヶ谷天祖神社の東邊に神乃道講義所自宗會堂を設け本法の説明上不可解にて質問のある方及び當修養所に於て修養を爲さんとの志し有る方々の爲めに備へ、而して希望により講義を爲すべし、勿論物質の懸念を要せず、有志の方の來堂を希望するものなり、堂と稱すれども バラクッ建の粗宇なるもの、漸く膝を容るゝに過ぎざるものなり。

（省線阿佐ヶ谷驛下車）

大正十三年拾月 八 日印刷
大正十三年拾月十五日發行

定價壹圓參拾錢

編者　東京府下杉並町河佐ヶ谷四百三十七番地　神之道講義所
發行者　住田牟都美
印刷者　東京市京橋區南紺屋町四番地　西島滋次郎
印刷所　東京市京橋區南紺屋町四番地　福神製本印刷所

發行所　東京府下杉並町阿佐ヶ谷四百三十七番地　神之道講義所
自宗會堂
振替口座東京二六七〇一番

發賣所　東京市京橋區南紺屋町三番地
文錄社
電話銀座五三五五番
振替口座東京三一二四六番

仙術

境殺心則凡心殺
境則僊

仙家郝太古之語

題仙術之旨紙

無邊眞仙

序

玄樓和尚の偈にいふ、要知方外事、不用渉繁詞、明月舒吾舌、白雲作汝師、設能以眼聽、何敢待心思、擬議乾坤隔、會來唯摘髭と。實に禪は言外の宗、超想の趣なり。されば吾人の禪を論ずるや、詞藻愈多くしく眞味少きを加ふ。故に明月をして吾舌を舒べしめ、清泉をして吾耳を洗はしむるに如くはなし。天目中峰禪師の句にいふ、火宿篆盤煙寂々、雲開窻櫺月沈々、蠅懸有軸長生畫、瀑響無絃太古琴と。又いふ。印破虚空千丈月、洗清天地一林霜と。這般の文字これ超宗越格の調、詩にあらず、洵にこれ禪者胸中の風月なり。予や不敏を省みず、先きに『禪學批判論』を著はし以て禪理を談し童蒙の爲めに指月の勞をとりき。然りと雖も這は唯文字の葛藤、草を打て蛇を驚す底の手段に外ならず、若しそれ眞際に合當し、乾坤を呑吐するの妙境に至りては白雲萬里を隔つるの感なくんばあらず。

然るに予が畏友荒木礒天和尚頃日古今の禪史を渉獵し禪の實踐に資すべき先哲の文書によりて一篇の文を草し、題して、『仙術』と名づく。予一瞥其有用の書なるを感し、再閲其重要の文字なるを發見し、三讀其金玉の章句なるを知れり。思ふに這は予が『禪學批判論』と表裏して禪盾の兩面を見せしむるに足らんか。何となれば予は禪を論するに學の方面よりし、礒天和尚は之を示すに術の方面よりしたればなり。昔大原の孚上座、涅槃經を講して法身の妙理を論して曰く、法身之理猶如太虛、竪窮三際、橫亘十方、彌綸八極、包括二儀、隨緣赴感、靡不周徧と。然るに一禪者あり之を聞て覺えず失笑せり。夫れ孚上座法身を說くこと到らざる處なし。されど徒らに口舌を弄して喋々するのみ、法身の實現に至りては未た夢にだも見ざることあり。而して今や世間黃吻の兒子輩も尙ほ『竪に三際を窮め橫に十方に亘る』底の絕對を云云す、然れども實參實究底の漢に至りては未た容易に見出す能はざるなり。此時に方りて礒天和尙禪の實踐法を說く、世の幾多の盲龜たるもの豈和尙が浮木を喜はざらんや。陸象山曰く、宇宙便是吾心、吾心即是宇宙と。眞に吾人が心性を徹見し、宇宙の妙理に悟入し、七顚八倒、大自在、大解脫を得んと欲する者は虛空を印破する千丈の月に對して不可説の心源に透達し、山岳を吼破する萬仭の瀑に向て不可思議の玄旨に冥合すべきなり。

明治卅九年四月佛誕生日

忽滑谷快天識

緒言五例

一題して仙術と云ふ、一見奇異の觀を起し、再顧神秘の念を生ずるならんか、然かも其の內容は極めて平凡にして且つ極めて現實的であります、本書一名を實踐的禪學といふ、謂ゆる仙術の內容は乃ち禪の實修に在ることを明かし、仙術の敢て奇說にあらざることを豫言し一瞥直ちに讀者の留意を促かしたるに過ぎぬのであります、殊に魔說の一編を附錄としたるは斯學內治の對象として聊か婆說を試みたるのであります。

一禪學は頗る高尙にして、而も其の詩的宗教的方面に屬するものとのみ思へるは蓋し是れ世人普通の感想であります、然るに禪の本領は唯だ詩的空想の學ではありませぬ、宗教的獨斷の說ではありませぬ、實踐的成功の參學でありらます、而して本書の第三章第四章が之を實地に躬行するの方術を說明したるものは乃ち本著の主眼とせる所にして他は其前提又は補說たるに過ぎぬのであります。

一由來禪學の書多し、然れども皆專門的にして一部僧輩の玩弄にのみ供せられ、未た廣く世に流布せられざるのみならず、偶々有志の士ありて之を修めんとするも唯だ謂ゆる詩的宗敎的方面にのみ馳するの傾きあり、其實際に於て津涯を得ざるもの比々皆此れてある、專門家曾て之れが躬行の方術を通俗に敎ふるもの少し、或は稀れに說くことあるも單に禪の意義を講述するに止まり、普通人の實行に適せず、本著の用意聊か爰に存するのてあります。

一引用の書名は卷中一々之を記せずと雖も槪して專門の書に需む、但だ專門の術語にして通俗の解に當らざるものは皆之を意譯し殆んど其跟臭を止めませぬ、中には著者の實驗實修に據るものも亦尠くはありませぬ、併し普通人の躬行に適せざる部分は凡て之を省きました。

一仙術即ち躬行的禪の修練に工夫を勞すること多年なりしと雖も本著の稿を草すは隨時閑に任せて匆卒思ひ浮べるまゝに成りしを以て措辭蕪雜、用語整合せず始終亦た一貫を虧く莫きを保せず、大方の嗤嘲を免れざるものあらんは豫て覺悟てあります、儘よ誘すると讃すると敢て關する所てはありませぬ、但だ責任は著者の甘受する所でありますヽ殊に著者の名は廣く世間に知られざるが故に、顯紳畏友の評言を卷の首尾に附し以て發行廣告の手段と爲しました、卑陋と呼ばるゝも諂觚と名けらるゝも敢て辭せざる所であります。

平和克復の第一春

著者識

仙術目次

附録

魔説目次

目次終

仙術

荒木礒天著

第一章　總論

一　仙術とは何ぞや

羽化登仙の術、其の必ずしも深山に棲みて果實を食ひ、幽谷に遁れて荷葉を衣ねばならぬのではない、不老不死の藥、其の敢て之を蓬萊方丈瀛州の山神に求むるにも及ばないのである、世人は思ふであらう、仙術てふ意義の甚だ神秘にして奇說怪學の由つて出つる所其の價値も亦知る可きのみと、然り、神秘と謂はゞ神秘ともなるであらう、奇怪と謂はゞ奇怪でもあらう、奇怪か、神秘か、然れども思へ、今の文明の程度に於てすら、龍動の酒未だ醒めざるに早く巴里の花を詠め得るの飛行を能くし、東京に坐して華盛頓の吟調を聽き得可きに非ずや、圭刀の術能く面鼻の高低を意の如く巧み、營養の法能く胎兒を男女自由に成化し得ると云ふに非ずや、催眠の術能く奇態を演し、リズムの法能く古今をトすと云ふに非ずや、天文の學能く宇宙の現象を究め、地文の說能く星宿の內容を解くではないか、本著の謂ゆる仙術も亦然りてある。

仙術其物は極めて平凡にして且つ極めて實踐的にして科學領域の範圍外に於て而も科學的活動を身心の上に實現するの妙術であると知ればよい、今其の結果の概要を一瞥せんか、紅塵堆裡の人克く其精神を清淨にして恰も長空に游泳するが如く、慣鬧騷中の客克く其頭腦を冷養して恰も無人の境に逍遙するが如く、時に閃光石火の危急に處して克く其平靜を保ち從容として一絲亂れず、肅然として佳懷を吟誦するの餘裕を存し、心優かに體豐かに、天然の衞生、自然の攝養、自ら生を忘れ自ら死を忘れ、身心俱に雲外に超脫し而も能く世の實務に從達して活潑無碍大自在なるを得るの方術は是れ仙の本領である、延命長壽の俗望豈に敢て殊更に言ふを要せんや、秦の始皇曾て不死の靈藥を仙島に索めて使者未だ歸來せざるに其身早く黃泉の客となり、漢の武帝も亦之を得んとして今は既に二千年前の故人ではないか、彼れ尚未だ仙の本領を解せざりき、仙豈に斯る俗士の知る所ならんや、彼等は風かに仙の不死なる可きを聞き得たりと雖も其未だ仙の不生なることを思はざりき、死生豈に二途ならんや、而して仙の本領に死生無し、生を欣ぶものは汝である、死を厭ふものも亦汝である、汝自身の欣厭は是れ實に死生其物ではないか、仙の本領に欣厭無し、順逆無し、又何の死生あらんや、死生の外に死生するは實に仙の妙用である、此の妙用は人々分上底豊かに具はれり、放てば手に滿ち語れば口に溢る、仙豈に蓬洲の隈ならんや、學びて掬す可し修めて味ふ可し、冷暖は自身の自知するに任す

＊　＊　＊　＊　＊　＊　＊　＊

灯前話《シ》二今昔《ヲ》一　夜雨對《ス》二青樽《ニ》一　至理離《レ》二思想《ヲ》一　玄機超《ユ》二語言《ヲ》一　心《ハ》遊《ブ》閑日月　身《ハ》占《ム》別乾坤　感慨停《メテ》レ杯《ヲ》歎《ズ》　誰《レカ》知《ル》吾道《ノ》尊《キヲ》　（默雷）

二　仙術と生理

精神と肉體とは密着の關係ありと謂ふことは人皆之を知る、身體の脆弱なる其精

神も亦自ら銷沈せると同樣、怒る、泣く、笑ふ、苟も心機力の發動あれば、隨つて必ず身體に影況することも亦皆之を知る、然り而して謂ゆる仙術の妙訣は先づ專ら之を心機力に求め其の發動をして優健ならしむると同時に、身體生理の活動をして自然の運用を遂げしめ以て身心相順應し内外相保養するに在る、世に佛教なるものあり其說頗る浩瀚、取る可きものあり取る可からざるものもある、中に就て頗る面白きものあり其の說に曰く

世界創成の時に在りては人々皆身に神通力を具へ空中に飛行往來すると自由なり、此の時未だ五穀等の食物なし、唯た喜樂を以て食とし而も人壽無量歲なり、極苦至樂は食となりて能く壽命を持つに足る、例へば病苦の爲めに三年食を絕つも其壽命を持つものある是れ病苦が食となればなり

今の世の科學的知識の進步せる時代に在りて如斯の說を聞かば、恐くは誰れも之を肯定せぬであらう、されど事實は或場合に於て强ち之を否定することができぬ、戰場の士卒が數日食を廢して身心衰へず、痴漢の色に沈み、惰者の遊技に溺れて食事を忘る、之を平時の人に見れば殆んと解し難きものなからんや、且つ夫れ菜食の人、肉を用ひて未だ必すしも健康なり難く、長壽なり難く、肉

食の人、肉を廢して却て疾病を除き且つ健全を保つの例は、今の世のためし少からず、饑えて病むものは稀れに、食過ぎて死するものは多し、從來の化學に於ては宇宙間の原素を七十乃至八十に區別したるも、是れ一個の誤謬として最近の化學は斯る事實を認めず、物體の原素は其本皆一にして唯だ電力作用に由りて其性質を變化殊分するに過ぎずと謂ふ、食物の生理に於けるも亦未だ必すしも一定の規を以て律し難きは人皆之を知る、その心機力の肉體に於けるは恰も電氣作用の物質に於けると一般である、但だ物質の外に精神無しと謂へるが如き僻説は今の所論でない、看よ學者としては觀理度に過ぎ、或は俗士の世事に執着して深く思慮に沈むとき、身心惱亂し勞屈疲倦して心氣大いに逆上し、或は發狂する者あり、或は肺患を發する者あり、頭痛目瞑齒痛眼疾等を發するある、鍼灸藥の治すること能はず、華駄扁倉も亦匙を投して空く手を拱するに至つては只だ內觀一法の外、之を醫治するに由なからん、心機の妙用、仙術の秘訣、茲に至つて大ひに價値あることを認めねばならぬ、今を距る十餘年前、緇門より出て丶東京帝國大學の哲學科講師となり尋て帝國學士會院の會員となり、世に學仙の稱ある故原坦山なる人あり、其著心性實驗錄、惑病同原論の二書に於て、這般の消息を究むること詳かである、其の論の大要に曰く

> 大凡そ西洋人體の說、二千年來解剖究理の實驗を以て立する所、予唯だ內觀一法の說に依て之を破せんと欲せば、恐くは人信し難からん然れども今の醫の謂ゆる病原と唱ふる所のものは只其の病緣にして來た病原に達せず凡そ病原の由て來る所は外觸にあらずして實は內觸にあり

斯說の要義は內觸即ち心の惑は是れ實に病の由來する原因にして他は是れ病の發生を促す可き助緣なりと謂ふに在りて、實驗心理學上より之を論じ、而も其惑心起滅の本體を究め之を身體中の或質液に索め、心機力即ち內觀の力に據て之を拔除するの工夫を講じ、實踐的妄惑退治の方術を說き以て自身に之を實行して無病健全の域に達し、其の死に際し自身に之を實現して其說の虛妄に非ざることを證し、大ひに世の衆目を惹きたるの事實は當時の人の皆知る所である、本著の仙術敢て此說を基礎と爲すに非ずと雖も但だ其病理的方面の意味に於て聊か契當する所あるを信ずるのである、さあれ仙術と生理、事實に於て如何に照契せるかの問案は章を追ふて說示せんとする所、又讀者の自覺す可き所なり

* * * * * * * * *

宇宙間は有形と無形との二種に外ならず無形は即ち力なり有形は即ち物體なり此二物は倶に獨立して存ず可きにあらず　（坦山）

三　仙術と禪學

羽化して天に冲り去る、是れ果して仙術の本領なるか、不死の法、不老の術、是れ果して禪學の所得なるか、世人或は云ふ禪は是れ練膽、養腦、仙は是れ延命長壽と、嗚呼何ぞ所見の奇異なるや、仙と云ひ禪と云ふ唯是れ身心安樂の方術のみである、然り、練膽養腦延命長壽、蓋し是れ安樂の身心より得來れる自然の結果のみである、而して其の禪が原因なれば其の仙は結果と謂はんか、世人動もすれば仙の意義に於て誤解を生じ、枯木死灰墻壁瓦礫の其れの如く、無我無意、無念無想、無智無識の境に在りて而も纔かに海綿に似たる壽命を持續するに過ぎざるもの蓋し是れ仙の本領にてあらんと、其の禪に對する謬解も亦然りてある、觀理深想以て宇宙の由來を討尋して其の眞相を悟覺し、遂に脫然遁世して雲外人外の閑客となる蓋し是れ禪の所得にてあらんと、皆是れ俗士一般の邪見である、禪者豈に敢て人外の閑客ならんや、仙客豈に敢て枯灰の死物ならんや。

山は乃ち春色秋色、俗士之を觀れば喜怒愛樂悉く是れ煩悶の種となる、仙客之を以て天眞の淸淨身と觀るのである、谿は乃ち晝聲夜聲、凡庸之を聽けば憎惜憂歡悉く是れ妄想の緣となる、禪者之を以て牟尼の廣長舌と聽くのである、其觀る所、其聽く所、悉く是れ普通人と異ならぬ、均く是れ山、齊く是れ谿である、而して煩悶と爲り復た喜樂と爲る、感する所の趣味に於て其境界を異にするまでのことである、凡そ妄想心を以て色を見れば五色皆苦と爲り、染着心を以て聲を聽けば五聲皆悶と爲る、鼻の香に於ける、舌の味に於ける、身の觸に於ける、悉く是れ苦悶の種ならざるはなく、金玉財寶爵祿官位、一切處、一切時、悉く是れ煩惱の緣ならざるはないのである、若し此妄想心を離れて仙の妙境に達し、其染着心を脫して禪の領域に入り來らば、靑黃赤白皆眼を養ふに足り、絲竹管絃皆耳を嬉ばしむるに足り、一切の善惡邪正、一切の是非得失、悉く是れ我が心を遊ばしむるに足るのである、又何の順逆かあらん、又何の死生をか思慮せん、茲に至りて練膽養脳延命長壽、復た期せずして待つ可きのみである、禪者の謂ゆる大死一番するは甦て大活現成の前提なりと了知すればよい、仙客の深窓を擇ぶは甦て冲天の氣を皷するの先驅なりと了知すればよい。然り而して禪に由りて仙境に達するの順路たることを知らねばならぬ、されど其禪と云ひ其仙と云ふ譬へば前後の運歩の如くである、前歩後歩畢竟別立の名ではない、一寸の禪は即ち一寸の仙である、言を換へて之を云へば禪定に在るの人之を名けて仙と稱するまでのことである、畢竟別人ではないのである、是に於てか、以下少しく禪の消息を説明するの必要を生ずるのである。

* * * * * * * *

よしあしと渉る人こそはかなけれ
一つ難波のあしと知らずや
（四部錄）

第二章　實踐的禪學

一　專門の禪

本著の目的は素より禪の專門でない、極めて通俗に且つ極めて實踐にある、されど少しく專門的禪の消息を通じ置かざれば彌々進んで斯道の蘊奥を叩かんとするの志士をして其の小成に安ぜしめ、又世の俗士をして禪の誤謬に陷らしむるの病なきを保せぬ、乃ち此一節ある所以てある

大道坦然、空潤うして天に透る、鳥飛んで鳥の如し、水淸うして地に徹す、魚行いて魚に似たり、圓通太虛、無欠無餘、元より修行の假る可きなし、斯道は人人の分上底豐かに具はりて、放てば手に滿てり一多の隈ならんや、語れば口に溢る縱橫極まりなし、宗乘自在又何ぞ工夫を費さん、況んや全體逈かに塵埃を出つ、誰れか拂拭の手段を用ひん、然れども毫釐も差あれば天地懸隔、違順纔かも起れば紛然として心を失ふ、是に於てか參禪學道の要なきを得ぬ

印度由來禪を修する者多し、大凡そ三十餘派の哲學、九十六種の仙士、皆禪を以て修道の根基と爲す、而も其の禪は皆謂ゆる修禪にして或は功果を期し、或は靈驗を待つ、未た其の正鵠を得ざるもの比々皆之れてある、獨り釋氏ありて眞禪の故實を傳ふ、謂ゆる眞禪は修禪には非ずして唯是れ大安樂の法門である其要訣に曰く

諸緣を放捨し萬事を休息し、善惡を思はず是非を管すること莫れ、心意識の運轉を停め念想觀の測量を止めて、作佛を圖ること莫れ、豈に坐臥に拘らんや乃至、只箇の不思量底を思量せよ、不思量底を如何に思量せんか、非思量、此れ乃ち禪の要術なり

先つ斯樣である、而して言を尋ね語を逐ふの解行はいらぬ、念佛修懺看經等の閑事業を作すにも及ばぬ、安然として不思量を思量する只是れ此れのみである、不思量なれば何の考慮もいらぬ何の分別もいらぬ、されど枯灰の如く瓦礫の如くてはない、矢張り箇の不思量を思量して居る、應に住する所無くして而して其の心を生すべしとは是れ釋氏の大憲にして即ち非思量の處である、龍車の峻坂を攀づるが如し、若し寸歩を誤れば紛然として心を失ふ、百尺斷崖に手を撒して絕後に蘇へるは非思量の活動である、心の住する所なく而も其心を生すと

云ふ、事に執するは素より迷ひなれど、理に契ふも亦悟りでない、茲に至つては佛の一字も心田の汚れである、禪の名字も滿面の慚惶である、禪者纔かに瞥地の智通を獲れば忽ち衝天の志氣を擧げて佛を呵し祖を罵り、盡天盡地に第二人なきの思ひを爲す者滔々たる天下、茫々たる古今、概ね此類の人たらざるはない、思へ、味噌の味噌臭きは上味噌に非ず、學者の學者めきたるは上乘に非ず、故に悟の悟相あるは決して眞道を得ては居らぬ、是れ只悟門の邊隅に逍遙するに過ぎずして尚未だ禪屋裏の消息を窺はず、況んや出身の活路を知らんや、若し眞禪を得んと欲せば須く眞禪を學す可してある、設し能く其の眞に達せば龍の水を得るが如く些の罣碍なし、虎の山に靠るに似て些の羅籠なし、身心自然に脱落して昏散先づ撲落し、本來の面目現前して坦然の大道茲に成就し、人人の分上底豐かに具はれる摩尼珠の寶藏は自ら開けて受用如意なる可し、但だ要する所は實參實究に在る、眞禪豈に口耳の學ならんや。

* * * * * * *

十八丁奥に里あり梅の花　（乙由）

坐禪せば四條五條の橋の上
往き來の人を深山木に見て
（傘松）

二　禪の功果

功果を期するものは眞禪に非す、靈驗を待つものは修禪に過ぎず、あはれ今何ぞ其功果を説かんとはするぞ、況んや自ら飲んで其冷暖を自知す可きをや、自ら食ふて其滋味を自覺す可きをや、問はれても言はれぬ梅の香りかなで、悟りの講釋は元より出來ぬ筈なり、さあれ箇中の趣きを識らんと要せば須く先つ之を指頭に案すべしてである。

身心脱落の禪客をして試みに色を見せしめよ、柳は緑にして花は矢張り紅に、鷺は白く烏は黒きを知るに相違ない、更に頭を回らして聲を聽かしめよ、絲竹の律、管絃の呂、其の曲を誤ることなく、鼠はチウ〳〵、狗はワン〳〵と聽くに相違ない、更に更に腦を轉して宇宙の現象に觸れしめよ、皎々たる月、赫々たる日、山は突兀と高く聳え、川は滔々と低く連る、火は昇りて熱く水は降りて冷かなり、軟き物、硬き物、圓き物、方き物、長き物、短き物、大小寡多輕重、寛急廣狹半滿、凡そ形あるもの規あるもの皆其儘の正鵠を失はぬ、或は言はん見聞覺知の用、人人皆然らざるはなし何ぞ敢て禪者を俟たんと、夫れ然り、而して其然らざるものあるを奈何せんや、花は艶濃にして草の荒淡なるは世人皆既に之を知る、尙まだ草は忌嫌に依つて早く生することを識らぬ、花は愛惜に依つて疾く散ることを覺らぬ、禪者獨り自ら之れが嫌惜を愼むのである、一切の善惡邪正、一切の是非得失、一切の處、一切の時、禪者獨り自ら愼みて之れが順逆の見を起さぬのである、是に於てか其順に居るや縱横活達、其逆に處するや無礙自在である。

例へは碁を圍むが如し、晴れの勝負を爭ふ者彼れの分別焦心却て自ら置石を過つもの比々皆是れてある、敗北推して知る可きのみてある、禪者獨り眼中に勝敗なし、分に隨つて其妙技を振ふ、石々皆其の正鵠を得る、勝利期せずして待つ可してある、例へは文字を書するが如し、晴れの場處、晴れの場合に於て彼れの名慮功心却て自ら運筆を礙ゆ、醜態知る可きのみてある、禪者獨り此妄想なし、一たび筆を下せば毫端自ら雲起り龍躍る、神妙掬す可してある、一切の事、一切の業、彼れの如く此れの如し。

豈に啻だに然るのみならんや、膽は北斗の如く設令ひ頭を以て白刃に臨むも猶ほ春風を斬るに似る可く、電光影裡叉佳懷を吟誦するの慨ある可し、腦は皎月の如く赫湯爐炭も亦清涼に、壽は南山の其れにも比するを得可し。

豈に啻だに然るのみならんや、我面の向ふ所、佛手の用ゆる所、驢脚の運ぶ所、隨意無碍從處自在てある、諸の所有を空すれば實に諸の所無莫しとは古哲の格言なり、此れは我物なりとの貪着心を離るれば彼れは我物にあらすとの差別心の起らさるが故に、宇宙間の萬象一として我物に入らさるはなく我れに違する物はない、茲に至つて禪の功果も亦偉大ならずとせんや、若し夫れ隱氣に沈みて珠數を爪繰り、抹香臭き遁世閑居の如きは固より禪者の關知する所にはあらす。

*　　*　　*　　*　　*　　*　　*　　*　　*

天女來テ相試ミ　將テ花チ欲スン染ト衣チ　禪心竟ニ不起ラ　還タ捧ケテ舊乘チ歸ル

（皎然）

乾坤無クレ地卓スニ孤筇チ一　喜得ス人空法又空　珍重ス大元三尺ノ劍　電光影裏斬ルニ春風チ一（無學）

三　禪の捷路

世人皆云ふ禪は極めて高尙なりと、然り禪は極めて高尙にして且つ極めて峻嚴なるに相違ない、而も尙未だ其の禪の極めて平易にして且つ極めて卑近なることを知る者少し、古人は二十年若しく三十年を工夫して始めて其實を得たりと傳ふも、そは禪の高尙難解なるが故に然るにはあらず、禪は乃ち平常の行持なるが故に終身之を勤めて止まぬのである、世の未だ斯道を信せざるもの或は云はん、思ふて益なし又寧ろ學ばさるに若かずと、今此等の人の爲めに其の捷路を說かんとするは即ち本著の由來する所である。

禪は武士的文學的であると同時に、又平民的實利的である、上智下愚を論せず利人鈍者を簡ぶこと莫れ、專一に工夫せば正に是れ辨道なりとは眞禪の規範なり、男女元より問はぬ、職業元より拘はらぬ、又焉ぞ尊卑賢不肖を分たんや、但だ人々の分に隨て各々其趣きを同うせず、各々の業に依て人々其活用の妙處を異にするは禪の禪たる所以、其價値も又實に此處に在る、且つ夫れ禪は或る信仰箇條の下に敢て人を律することなく、又必すしも或一定の會堂に集るの面倒は入らぬ、只其の必要の式法に據て各自に之を實踐すればよいのである、これとても別に六ヶ敷きこと無ければ又敢て骨の折れる業でもない、論より證據なり兎も角も一度試みに人々自身に之を實行して其趣味を自覺するが第一なり。

古來禪の流弊も亦た一にして足らぬ、不立文字敎外別傳の下に或は看話禪、或は默照禪なとゝ唱へ立て、各々我見の一派を成して得たり顏なる野狐禪あり、前者は古人の語錄話頭を尋ねて其の悟跡に倣ひ之を自身に實現せんと焦せり、後者は眼を蔽ふて殊更に文字を排し强ひて沈氣を守りて古哲と默契せんと努む、或は濫りに捧打拂拳、或は猥りに咄喝、或は瞬目揚眉の假行を之れ事とす、是れ皆待悟邪僻の戲論たるを免かれぬ。

今は如上の閑手段を要せず、人々業務の餘暇、勉學の傍時、機宜に任せ隨處に於て實踐躬行し、其の實功を事實に領むるの捷路を進む可してある、そが實踐の法は極めて平易にして躬行の術は極めて簡單である、乃ち正身端坐して心氣を調ふ只是れのみである、而も深き思慮を要せず重き力も不用なり其式法は章を改めて之を叙すべし、修習愈々進みて其佳境に達するに逮んでは、行も禪と爲り坐も亦禪と爲り、語默動靜、造次顚沛、悉く是れ禪三昧の活動を實現するに至る、然り而して尚ほ餘裕の存することあらば偶ま古哲の商量に關する語錄公案をも瞥見して自究の參照に資するも亦敢て妨げなし、これとても難解の語句を強ひて理會せんことを努むるに及ばぬ、尚且つ先進の師友に會はゞ問ふて學ぶも亦妨げぬ、但だ禪は口耳の學にはあらざるが故に、實踐躬行を先として理會を後廻はしにすること肝要なり。

* * * * * * * * *

明月を取つて呉れろと泣く子かな　（一茶）
明月や座頭の妻の泣く夜かな　（千代）

第三章　正則仙術式

一　實行の準備

讀者は前各章各命題の下に於て既に仙術の何たるを知り又禪學の消息をも窺ひ得たり、而して其禪と仙との關係も亦其の概要を學び得たてあらう、彌々以て之れが實踐の術式を說敍するの場合となれり、本著題して仙術と云ふ其の式法も亦仙の名を冠すと雖も、其實體は即ち禪の威儀にして釋氏正傳の規式なることを諒とせよ、且つ夫れ前來は只だ斯門に入るの準備學にして本條は實に仙屋裏の舞臺に登る可き準備なることを諒とせよ、乃ち正身端坐は是れ其術式である。將に之を實行せんとするに當り豫め心得可き要件は概ね左の如し

一、式は元より時候に拘らずと雖も、　曉天坐夜坐の二時に於て行ふを便宜なりとす且つ此時期を以て最も成功に力ありとす

二、曉天の式は起床の後直ちに冷水又は微溫湯に浸せる濕布を以て全身の摩擦を行ふ要は全身の排泄液を淨除するにある又一歩を進めて冷水浴を實行するは上乘なり又若し止むなくんば洗面の

後に只た後腦部、頸部、胸腹部、腋下、睪丸、脚頭等の各要部を冷水又は微温湯に浸せる濕布を以て清淨に拭ひ去るべし、中に就て睪丸及脚頭の清拭は最も肝要なり、而して後に欠氣長息すること七八回せよ、要は大氣を充分に呼吸して内臓を淨除するにある、尤も冬季には室内に於て之を行ふを宜しとす

三、夜坐は食後少くも一時間を經過して後だるべし、要は凡て滿腹の時を忌む、さりとて又餘り空腹の時も宜しからず、沐浴の後又運動の後を宜しとす、尤も運動度に過ぎ疲勞せる時は宜しからず

四、室は靜處を擇ぶべし、光線の强射する處は宜しからず、されど暗きに過くる處は適せず、尤も學生の下宿に於ける貧家の狹隘にして止むなきは適宜の工夫を爲すべし、夜間は燈火を朦朧にす可し

五、豫め坐蒲團を用意す可し、坐蒲は最も柔らかに且つ厚きを要す、而して經一尺二寸圍三尺六寸の圓形なるを式法とす、若し別に造るの面倒なれば假りに普通の坐蒲を折重ねて之を用ゆるも法に於て妨けなし、餘り廣きは不便なり只た臀部に充つるを以て足れりとす、又衣服は寒からず熱からざるを要す、但だ寒暑に拘はらず足衣を着けざるを法とす、次に焚く香を用意すべし線香若しくば練香其の宜しに從ふ、要は室内の氣を淨潔するにあり

* * * * * * * * * *

天は人に對して如何に貴きものをも惜むことなく給與し生存發達に必要なるものを豫め準備せり社界は人の幼稚園なり我等は前進して其訓誨を受けざる可からず

（マーデン）

二　端坐法

實行の準備既に調ふるを得たり、徐ろに靜室に入り先づ用意の拈香を焚く、線香なれば香爐の中央に眞直に只一本を植ゆ、毫も傾くを許さず、練香なれば三個を點す、而して後、靜かに體を座蒲の中央に下ろす、坐に二法あり一は結跏《ケッカ》趺《フ》坐《ザ》と云ひ、二は半跏《ハンカ》趺《フ》坐《ザ》と云ふ倘ほ吉祥坐、降魔坐等の稱ありて或は其の跏趺の法を異にするあり、然れども今は區々たる名目を問ふの要はない。

謂ゆる結跏趺坐は先づ右の足を以て左の腓《モ》の上に載せ、更に左の足を以て右の腓《モ》の上に置きて兩足を相交叉するのである其の傳に曰く。

驀然として盡界を超越し大仙の屋裡に大尊貴生なるは結跏趺坐の法なり、外道魔黨の頂額を踏翻して大仙の堂奥に箇中の人となるは結跏趺坐の法なり

謂ゆる半跏趺坐は單に左の足を以て右の腓《モ》の上に置くのみである。

以上二法の中、各自の隨意なれども常人には簡單にして而も容易なる半跏趺坐が最も適するのである、されど卑俗に行はるゝ所の例の胡坐《アグラ》の類は決して坐相

を調ふること能はずして身體自ら亂れ、正身端坐の法に違ふのみならず調心の妨げとなるを以て愼みて之を避く可し、今は半跏趺坐調身の法に就て詳叙すべし。

さて半跏趺坐は即ち左の足を以て右の脞《モヽ》の上に置き而して寛るやかに衣被を掩ふて齊整ならしめ脚頭の露出せざる樣になすべし。

次に右の掌を仰《アヲム》けて臍の前、坐の上に置き、更に左の掌を仰けて其の上に重ね置き、拇指と拇指との指頭を相對符す、之を定印《デウイン》と名くるなり。

次に耳と肩と對して首を前後左右に傾斜せしめず、鼻と臍とを上下直線に對して身體を俯仰することなからしむ、如斯すれば脊梁骨自ら整然として直立し乃ち正身端坐の相となる尚其の脊梁骨の弓の如くゆがみ、恰も猫の背の如くまるみたるは未だ其の法を得たるのでない學者深く注意せねばならぬ。

次に舌を上の腭《アギト》に掛け唇齒相着くるなり即ち是れは只だ口を閉づれば宜いのである自然に出來るのである、眼は須く常に開くべし即ち敢て張らず又敢て堅く閉ぢざるを法とす、乃ち微風眼に入つて昏睡せざらしむるのである、鼻息は微

かに通すべし即ち寛ならず又急ならず出入の息を自然ならしむるのである

如上既に坐相の圓滿なるに及んで、身體を靜かに左右に搖振し而して欠氣一息するなり、其の身體を左右に搖振するは即ち身相を調ふるの術である、そは體を靜かに搖振すること七八回して身を大地に据付けるが如くするのである。如斯して端坐圓滿すれば實に八風吹けども動せず泰山の巍然として雲間に聳えるが如くである、其の欠氣一息するは氣息を調ふるの術である、乃ち口を開きて靜かに長息すること三四回し而して漸々に之を止めば氣息微かに通して自然の調和を遂げ得るに至り大氣の體内に疏通して天地同根一體となり、內外玲瓏恰も長空に懸かる皎月の如くである、此時に當りて調心の術あり、條を更め之を叙すべし學者特に留意せよ。

＊　＊　＊　＊　＊　＊　＊　＊

富士山

巍然《トシテ》聳露《ス》白雲《ノ》間　雪氣誰《レ》人《カ》不《ル》レ覺《ヘ》寒《チ》　八面都來無《シ》二向背一　從《リ》レ空突出《シテ》與《テ》レ他看《ニセシム》（大智）

仝上

聳《シ》來《ル》荒洋《ノ》邊　高《ク》秀《ツ》白雲《ノ》端　盛夏流《スノ》レ金《チ》日　人懷《フ》二積雪《ノ》寒《チ》一（如蓮）

三　調心法

靜坐調身調息の法は既に之を得て正身端坐成るの時、玆に調心の法に入る其要術に曰く

神氣をして下に充たしめ、元氣を氣海丹田に收め、心をして脚頭に在らしむ

先づ斯樣であるが、只是れのみにては未だ分り兼ねるものもあらん、且く初心の爲めに婆說すべし、謂ゆる氣海丹田とは梵語に優陀那と云ひ之を支那に譯して丹田と云へり、乃ち臍の下一寸の處を指す、言ひ換へれば下腹である、此の下腹に氣息を充たしめ出入の氣息は凡て此處より往來するが如くならしむ、故に又氣海の稱あるのである。

其の神氣をして下に充たしむるの術は、心持ちにて腰部より兩股に掛けて神氣力を込めるのである、最初の内は思ふまゝならねど漸次慣るゝに從ひて自然に具《グ》合《アイ》を取付け得らるゝ樣になる、神氣既に下に充つ、更に進んで元氣を丹田に收むるなり、元氣は即ち氣力である、言ひ換へれば下腹に充分に力を入れるの

である、最初は座して脊梁骨を直立すれば下腹は却て釣り上りて力弱くなりて、容易に力の入らぬものなり、されど是れ又漸次工夫すれば自然に作し得らるゝ樣になる、併し最初より力餘り度に過ぎれば腸を傷け或は脈道を絶ち病を釀すことあり、工夫を誤らざる樣深く注意すべし、寛急其の宜きを得るは各自の自得である。

又心をして脚頭に在らしむと云ふ、心は腦に在りとは常人の皆云ふ所なれども、今は之れと正反對にして此心を脚《アシ》頭《クビ》に置くのである、是れ又頗る面倒の樣に思はるれども敢て六ヶ敷はない、前の神氣をして下に充たしむると同樣の工夫を以てせば自然に作し得らるゝのである。

前示の如く正身端座兀兀として座定し而して後、心氣を調ふること斯くの如く久ふすれば出入の呼吸息は微かになりて自ら止むが如くなる時、此の氣息は身體八萬四千の毛孔より來往して渾身に雲起り霧蒸すが如くなることを覺えん、而して手の指頭、足の脚頭は漸次に溫氣を增し、腦中は却て清涼を感じ四大調適五臟皎潔、身心自然に脫落して大歡喜を生ずるに至る、是に於て無始劫來の煩惱白ら淨除し生來の諸病皆亦た自ら除滅して餘りなきことを悟得せん、凡そ常に手頭足頭の溫かにして眼光清く澄み、睾丸《キンタマ》寛るく垂れて下腹充分に力あるは乃ち斯術の成功なりと知るべし、開悟の問題は敢て說明の限りに非ず。

＊　＊　＊　＊　＊　＊　＊　＊　＊

智者は財寶を頭に貯へて之を懷に貯へず　（スウイフト）

俗人の心は頭に在り仙者の心は足に在り　（仙術著者）

四　內觀法

正身端坐調息調心の術式は前來既に之を盡くせり、今又內觀法を說くは却て頭上に頭を安じ、更に蛇足を書きて學者をして却て惑はしむるの觀なきにあらず、されど是れ又古哲が仙術の一法として說かれ、實踐能く其効を奏するもの多しと聞く、且く記して參究に資すべし、但だ是れ別法として前條の調心法と混視すること勿れ。

白河の白幽仙人の軟蘇の法に曰く

凡そ人の妄想分別の已まざる時、或は學者としては觀理度に過ぐる時、或は俗士の世事に執着して深く思慮に沈む時、身心惱亂し勞屈疲倦して心氣大ひに逆上し、或は發狂する者あり、或は肺患を發する者あり、或は頭痛目眩齒痛眼疾等を發する者ある鍼灸藥の治すること能はず、華駄扁倉も亦空く手を拱するに至つては內觀一法の外、復た醫治するに由なからん、此時に當りて正身端坐默然として方に此觀を作すべし

譬へば色香淸淨の軟蘇《ナツメ》、鴨卵の大さの如くなる物を、頭の項上に置くが如くの觀を作さんに、其氣味微妙にして遍く頭の中を濕ほし浸々として潤下し、兩肩及雙臂、兩乳胸腹の間に潤ひ、肺肝腸胃、脊梁臀骨、次第に沾注し去る、此時に於て胸腹の五積六聚、疝癖塊疼、悉く意に隨て降下すること恰も水の下に就くが如く歷々として聲あり、遍身を週流し雙脚を潤ほし足心に至りて止む、再三此觀を作す時は鼻根自ら稀有の香氣を聞き、身根自ら悅和して妙極の軟觸を覺ひ、心根自然に脫盡して羽化登仙の思ひあらん

もの思ふ心のくまを拭ひて捨て、
曇らぬ月を觀るよしもかな
（西行）

*　　*　　*　　*　　*　　*　　*

五　起坐法

大凡そ端坐の時間は一時間と限度と爲し、經行の後更に坐するを法とするので

ある、されど初學の者は坐定久しければ忽ち苦勞を感ずるを以て必ずしも時間を墨守するに及ばぬ、凡そ三十分時以上にして苦勞を感ずる塲合には先づ起坐するを宜しとす、乃ち坐より起たんと欲せば先づ兩手を兩膝の上に安じ徐々として身を搖かすこと七八度せよ、而して口を開き氣息を吐き、兩手を伸べて坐地を押へ安祥として起つべし、決して卒暴なるべからず、既に坐より起たば室内を徐歩すること兩三匝すべし、而して回轉するには右へ右へと順行す、其の運歩は一足半歩と云ひ前歩後歩相踵きて遠く跨がざるを法とす、此時も亦た神氣を脚頭下に充たしめ、元氣を氣海丹田に收めて苟も放下してはならぬ、再び坐せんと欲せば復た正身端坐皆式に依て法の如くするのである。

坐は曉天夜坐の二時を以て最も便利とし且つ奏効多しとすれども又必ずしも此二時に限らぬ、業務の餘暇、勉學の傍時、隨處閑に任せて少時づゝ之を行ふも亦可なり、修習若し其奥に達せば必ずしも坐定するに限らず、行道の際臥床の時も亦能く調心の術を施得するに至らん、傳に曰く行も亦禪、坐も亦禪、語默動靜、體安然なりと、是れなる哉、是れなる哉、仙の妙術玆に臻つて七縱八横、受用不盡と謂ふ可しである。

＊　＊　＊　＊　＊　＊　＊　＊　＊

萬箇目前の境界、懸河渺々として巖峨々たり、山又山いづれの工か靑巖の形を削りなせる、水又水誰が家にか碧潭の色を染め出せる

春は梢に咲くかと待ちし花を尋ねて山廻り、秋はさやけき影を尋ねて月觀る方にと山廻り、冬はさえゆく時雨の雲の雪をさそひて山廻り

（山姥）

第四章　變則仙術式

一　坐臥法

靜室に在りての正身端坐法は前章既に之を敍述したり、今は乃ち坐處に拘らず平常の坐臥其の起居に就て又自ら仙術の方式あることを知らねばならぬ、正則なる方式に對して且く變則の名を附したるまでのことである、仙者平常の必要に二樣あるのではない。

尋常の坐方も亦た一二にして足らぬ、踞坐《エスワリ》、椅坐《コシカケ》、胡坐《アグラ》、立膝《タテヒザ》、跪坐《ヒザマツキ》、凡そ日本の坐方としては先づ此類に過ぎぬ、而して此等の方式は何れも不規律にして身相の嚴格に調ふること難きのみならず、談論の際、悅話の時の如き自ら潰亂して長く一定の規を保ち得ないのである、仙は總して身相を亂るものを避けねばならぬ、而して前記の坐方は皆或は傾斜し或は俯仰す、中に就て踞坐は日本從來の習慣にして先づ兩膝を屈曲し兩足の脚頭を組み重ねて臀部に着け、雙手を俯して脛の上に置く、蓋し是れ常法である、此法は其の正しきを得ば敢て身相を亂さずと雖も、多くは皆其の脊柱骨の整直を保ち得ず、或は弓の如くゆがみ、或は猫の背に似て丸むのである、是等は皆其の身相の正しからざるのみならず其の心機を亂すの原因である、凡そ仙を學ぶ者は起居進退共に平常の心要最も大切である、今其の踞坐の方式に就て仙の術式を叙せん。

さて坐方は常の如くにて宜い、但だ兩足の脚頭を組み重ねて臀部に着けるは宜くない、其脚頭を左右の兩側に開きて臀を下ろし、確と肛門《シリアナ》を坐着し睪丸《キンタマ》を寛るく坐に垂るゝ樣にするのである、而して脊柱骨を正直に立て、元氣を氣海丹田に收む、能く如斯する時は身相自ら嚴格に、心機亦た不動にして縱令ひ百雷の頭上に轟くも泰然として談笑し、時に對論の腦底を激するごとあるも秩然として情緒を亂さぬ、若し夫れ洋風にして椅子に在るも亦然りである、深く腰を掛け優かに雙脚を垂る而して元氣を氣海丹田に收む、嚴然たる姿勢、從容たる態度、心機亦た自ら悠々たりである。

次に臥法も亦た一二にし足らず、釋氏の謂ゆる北頭西面の右脇臥は、深き由來の存するのみならず又能く生理にも契ひりと云ふ、されど常人の臥方としての仰《アチ》臥《ムキ》は最も安全である今之れに據りて其の心要を說示せん

さて臥に就かんと欲せば先づ室内を徐歩すること兩三匝せよ、而して後に衣を更め、緩るく衣帶を繫けて臥褥の上に寛に仰いて身を横ふ、又兩足は列を正して伸ぶ、而して兩手を以て兩胸部及雙腕を靜かに撫下すること四五回せよ、然る後ち左手は體に添ふて寛に垂れ、右手は其の掌を以て輕く胃腑を掩ふのである、既にして先づ臥相を整ひ了らば、口を開きて長息し氣を吐くこと四五回せよ、而して後に寛に口を閉ぢよ、玆に元氣を氣海丹田に收めて自然に安眠に入るのである、其の起床の時復た氣を吐き體を撫すること前顯の如くするのである。

仙者常に坐臥の法は既に上の如し、豈に啻だに坐臥の法のみならんや、喫茶喫飯、屙糞放尿も亦た皆其の法ありて存すれども今は省きて述べぬのである。

＊　＊　＊　＊　＊　＊　＊　＊　＊

世事悠々トシテ不スレ若カレ眠ルニ　眠リ來リ眠リ去テ趣キ尤玄　願クハ吾レ日夜昏眠了　千死萬生付ス二熾煙一　（學仙）

れる間だに人に戀らぬ思ひ出でな
浮世にかへす曉の鐘　（乞食）

二　行道法

人の道を行きて蹉跌するは神氣其の腦天を掩ふからである、馬の地に立ちて倒るゝは脚の元氣を失ふからである、試みに彼の不倒翁《ハリコダルマ》を見よ、其頭腦は輕く空虛にして其腰脚は重く充實するにあらずや、又彼の輕業師《カルワザシ》を思へ、彼れの能く綱を渡るは神氣綜て其脚跟に在るからである、思慮若し纔かも其腦に浮べば忽ち墮落を免れぬ、凡そ行道の際、運步の時、其脚跟の亂るゝは神氣の腦底を浸たし、丹田の空洞になりし故である、若し夫れ元氣常に能く丹田に入り、神氣恆に能く下に充つるあらば脚跟自ら力餘りありて擧足下足進退自由である、彼の能舞を看よ、其の舞の巧拙は彼れが腰脚の神氣克く活躍すると否とにある、又其の音調の輕重、奏曲の浮沈は彼れが丹田の元氣克く充實すると否とにある、今仙者の心要も亦た此處にある先づ神氣を脚頭に充たし、足を擧げんと欲せは跂先《ツマサキ》より上げよ、足を下さんと欲せば踵《カヽト》より卸ろせ、而して一步一步、實地を踏む可し、踵《カヽト》より擧げ、跂先《ツマサキ》より卸ろすは輕躁者の作す所にして大丈夫が運步の法にあらず、殊に元氣を丹田に收め神氣を下に養ふは行道運步の際を以て最も容易に且つ最も効力ありとする、未だ曾て足を絕ちて死するもの少く、首を斷りて生けるもの無く、腦は實に人の生命の懸る所、足は纔かに身體の一部なりと雖も、其の心機をして常に脚頭に在らしめ、其の活力をして恆に丹田に在らしむるは蓋し是れ仙の秘訣である。

＊　＊　＊　＊　＊　＊　＊　＊　＊

象駕崢嶸トシテ謾リニ進ムレ途ニ　誰カ見ル螳螂ノ能ク拒ムコレ轍チ　大象ハ不レ遊ハ二於兎徑一ニ　大悟不レ拘スラ二於小節一ニ　（證道歌）

三　數息法

調心の術、言ひ易くして其の實を得るは甚だ難事である、諸緣を放捨せよ、萬事を休息せよ、乃至心意識の運轉を停め、念想觀の測量を止めよと、蓋し是れ仙の心要なりと雖も、其の實際に至っては、思はじと思ふことのみ思はるが實際にて、靜坐默然之を久ふすれば妄想自ら已むべしと思ひの外、却て千慮萬觀交々湧發し、此を押へんとすれば彼れに轉し、彼れを制せんとすれば更に他を加ふ、心猿飛ひ移る五慾の枝、意馬馳走す六塵の境、焉んぞ圖らん三年前の美人の容姿、今に於て箇の靜坐默然の檜木舞臺に現はれんとは、如何とも度し難く濟ひ兼ぬるものは凡俗の妄想である、玆に逮んで之を實際に治するものは唯だ箇の數息の一法あるのみである。

謂ゆる數息の法は、坐定に在りて之を行ふも亦た可なりてある、されど是れは正身端坐の時に於ける正則の工夫てはない、人或は事に觸れて腦を非常に刺激し、或は時に身體の衰弱して精神甚だ過敏となり、遂に不眠性に陷ることあらんに、斯の數息の術に依て安眠を得るに至るは勿論、就褥の際每に之を行はゞ五分時乃至十五分時にして必ず安眠に入ることを得べし、されど斯は世の謂ゆる催眠術の如きものとは全く其の趣を異にする今其の要を叙せん。

安臥の法は前に於て既に之を述べたり、今復た重ねて云はぬ、夫の式に據りて安臥したる後、徐ろに出入の息を數へるのである、さて數息の法は先づ第一息より數へて十息に到らば更に一より十に到るのである、或は十より二十三十と數へて百に到り又百より數へ千に到りて更に始めの一に復へるも可なれども、餘り複雜すれば却て思慮に渉るの病なきを保せぬ、故に一より十に到りて更に一に復へる最も簡にして毫も思考を費すの恐れなければ今は乃ち之に據る、斯くの如すること五回乃至十回に及べば其の身靜詳として觸覺を忘れ、其の心寂然として虛空と齊し、氣息自ら止みて出ず入らざるが如くなる時、此氣息は渾體の毛孔より來往して雲蒸し霧起るが如く、身心悠々として安眠に入り、夢も亦た仙境に逍遙するのである。

此法は白河の白幽仙人が謂ゆる軟蘇の法と並びて其の蘇內翰に載せる所、古哲白隱和尚の夜船閑話にも見え、又明治の禪將たる荻野獨園師の禪學一話にも傳ふる所なり、其の應用する所は各自異る所ありと雖も、妄を鎭め障を除くの要點に臻りては皆其の揆を一にせり、以て此法の如何に價値あるかを知れ。

* * * * * * * *

第五章　仙術餘則

一　節食

食物の肉體に於けるは猶ほ蒸氣機關の燃料に於けると一般にて固より大切のものに相違ない、されど滋養其物の適否と其分量の配合とは、其人々の格質に依りて必ずしも一定の規を以て之を律することは出來ぬ、衛生の法、營養の術、未だ必ずしも食物のみに限らぬ、精神の作用も亦大ひに與つて力あることは、本著の眞髓として前來既に之を論叙したれば今又更に之を言ふの必要はない、但だ食物の分量に就ては仙術の餘則として亦少しく説なきを得ないのである、さて食物の分量と云へばとて今の醫士の説くが如く、飯や汁を秤《ハカリ》に懸けて喰べよとは云はぬ、極めて簡單である、又其の菜食と肉食とは別問題として敢て論せぬ、要する所は只だ飲食を節量して飢ゑず飽かざるにある、仙の食法之を嚴格にしては日中一食を以て正規と爲すと雖も、今は人々の慣習に依て二食三食も敢て妨けぬ、已むなくんば飲酒喫煙も亦た絶對に禁するに及ばぬ、但だ要は節量にある、其の飢えず飽かざるは固より上乘なりと雖も寧ろ少しく飢えるも常に決して飽かざるを以て法とする、飢えて病む者は尠く食過ぎて死する者は夥し、世の年壯氣鋭の輩概ね暴食を顧みず強ひて求めて其健康を傷ふ、聽て障業の因たるを知らんや、古來禪院に於て多衆を收容し其食料は粥飯共に粗薄にして其謂ゆる副食物の如きも亦甚だ淡白なり、而も節食の法は頗る嚴重にして一鉢又再請を許さず、而して彼等は修道の餘暇、常に運水搬柴の勞働を能くし神氣活潑、膂力克く斤兩を擧ぐ、啻たに然るのみならず坐作進退尙ほ輕妙にして皮肉頑健、其の壽命も亦た長持すること統計上に於て世の人に勝る者夥きは眞に事實である、今の生理學上謂ゆる保健食量の規則より之を言へば彼等は到底生きては居られぬ譯である、然るに事實は之れに反して居る、否事實の學理に反するには非ず、乃ち飲食節量の結果は能く滋料配合の均度を保ち得て、自ら身體の營養を圓滿ならしむるのである、而も其の精神の調養は內より外を補け、內外相待つて天然の衞生、自然の攝養となり如上の結果を生ずるのである、若し夫れ内に精神の調養を缺き、外に謂ゆる新陳代謝の運用に乏しければ朝に牛乳スープを浴び、夕に山海の珍味に飽くも亦何の効用をなさゞるのみならず、其滋料は却て種々の疾病を釀するの原因となるのである、殊に健康少しく勝くれざるの際に在りては啻だに節食のみではなく、全く絶食するを以て療法と爲すことあり、南海寄歸傳と云へる書に、病氣に對する一種の療法として斷食のことを說く頗る面白い、其の要に曰く

大凡そ病源を候せんには毎旦に自察せよ、纔かも病兆を覺らば乃ち斷食を以て先となせ、縱合ひ大渇することあるも漿水を進むること勿れ、或は一日二日、或は四朝五朝其瘥ゆるを以て期と爲す

甚だ奇と云はんか、頗る妙と云はんか、而も此法は五明の一として帝釋天より傳はると申してある。

食して未だ消化せざるに更に食す、是に於てか忽ち胃腑を傷け腸機を害す、依つて以て諸病を誘發するに至る、其發病の原因たる食物の全く排泄し了るまで一日二日或は四朝五朝、絶食することは甚だ緊要のことである、如何なる滋養

品も如何なる妙藥物も其の病み最中には何の効力もない、寧ろ絶食の勝れるに如かずてある、斯說餘りに消極的なりと云はゞ云へ、其の頗る道理あることを信ずるのである、況んや平常に於て飲食を節量して疾病を未萠に防ぎ、尙ほ且つ恒に身體の運用をして輕妙圓滑の調養を遂げしむるをや、仙の秘訣も亦た神妙なるかな。

諸の飲食を受けては當に藥を服するが如くすべし趣かに身を支ることを得て以て飢渴を除け、（遺敎經）

＊　＊　＊　＊　＊　＊　＊　＊

二　衣住

衣住の人體に大切なることは固より言ふまでもなし、其衣服に於ては長被、筒袖、人々の慣習に依るは勿論、一利一害未だ必すしも一齊なり難しと雖も、概して言へば美服と垢衣とは倶に生養に適せぬ、垢衣弊衲の汚穢にして甚だ衛生に宜しからざるは人皆之を知る、されど綾羅錦繡の餘りに湘灑にして却て攝養に適せざるは人未だ多く之を覺らぬ、極寒極熱之を防ぐに倶に衣袍に據れども其の美醜は毫も効力に關せず又敢て問ふ所ではない、さればとて夫の荷葉を着て山居するものは仙者の事なりと思へるは又餘りに俗士の大早見である、請ふ試に左の餘則に看よ。

毛絲の膚を刺す物は宜しからず、絹布肌を冷やす物は宜しからず、皮帒の氣を通せざる物は宜しからず、麻帷の風を拂ふ物は宜しからず、矧んや金繡珠箔の類に於てをや、但だ綿白の純潔にして濕潤ならず輕く柔かなるは最も生養に適す、而して寒暑其の厚薄を適度にするは勿論なれども、寧ろ少しく冷へるも其の暖かきに過ぎさるを以て法と爲すのである、寢衣は必ず之を更め、常服は七日を越えざるを以て則と爲すのである、設令ひ莊嚴已むなく飾るも肌着は必ず前條の法則に戻らざるが肝要である。

次に住處の淸新にして高寬、幽雅にして壯豁なるは固より選ぶ所なりと雖も、金殿玉閣未だ必ずしも生養に適せぬ、石死木茅の一利一害、又敢て問ふ所ではない、但だ起居進退の便、昇降出入の利、空氣の疏通、濕潤の防塞、蓋し是れ住屋の要點である、而して極明極暗の處は住するに宜しからず、酷寒酷暑の處は住するに宜しからず、酒肆娼房の邊、妓樂演戯の境は倶に住するに適せぬ、茫洋たる海濱の津涯を絶し、蕩漠たる原野の方際を拂ひ其眺望を恣まゝにするの境も亦倶に住居するに適せぬ、是等の境は皆紛心の因となるを以て仙者の避くる所である、世人は唯だ景色絶雅なる處、眺望秀逸なる邊を撰び以て生養の適住と思へり、俗客は唯だ娯樂遊艶の場裡を以て延壽長生の養土と考へり、焉んぞ知らん是等の多くが紛心害生の主因たることを、但だ夫れ山水近く纔かに眼に映じ、雲霞遠く微かに面を翳ふの郷、蓋し是れ丈夫の逍遙歸適する所である、若し夫れ大隱の市に潜み、豪宕の街に立つが如きは敢て今の所論ではない老仙絶後の活機として人々の自得す可き所である。

＊　＊　＊　＊　＊　＊　＊　＊

世の痴利を離れ座數や雪月花
寒を防くの一袈裟あり　（高遊）
山すみの友とはならじ峰の月
彼れも浮世を週る身なれば　（傘松）

三　沐浴

水沐と溫浴とは人々の適するに任かす、要は身體の汚泄を淨除し血液の循環に便益するに在る、洋の東西に依り地帶氣候の異なるに從て各其の慣習も同じではない、水沐は膚皮を强剛にするの利あれども、汚垢を除くに便ならず、溫浴は汚垢を淨むるに便なれども、膚皮の健硬に利あらず、一得一失、一利一害、寧ろ之を兼用するは上乘なりと雖も彼の溫浴の後直ちに水を沐ぶるが如きは何の補益もないのである、されば水沐は起床の後、洗面の時を以て機とし、溫浴は就床の前、更衣の際を以て宜とす、この二時以外常に濫りに沐浴するは攝養に利あらず健康に害あり、而して水洗は四分時を越えず、溫濯は五十分時を過ぐ可からず、海湯山泉亦た生養に裨益ありと雖も其の適度を誤らば倦疲却て疾病を釀すの因となる、沐浴の快事なるは古今東西の人皆之を好み之を行ふ、而も是れ仙術の餘則たるを知らんや。

今を距る殆んど三百年の前、僧天海なる者あり壽齡一百三十歲に餘り、皮肉頑健鑁鑠として壯者尙ほ及ばず、或人彼れに長壽の術ありやを問ふ、天海答へて曰く有り有り、夫れ箇の術たるや乃ち仙の秘法にして常人の未だ得て知らざる所、呼んでヒユダラリと謂ふ、汝試みに之を行せよ、彼の人重ねて問ふヒユダラリ箇は誠に貴し、蓋し是れ大聖世尊の說かせ給ふ所の呪文ならん果して然るや、更に答へて曰く敢て然らず、箇は是れ洵に山僧が自得の秘術にして瞿曇も尙未だ曾て之を說き給はずと、彼の人竊かにヒユダラリ〳〵と連呼とし唯唯として退き去る、後に至りて侍者之れが意義を諮へば、莞爾として應へて曰く日日必ず沐浴一回して四大能く調和し、丹田常に力ありて睪丸寛るく垂る、其の快意諸勞を忘れて未だ身の老へるを覺へず、呼んで日《ヒ》湯《ユ》睪《ダ》丸《ラ》垂《リ》と謂ふ、又他の仔細あるに非ずと、あはれ沐浴の意義も亦甚だ深淵ならずとせんや。

＊　＊　＊　＊　＊　＊　＊　＊

體は虛空の如く涯岸なし當處を離れず常に湛然たり覓むれば則ち知る君が見る可からざることを、取ることを得ず捨つることを得ず不可得の中に只麽に得たり　（證道歌）

濁りにも染まぬ蓮の花の香は
この濁江に得たるなりけり　（慈恭）

四　呼吸

呼吸は機類の生命である、一息切斷の處忽ち此世の人ではない、さあれ呼吸の甚だ急なるは健康の人にあらずして其餘りに緩なるは死に瀕せるを知らねばならぬ、緩ならず急ならず、鼻息微かに通し全身の毛孔克く氣を吐いて開けるは眞に是れ活力完滿の生者と云ふのである、然り而して其が氣息の來往は咽喉管機尺寸の間、肺臓活量升合の中に於てするは人皆之を知る、而も其の氣息をして謂ゆる氣海丹田より來往せしむるの術は世人未だ之を習はぬ、彼の肺患者を見ずや、出息入息之を肩の端に切る、彼の心臓疾を聞かずや、來氣往氣之を臍の上に引く、而して兩者全身の毛孔は扉を鎖ざすが如くである、此等は最早半死の人と謂はねばならぬ、若し夫れ氣息をして丹田より來往せしむと云はゞ、斯は未だ生理機關の何たるをも解せざる者の言なりとして嗤笑する者もあらん、今此等の者の爲めに聊か其趣きを説示せんか。

氣息は固より呼吸器より來往する、されど此の呼吸器の活動をして獨り其の局部の運動にのみ任せず、氣海丹田をして其の運轉の原動力たらしむるは是れ實に仙の心術である、即ち心機の作用を以て元氣を下腹に充たし、其の下腹の原動力が活動するに從つて、呼吸機關は他動的に自然に運轉するが如くにするのである、如斯すれば氣息は全身の活動を起し又渾體の毛孔は一時に呼吸を疏通するに至るのである、平素の氣息を此方術に據りて營む可きは勿論、尙ほ又日日起床の後、就床の前に於て欠氣長息の法を行ひ、以て內臟の活動力を熾んならしむるは最も緊要の條件である、又音聲を發するに當り元氣の氣海丹田に充實せる者は其の音聲亦た丹田より出動するを以て、音吐自ら優暢にして而も嚴正である、若し夫れ氣海空虛にして丹田力なく、只氣管の局部に出づる發聲の如きは音吐自ら萎澁し且つ窘蹙して居る、良醫は唯だ音聲を聽きて早く既に其病源を察すとかや、されば氣息は單に胸廓尺寸の間に在りとのみ思へる者は早く既に其の半死の人たることを知るべしてある。

丹田呼吸の方術は如上の通りである、更に進んで仙者呼吸の必要を一言せねばならぬ、出息衆緣に涉らず入息蘊界に居せずとは禪者の機要である、されど今は唯だ出入の一息倶に是れ刹那の死生なりとの觀念は斯道を學ぶ者の恆に忘れてはならぬ所である、先づ死生の何たるを知るは軈て死生を離脱するの心要である、死は人の皆恐るゝ所である、生は人の皆喜ぶ所である、而も未だ其の出息の一刹那は即ち死なることを知らぬ、其の入息の一刹那は即ち生なることを覺らぬ、若し克く刹那の死生たることを覺知せば、生は生一時の位として其の全機の活動を現はし他の恐る可き死あることを見ず、死は死一時の位として其の全機の活動を現はし他の喜ぶ可き生あることを見ぬ、是に於てか死生は唯だ出入の氣息と倶に刹那死生に任せて又他の喜怒あることと無し、茲に始めて死生を離脱するの分ありと謂ふ可し、仙の呼吸に於ける必要は實に如斯てある、さあれ此境界の實現は人人の自得す可き所にして今又多く説明の限りてはない。

＊　＊　＊　＊　＊　＊　＊　＊

出づるとも入るとも月は思はねば
心にかゝる山の端もなし
（行誠）

臍の底に心定めて能く見れば
死ぬも生きるも大うその皮
（白隱）

五　運動

運動は渾身の呼吸なり、無形の滋養品なりてある、一尺の水に一丈の濤を起す可き活潑潑地の妙用は洵に箇の力に一任するのである、さて此運動の方法も亦多種である、世の謂ゆる勞働者の如きは身體に就ては寧ろ運動の度に過ぐるものあり、此等は精神の運動が最も大切である、彼の勞働中に聲を張り揚げて俚歌を謠ひ、彼の路行く者の面白き話に紛れて其勞苦を忘るゝ如きは皆自ら精神運動の効に依るのである、凡そ身躰を勞する者は其の休憩を爲す時、或は横臥し或は睡眠を貪るよりも何か愉快なる談話を爲し又は面白き書物を讀むの勝れるに若かずてある、其の精神を勞する者は角力擊劒其他各自の適當なる遊戯等を爲して身躰を勞するの策を取るが肝要である、而して勞働者にも非ず又敢て觀理家にも非らざる即ち普通業務に從事する者は、其常務以外に於て身心の散逸を爲すを以て運動の法を得たるものとするのである、されど其適當の方法を撰ぶに就ては人人の便否は勿論一定の方則に據ることは出來ぬ、又極めて作し易く且つ極めて普遍的平常的でなくてはならぬ、又多少は經濟的でなくてはならぬ、毎朝食前に米を搗くは頗る經濟的運動法ではあるが長く實行は覺束ない、庭園の掃除撒水等も亦人に依つては六ヶ敷い、今仙の餘則としての運動法は如何、斯はそも平常的普遍的にして一擧兩得の方式のみならず、人としては是非共作さねばならぬ忘れてはならぬ靈長最極の大法である、嗤ふこと勿れ嘲けること莫れ、請ふ試みに左の條に看よ。

火輪轢り破る東天曉、先づ褥を蹴て洗面一回、直ちに肅々として去つて祖壇神殿各家必ず備ふる所の靈前に向ふのである、薰香洒水燈火各〻適意に任かす、此處に於て先つ立つて仰ひで拜し、次に踞して俯して拜す、如斯すること約一分時三拜にして之を百拜するのである、此俯仰踞立の際にあつて若し宗教家としてなれば其の經文を高唱するは勿論である、若し教育者としてなれば其の勅語を朗聲に奉讀するも宜い、設し經世家としては其座右銘を諷誦するも宜い、政客としての憲章、詩人としての歌謠、凡そ自家修養の金科玉條は毎旦此の式場に於て韻吟的に宣唱するのである、曉天約三十分時の箇の運動は寔に偉大の効力を有し、身躰能く自ら調和して食甘まく、精神克く自ら活散して快念湧くが如し、而して青雲の志も此際に於て成り、終生の企圖も此間に於て達することを得るのてある、嗤ふこと勿れ嘲けること莫れ、人として是非共作さねばならぬ曉天纔かに三十分時の箇の運動を遂げ得ざる者叉世に何事をか作し得るものぞ、さあれ書餅は腹に滿たず、趣味は却て學人の實驗に在り。

＊　＊　＊　＊　＊　＊　＊　＊　＊

あすもまた朝とく起きて勤めばや
窓に嬉れしき有明の月

（光輪）

六　病　時

平時の人を見れば大言壯語氣焰萬丈、殆んど宇宙を併せ呑むの慨あり、啻たに然るのみにあらず、謂ゆる百年の長計、絶世の雄圖、勃々として胸宇を衝き來るものあり、然るに一朝二竪の襲ふ所となれば、哀はれ唯た五尺の肉團と化して氣息般々、一室屎尿を亂だし、空を攫んで天に叫ぶ、何ぞ其れ餘りに女女しくも亦た可憐なるや、病は只た厭やなものとのみ思惟するは是れ凡俗の僻見である、病時に臨みて斯は大變と許りに驚き入り、徒らに身を悶へ神を惱みて爲す所を知らざるが如きは寔に大丈夫の慚る所である、衛生の上にも充分に攝養に注意して、それにても若し病に罹れる場合には此の病患を利用して死生離脱の實地問題に想入するは抑も仙の必要である。

維摩仙人は病患に依りて生死を解脱し、天台十境と云へる佛家の書には病患境として妙法を觀ずる次第を說き、又病を以て穢土を厭離し淨土を欣求するの方便として敎ふるもある、要するに之を怖れ悲むは則ち凡俗にして之を利用して審理の試金石と爲すは則ち丈夫である。

此世に生れ來ることの徵かりせば則ち已む、兎も角も既に一たび生れ出でしからは、長きと短きとの差こそあれ、復た必ず死する時の來るは當然の眞理にて、播州高砂の尾上の松も、近江湖畔の唐崎の常盤木も、年經れば老ひて枯れるは勿論のことである、病まずば死ぬまいと思ふは愚蒙の考へである、吾人が產聲を揚げた時の細胞は疾くの昔に去て無いのである、昨の身は今の躰にあらず、現の肉は末の筋では無いのである、患へずば老へまいと想ふは魯痴の考へである、老とは何ぞや是れ細胞蕃殖の減退である、病とは何ぞや是れ肉團組織の變調である、死とは何ぞや是れ新陳代謝の停止である、老病死の原理唯だ是れ身躰一個の波瀾遷流に外ならぬ。

痴漢の戀愛に惱める、貧者の慾執に煩へる、世人の名利の爲めに死も亦た辭せざるは、是れ生理以外に於ける一種の病患にあらずや、然るに世人敢て之を作して自ら快感を覺へ、貧者痴漢亦た自ら之を好みて勞悶を忘るゝではないか、唯り肉團の病患をのみ怖れ悲みて煩悶憂惱措く所なきは智者の取らざる所である、是の故に仙者は之を畏れざるのみならず却て之を以て審理の材料と爲し晏然として其經過を觀察す而して百病千患一時に襲ひ來るも之れに逆らはず、但だ醫療は醫治に任せて自然の快起に待つ、而も此病間に於ける審究の成果は平常に幾倍する、蓋し是れ鐵を轉じて金と爲し、一莖草を拈して大千界と化するの神妙術と知らずや。

* * * * * * * * *

かれてより露の命と知りながら
　病みては惜しき身にもあるかな（高遊）

丈夫宜しく死生の間に談笑すべし（東坡）

七　信仰

信じて疑はぬ、蓋し是れ信仰の生命にして調心の秘訣なると同時に又長養延壽の方術である、猜狐逡巡は紛心の根本にして又縮命の原因なり、誰れか云ふ學智に信仰なしと、實に信仰なきの知識は全く生命なきの知識である、學んで信ず、信じて而して後に之を實用するものにあらずや、日本元祿時代に於ける文學美技の盛時に當り、鴻儒物徂徠と云へる人、釋氏華嚴の鳳潭なる者と議論を上下し、徂徠先生遂に理に服す、乃ち曰く理は眞に然り、然れども信ずることを能はずと、此れでは何の役にも立たぬ、物理の發明、化學の新智、能く之を信じて而して後之を人事に實際に應用するものにあらずや、學智も亦た一種の信仰より出づ、之れが應用も亦其信仰に成るのである、佛教、基督教、回々教、神教、天理數、蓮門教、世人動もすれば此等信教の名に於て迷ふ、信仰としも謂へば如上の範圍に於て思惟し、一切の審理、一切の事業、皆一種の信仰より成るを知らず、而して吾れは無信仰者なりと自稱して憚らぬ、若し夫れ全くの無信仰者なれば、是れ全くの無理想家なり、而して吾れは魯愚暗昧にして人間と云ふ一種の肉塊なりと自白するに異ならぬ、凡そ理想の基礎をなすものは信仰なり、信仰豈に愚夫愚婦の代名詞ならんや。

信は道元功徳の母である、一切の成功は信より生ず、決定の信は死も亦た畏れぬ、彼の審理の未だ信域に達せざるに先立ち煩悶遂に死を決するが如きは世に失望の俗人に非ずんば薄志弱行の怯亡者である、謂ゆる練膽養腦延壽亦皆決定信の結果に外ならぬ、安心立命亦た信仰の成功に外ならぬ、仙術の用意は之れが成功を自然に期するに在る、事に執着するは元是れ迷ひなれど、理に契ふも亦た悟了ではない、而も成功の信は迷悟を離る、迷悟を離れて唯だ洞然として明白である。

香を焚きて靜坐して花の落つるを看る是れ事に於て何の仔細かあらん、花を觀る以外に新茶を煎る是れ理に於て何の意義かあらん、江月照らし松風吹く永夜の清霄何の所爲ぞ、而も仙の餘則は理を逐ひ事を尋ぬることを許さぬ、但だ詠めて其趣味を自心に解すればよいのである、美人の皮を剝きて其の白骨を視れば醜者と異ならぬ、妙技の刀跟を尋ねて其の原品を驗すれば何の巧匠も無い、山川好色も亦只た土木水火の變態に外ならぬ、而して人の眼を奪ひ感に打たるゝは抑も何ぞや、仙の餘則は意を論じ解を議することを許さぬ、唯だ眺めて其の興味を自心に覺ゆればよい、金屑貴しと雖も眼に入つて翳となり、美食甘しと雖も飽人の喫に當らぬ、仙の餘則は是非の穿鑿を許さぬ、但だ思ふて自ら其の佳致を悟ればよいのである、既に事理に關はらず全く迷悟の境を離る、而も洞然として明白にあらずや。

力は山を拔き勇は海を蓋へす、世に之を英雄と謂ふのある、而して彼等の末路は如何、啻た當時の靑史を賑はすに過ぎぬ、世に迫害の可憐兒となり終生陋巷に處す、而して唯だ一片溢るゝが如き決定信を以て萬古に宣傳す之を世界の大聖と謂ふのである、萬世を照らす者は大聖なり、一世を漂はす者は英雄なり、而も仙は敢て英雄を氣取るの方術ではない、唯だ一世の飯袋子として又千古無事の一客として浮世を外に睨るかと思へば、忽焉として箇の複雜なる塵界に活躍して縱横豁達無碍自在の妙用を見る、箇の幽念、這の活躍、あはれ天地悠悠として在り吾れも亦た萬秋萬春なりとは蓋し是れ仙の信仰なるかな。

＊　＊　＊　＊　＊　＊　＊　＊

信仰は一切の知識の終極なり端緒にはあらず
古來大事を爲したる人は必ずしも多智多算の人にあらず唯能く信し能く斷したる人なり
（ゲーテ）

上士は一決して一切を了す中下は多聞なれども多く信ぜず
（證道歌）

八　解脫

泥牛が海に入るの沒蹤跡是れ解脫の眞相なるか、水鳥の往くも歸るも跡絕えてされども路を忘れざるは蓋し是れ解脫の妙用である、木馬が春に遊ぶの斷消息是れ解脫の眞相なるか、寒山が來時の途を忘却すれば拾得が相率ゐて手を携へて歸るは蓋し是れ解脫の知音である、本人正に歌ふ是れ解脫の本領なるか、金果を早朝に猿の摘み去るは蓋し是れ解脱の造次である、石女起つて舞ふ是れ解脱の本領なるか、玉華を晩れて後ち鳳の銜み來るは蓋し是れ解脱の顛沛である、人の起居に於けるや擧足逡巡し下足分別す、其の進退に於けるや右を顧みて念ひ、左を盼みて較ぶ、繩無くして自ら縛はる猶ほ蛇の障子を打つが如く又蠶の自ら繭を吐きて自身を纒ふが如くである、垣無くして自ら隔つ猶ほ蠶兒の褥を守り又夏の蟲の燈火を追ふが如くである、あはれ無繩自縛、誰れか此の解脱を欲せざらんや。

仰ひて天を觀れば日は朝々東より出てゝ月は夜々西に沈み、俯して地を眺むれば春は百花爛熳として賑はしく、秋は千山紅葉となりて淋しく、四季二十四候七十五節、無礙宛轉其の時を違はざるは是れ無爲無作の妙用、全く解脱の眞相である、人の此間に位するや曉には日を負ふて覺め、夕には月を抱きて眠る、飯に逢ふては飯を喫し、茶に會ふては茶を喫す、坐作進退、屙屎放尿、誰れも其の自由を妨けぬ、洵に天地と同根にして全く萬物と一體である、試みに飯に逢ふては徹頭徹尾飯を喫せよ、右を顧み左を察すること勿れ、茶に會ふては一意專心茶を喫せよ、是を管し非を考ふること莫れ、一切時一切處、斯くの如く工夫せば生や全機現成、死や全機現成、倶に絕對的一方究盡にして其の順逆を知らぬ、既に順逆無し又何の束縛かあらんや、言ひ換へれば一事は一時の位に住して二念に亘らぬ、例へば右手と云ふは左手に對するの名にて左手と云ふは右手に對するの稱である、若し右手の時は右手の全機現成にして左手と云ふ二念無ければ乃ち右手自身の名も立たぬ筈である、既に右手の名も立たず又何ぞ左手の稱あらんや、兩者倶に絕對にして二面無し、二面なきが故に二念なし、死生亦然り、順逆尚然り、一切時然り、一切處然り、之を三昧の妙用と謂ひ、之を解脫の自由と稱するのである、若し夫れ纔かも二念に涉れば一事一物悉く同時に差別の相を現はし、同時に順逆の相を現はし、此の順逆差別の妄想に支配せられて貪愛喜憂の執着を生し、煩悶苦恐の障念を起し、遂に自ら其の自由を失ふに至るのである、要するに無繩自縛之を凡俗と呼び、解脫三昧之を仙覺と名くるのである、嗚嗟、仙覺か、凡俗か、若し箇の事を得んと欲せば乃ち急に這の事を努めよ、自家の寶藏自ら開けて受用如意ならんか、仙術の餘則尚ほ茲に盡きず他は則ち人人の無盡藏に問へ。

* * * * * * * * *

いひ捨てしその言の葉の外なれば
筆にも跡はとゞめざりけり　(承陽)

若シ琴聲ヘ言ヘレ在リト二琴中一ニ　放テ在テ二匣中一ニ何ソ不ル鳴ラ　若シ聲ヘ言ヘレ在リト二指頭ノ上一ニ　何ソ不ル下於テ二君ガ指上一ニ聽カ上　(東坡)

明皎々たる月を觀て其の喜憂を異にするは人心の階段なり但だ丸て月を觀ろところの出來ぬ者こそ憐れなりけり

仙術　畢

附錄

魔說

第一　魔說の由來

禪は降魔の柔術である、端坐良久の處、衆魔も窺ふこと能はず、富貴も淫すること能はず、威武も屈ずること能はず、吾人之れを呼んで定力と謂ふ、既に魔王の頂額を蹈飜して大仙の堂奥に箇中の人となるは乃ち禪の活機用である、さあれ先づ魔の何たるを知らざれば遂に自ら魔黨に墮在するの難を免れぬ、日蓮の謂ゆる四個格言に見るも彼れは既に禪を稱して天魔なりと斷せり、彼れの斷果して非か、古來の禪將却て自ら魔黨の軍門に投降せしか、此等是非の問題は今の所論でない。兎も角も先づ魔其物の本體本性を究明するの必要はある、魔說の起る所以豈に徒然ならんや、偶爾ならんや。

魔とは何ぞ是れ先決問題である、基督の謂ゆる全智全能を以てすら尚ほ惡魔でふ怪力を認めて人類の誘害者と爲し、佛道諸經の魔事を說くもの亦た夥し、孔子の敬して遠ざくと云ふたも亦た魔類に近し、されど魔其物の本體本性に就ては未だ曾て其の具體的說明を聞かざるのみならず、其實物の果して存在せるや否やも甚だ曖昧にして殆んど捕風空漠の間に神秘的不可思議的に認められつゝあるものは實に魔の魔たる所以なるかし、若し果して不可思議のものならば其の實に存在するや否やも亦た不可思議にして確と認め得られざる筈である、されば吾人の認めて以て魔とする所のものは之れが事實の上に於て之を究明するの外又他の魔物なるものある可からず、吾人は明かなる事實の上に箇の不可思議なる神秘なる問案を解決せんとはするのである。

第二　魔說の目的

往昔人智未だ蒙昧なる時に在りては謂ゆる天狗なる一種の魔黨あり、鼻孔遼天能く空中を飛行して人間世界の生殺與奪の權威を弄握したるも文明開化の今日に在りては彼等も其の權威を弄するの術を失ひ其影を隱了し、世人も亦た之れが名稱さへ知るもの鮮く最早其の存否を論するの必要なきに至れり、佛敎の謂ゆる天魔波旬、基敎の謂ゆる惡魔妖類、孔孟の謂ゆる怪神亂族等亦皆其形を潜めて吾人の眼中に翳するもの無し。啻たに然るのみならず、謂ゆる天の秘密なるものさへ追々に其の眞相を摘發せられて不思議てふ事の範圍も次第に縮少せられつゝあるを見れば、妖怪神秘不思議等の文言は軈て世界の辭書より除かるゝの時節も餘り遠き將來ではあるまいと思ふのである、矧んや傀儡師の首に懸けたる人形箱より鬼の出る氣支もあるまい、去りながら事實上の魔障は今に至るも日夜吾人の身邊を襲ひ窺ふのみならず、何物の魔魅魍魎が世界を誘惑し人類の自由を奪ひつゝある、箇の本體本性を究明し而して之れが退治の方術を見出すは乃ち魔說の目的てある。

第三　魔の意義

魔は吾人を誘惑して身心の自由を妨け、一切の行動を障害するものである、されば魔は即ち障害の義にして障害其物の總てを名けて魔とは云ふのである、故に著者は一に之を魔障と熟語するの寔に適切なるを知る、而して魔其本來の性格が障害其物なるを以て魔障は則ち世の有ゆる惡德の代表者たると同時に、之れと反對なる世の自由の善德の總ては其の仇敵である、是の故に善業の總ては則ち魔の惡む所であると同時に、惡業の總ては則ち魔の愛ずる所である。然れども魔障其れ自身は無形物にして獨り自ら其行動を恣にすること能はず、必ず或物に籍り又人心に賴りて其働きを現はすものである、而して物に籍る時は物其物が障害物となるが故に其物體を名けて直ちに魔障と云ひ得るのである、或時は人心の上に其働きを現はすが故に其心を名けて直ちに魔障と云ひ誤るのである、此魔障の意義にして大なる誤りなしとせば魔其物の本體本性が縱令ひ不可思議物にせよ又神秘的妖怪物にせよ吾人は敢て其物を究明するの必要はない、唯だ其働きの事實の上に現はるゝ所の其物體又は其人心其物を以て即ち魔障其物の本體本性なりと看取すれば乃ち事實に於て毫も誤りなく些の差支はないのである。

第四　魔の種類

魔障に二種あり、一は外魔、一は内魔、是れてある今試みに此等類族の黨籍面を調査すれば其重なる儕輩は左の如くてある

一

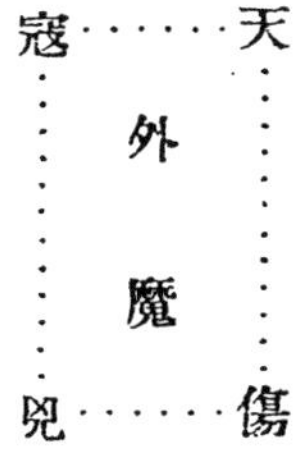

二

魔黨は如上の名目と形體とに於て內外其籍面を異にすと雖も彼等黨內の聯絡を持つこと頗る嚴密なるのみならず人間界を襲ふ時は內外相呼應して飛翻自在、前に在るかとすれば忽焉として後に在り、遠近常なく、遲速規なし、殆んど端睨す可からざるの行動を恣にするのである、而して其運動力の勇敢にして猛烈なるに至つては內魔最も激甚にして且つ其內の一員が纔かも起動すれば他衆從つて活躍を開始し一時に襲ひ來るを常とす、外魔亦た內魔の機徹に乘じ忽ち其猛威を振つて侵し來るのである、尙ほ彼等は時候に拘らず晝夜の別なく時々刻々に人間界を誘惑しつゝあり、又彼等の本性として善事を惡むこと甚だしく惡事を愛すること深きが故に、寸善には必ず尺魔を以て當るのである、偖て如上の名目は世人が常に知り得る所の事實上に假り來られるもの其理由は前條既に之を論じたれば今又叙するの要なしと雖も魔障は乃ち此等の名稱の下に顯現するものにして若し此等無ければ魔障無しと云ふことを忘れてはならぬ、而して此等魔障が如何なる場合に於て如何に顯現し來るか又如何にして此等を防遏退治す可きかは以下條を擧ぢて說明せんとするのである。

第五　外魔

天災地變是れ固より魔障の一てある、而して風災、水災、火災、震雷等其の大なるものである、されど地水火風等其物が直ちに魔障ではない、此等は寧ろ生物界の貴重品にして一日片時も之れ無くては叶はぬ所の必需物である、但だ其必需以外又は必需不足の場合に之れに遭遇する所の人間界より見て以て魔障とするまでのことである、地水火風其物に於ては無意無作自然の活動に過ぎぬのである、故に人間には豫め之を防避す可き天禀の智能あるを以て豫防の方法を嚴密にして此等に備ふる所あれば決して魔障とは爲らぬのである、然るに之れが作す可き方法を怠るに由りて遂に其災害となりて顯現するのである、左れば此の天魔なるものは之を魔障として受くる所の人間自身の內部に顯現する謂ゆる怠魔の招く所にして敵は却て本能寺にあるのである、蒙昧の世の謂ゆる風神水神火神地神、彼等は最早文明開化の今日には魔障を爲すの資格を失ひ其影をも隱くし終つたのである、次に傷魔是れは不意の過失に身體を傷り、地より出でたる釘に足を貫き、天より落ちたる瓦に頭を穿ち、川に流され火に燒かるゝ等總て不意の災厄である、其外疫癘の侵入、黴菌の寄生抔、凡そ外物の魔障と爲りて顯現するものは皆亦た怠魔、恐魔、愛魔、慾魔等を始め有ゆる内魔の起動より招く所に基因するものにして、世人の謂ゆる無緣佛の祟りにもあらず、嫉妬氏神の罰でもないのである、殺害刧賊の類は別に兇魔の司る所なれば其條に就て見られよ。

次に寇魔是れは一人一個の上の魔障ではない、國家てふものゝ障難にして外敵の侵入より來る所の戰爭である、此等も亦た國王一個の内魔より招く場合もあれども其多くは國人一般の怠魔より來り又寇者其者の慾魔名魔等より出でゝ遂に彼れ自身が亡滅を招くこともある、醉へる者は自ら其醉へるを知らず、既に魔魅せられたる者は自ら其魔業たることを悟らず己れ妄進して自ら亡ぶるのである、之を日露の戰爭に見るも彼れ其魔業たることを悟らず進んで以て自ら亡ぶ、我れは其魔業たることを知つて自ら愼み勵みて之れに處す、故に寇魔の爲めに却て國家の隆盛を來たし其名聲を宇内に輝かすものは、彼れの爲めには實に魔障にして我れの爲めには此上もなき幸福である、凡そ魔黨は彼れの本性として惡業を愛し善業を憎むものなるが故に、既に彼れの侵入を受けたる場合は之に當るに善業を以てせば益々彼等の反抗を受けざるを得ないのである、故にこれには矢張り惡業を以て當らねばならぬのである、戰爭は即ち惡業である、但だ其惡業たることを知つて自ら愼み勵みて之れに處すれば、彼れは其甲者乙者を問はず戰爭其物が既に惡業たるを以て之を愛し之を補けて成功せしむるのである、均しく是れ惡業である、魔業である、而して一は亡び一は興る、唯だ之れが惡業たり魔業たるを知つて自ら愼み勵むと其之を知らずして妄進刧掠を恣にするとの差異に於て一は魔障となり他は祥福となるのである、此の面白き道理あるを悟らずして唯だ偏に魔障を恐れ憂ふるは己れ却て既に謂ゆる恐魔の爲めに襲はれつゝあるのである。

次に兇魔是れは國內の爭亂、一郡一鄕の紛擾、人人の喧訴、博奕、賭商等二人以上より顯現する所の魔障を云ふ、此等大小の鬪騷は皆相互の內魔より誘捺せられ、而も互に外魔となりつゝ倶に其障害を受くるのである、此相互の內魔より誘挾せられたる兇魔は復た外部より有ゆる内魔を誘致して其關係者以外にまで障害を擴張するに至るのである、殺害盜賊欺罔掠奪等皆之れに基因する、故に國家は常に注意して此等の兇魔を取締るの方法を怠つてはならぬ、若し國家として怠魔の襲ふ所とならば到底此の難を免れぬのである、されば官民の間に起る所の爭鬪にして一國政治の當否を研磨するの目的に在る場合は魔障を轉じて祥福と爲すこともある、但だ目的の何たるに拘らず其爭鬪は既に一の魔業たることを忘れてはならぬ、其魔業たることを知つて愼み勵みて之れに處す、遂に魔障は轉じて祥福となるのである、併し博奕賭商の如きは其性必惡にして其魔業たるを知ると知らざるとに論なく之れを轉じて以て祥福と爲すことは出來ぬ、此等は畢竟慾魔と慾魔との鬪爭が恒に外魔と爲つて顯現するものにして内外呼應し終に共に亡滅せざれば止まぬのである。

凡そ外魔は他動的のものにして内魔起動の機微に乘じて襲ひ來るものなるが故に、常に有ゆる内魔の征服に努力せば彼等は終に其便りを得ずして乘ずるの機なく自然に亡滅して世に其跡を絕つに至る可きである、内魔に至りては恒に自動的のものなるが故に、外魔に關せず時々刻々に世人を襲ひつゝあり、其如何なる狀態に依つて襲ひ來るかは請ふ之を下條に看よ。

第六　內魔

外魔の四障は凡て他動的にして、內魔の十障は凡て自動的である、其外魔の何たるかは既に之を叙したれば愈々進むで內魔の說明に入らむとするのである、讀者は其說明を聽くに當り且く前條に立戻りて內魔の黨籍を再見せよ、衆魔悉く圓環に連絡を持ちて其優劣を見ざるのみならず、一員の起動は直ちに全隊に傳致せられ互に機微に乘じて交々襲ひ來るの狀を示せり、中に就て慾魔、名魔の二員は衆魔に一頭地を拔き、慾魔は其の先驅を爲し、名魔は其の殿軍に將として首尾の聯絡を持てり、偖て此二員が他の衆員に對して如何なる號令を爲しつゝあるかを究明せねばならぬ。

佛家に謂ゆる財色食名睡、之れを五欲と稱して人間一切の欲望を總括せるを見る、中に就て色食睡の三は皆是れ生理上自然の欲望にして乃ち生理の逼迫より來れる所の當然の欲求なれば此等を以て敢て魔障とするに足らぬ、唯其名財の二者に在りては實に之れ魔黨の棟梁である、如何となれば限り無く利財を貪るは生理に何の必要もない、唯だ金有れば有るほど金が欲しくなる無ければ無きほど尚ほ欲しくなると云ふに過ぎぬ、又生存に必要なき名譽を求めて何の甲斐もない、唯だ何となく譽められたいと云ふに過ぎぬ、而も世人が競ふて之を需め之を欲して飽くことを知らざるは既に其先驅たる慾魔の爲めに襲はれ、其殿軍たる名魔の爲めに包圍せられて自由の境に出づることの出來ぬのみならず、之れが慾と名との爲めには如何なる危險をも冒かして辭せざらむと覺悟するは實に魔の爲めに死地に導かれつゝあるのである、さあれ此等の總てが既に其魔業たることを知つて、豫め之を自心に愼みて國家の爲め公衆の爲めに利せんことを企圖すれば、此等の魔黨は其魔業を愛して常に其れらの人に附添ひ却て保護者となり伴侶となりて、知らず識らず國家社會の公益となり自然其人等の名譽も現はれ又自己の祥福ともなるのである、然れども一歩を誤れば當面に蹉過す、且く其魔障たる所以を究明せむか。

慾魔は事物に染着して際限なく貪り求めるの心である、此貪慾心は一切の苦と相應ずるのである、此心を以て色を見れば五色みな苦となる、此心を以て聲を聞けば五聲みな苦となる、鼻の香、舌の味、身の觸、皆苦である、金玉財寶官位爵祿みな苦となる、啻だに然るのみならず此貪慾心は天地人道自然の正理に違背する、看よ、日も中すれば傾く、月も滿つれば虧ける、草木も花の麗はしき者は其果が美ならず、禽獸も角ある者は牙を略す、珠玉の多き地は五穀に乏し、寒雪の國は風雨少し、人間も生れる時は唯獨り生る、眷屬と倶に生れる者は無い、衣食玩具を持つて生るゝ者も無い、死ぬる時も亦た其通りである、萬乘の君主も唯獨り生れ唯獨り死ぬる、然るに貪慾心は求めて飽くことを知らず、希ふて止む時がない、是れ則ち天地の理に違ひ人道の規に背く、魔障と云はずして何ぞや、老子聖人は美好なる者は總て不祥の器であると云はれた、言甚だ奇警なるに似たれども深く之を究明すれば決して奇警でもなく空論でもない、全く事實である、凡そ美好なる者は世人が見るとき直に貪慾心を起す、婦人の艶美ありて爲めに其自身を亡ぼし又人をして亡びしむるの例は古今に夥し、才智藝能の人に勝れたるは自ら其守る所なく愼む所を知らざれば却て不祥の器たるを免れぬ、世間一切の珠玉珍寶皆之れに準ず、卞和は璞を得て刖られ、虞公は垂棘の玉屈産の乘を貪りて其國遂に亡ぶ、世人の金銀財貝珍好の爲めに其身を破り其家を失ふの類例甚だ夥し、虎は皮の爲めに殺され、象は牙の故に身を亡す、鸚鵡は人語を能くまねるが爲に樊籠ぜられ、翡翠は美羽の故に捕はる、皆な不祥の器と云はざるを得ぬ、富豪の家は妬鬼の常に繞ふ所である、權勢の門は常に讐怨の窺ふ所である、此類を推して人道を愼み天倫に順するの心なければ終に皆亡滅を免れぬ、而も慾魔は常に世人を誘ふて之れが亡滅を強ひつゝあるのである。

仰ひて天を見れば、日は朝々東より出てゝ、月は夜々西に沒む、俯して地を眺むれば、春は百花爛漫し、秋は千山紅葉する、四季、二十四候、七十五節、皆時を違はぬ、鷄は曉を報じ狗は門を守る、蟻は穴を築き蜂は巣を營む等凡そ其分に應じて皆其止まる所を知つて精勵運爲暫くも休息せぬ、而も世人動もすれば人道を廢し天倫を蔑し、不德の行爲、不義の造作、身を顧るの遑なく社會を思ふの心なく、正業を怠り修養を缺き、唯だ手足を勞せずして一攫千金の暴利を得んことを之れ計る、慾魔に踵く所の怠魔は乃ち是れてある。

庭に生ふる、千釐千釐草の露までも、影を潛めて宿る昨夜の月は、沒し已はりて無きかと思へば、今宵も盤水を貯ふれば復た必ず其影を浮べ、年毎に咲くや吉野の山櫻、木を割りて看れば、花の在家は知れざれど、今年も似たる色ぞありける、而も世人動もすれば因果を撥無し、正理を信せず、忠言を容れず、善惡を辨へず、心識惛昧、猜疑嫉妬、巧言令色以て人を謀り、唯だ邪智邪思惟を以て事に處す、國を亡し家を破り身を失ふなる邪魔は乃ち是れである。

染めねども、山は綠になりにける、誰れ知らぬ谷の奥にも色々の、花の梢や咲き競ふなる、春に僞りの心なく、杜鵑啼くや、五尺の菖蒲草、鷄は寒ふして樹に登り、鴨は寒ふして水に降る、壑深ければ杓柄長く、水多ければ船高し、冬は肥え夏は瘦す、金屑貴しと雖も眼に入れば翳となる、美食甘しと雖も飽人の喫に當らぬ、自然の道理に決して僞りはない、而も世人動もすれば詐罔誑惑、僞書を製し、欺物を造り以て他を騙り、隣里郷黨の交りにも、妄語を用ひ、綺言を弄し、兩舌を恣にす、天を欺き、地を僞り、人を惑はし、已れを罔ゆ、何事も僞りのみの世の中に、死ぬる斗りが誠である、國を亡し、家を破り、身を失ふなる妄魔は乃ち是れである。

九天は宇宙に在りて鬖髿彌布し、大地は空中に懸りて墜墮せぬ、虚空に上下はないからである、清風明月我が爲めの友となり、飛花落葉我が爲めに悟となる、貴賤相從ひ老幼相依る、人畜交り生じ、萬物布列して手足一體の如し、山林に花果ある、田野に穀米ある、馬の轡を銜み、牛の鼻木を受くる、彼れに是なく此れに非なし、松は直く荊は曲れり、芭蕉は雷聲に葉を開き、葵は日に向て轉ず、春夏に繁茂し、秋冬に萎凋す、人間鳥獸に生滅あれば天地萬象にも生滅ある、此生滅ありて此規則ある、此れに愛なく彼れに憎なし、元來世界は無私平等である、而も世人動もすれば恣に是非を按し、私に曲直を計り、勝手に愛憎を定め、適宜に順逆を擇ぶ、而して自儘の意思に副はざれば忽ち忿怒の焰を揚ぐ、之れを小にしては殺生の緣となり、他の健康を害して獨り己れが健全を望む、之を大にしては鬪爭の因となり、一國の動亂、一家の不和となる、自心に斯罔せられて、他人を怒罵し又他人の妄動するを見て、自ら瞋恚を動す、國を亡し家を破り身を失ふなる瞋魔は乃ち是れである。

天に天象有つて、日月あり、星辰あり、虹蜺あり、春夏あり、秋冬あり、地に地理有つて、山川あり、河海あり、肥瘠あり、華夷あり、人に男女有つて、夫婦あり、父子あり、兄弟あり、姉妹あり、君臣上下あり、此男子有つて天の德を全ふし、此女子有つて、地の德を全ふす、陰陽此に配して萬物生し、剛柔此に配して萬物育す、故に男女の道正しければ、國に在りては國治り、家に在りては家治る、而して男女の兩性が自然の交契に基くもの之を愛と云ふ、釋氏之を大に應用して大慈悲輪を轉じ、廣く甘露門を開きて群生を度し、基徒之を大に利用して博愛を成就し、世間を救濟す、由來愛は神聖なりと雖も世人動もすれば淫愛に耽けり、痴寵に溺れ、猥戀に流る、人知らぬ處、深宮の中に在りて、國を亡し家を破り、身を失ふ、嫉妬姦邪、奸密讒佞は皆閨門より出づ、愛魔は乃ち是れである。

天地に鼻口かく、山川に耳目なし、但だ日月盈虧あり萬物盛衰あるは自然の條理にして、常と變と相寄ることを知らば、事々に觸れて恐れなく、難に處して自ら安し、宇宙に對して怖恐を生ずるの理由なし、水は晝夜に流れて逝いて還らず、故人は既に去つて跡方もなし、過去に對して怖恐を生ずるの謂はれなし、明日ありと思ふ心は仇櫻、夜に嵐の吹かぬものかは、未來に對して怖恐を生ずるの趣意はない、時節は刻々に過去に屬して須臾も止まらず、過去の過去際より未來際を盡くすも唯勞して些の功なし、現在に對して怖恐を生ずるの因緣なし、而も世人動もすれば來方を思ひ、行末を案じ、風聲に驚き、鶴唳に愕き、疑心に暗鬼を生じ、自身の影に追はる、有れば又無きを數へて憂ひ、無ければ他の有るを羨むで怨む、學んで進まざるを嘆き、怠つて無智なるを悲む、進むでても怖れ、退いても恐る、恰も痩犬の物に吠ゆるが如く、肥鼠の梁に伏するに似たり、此怖恐の念、沈みては煩悶となりて、一身を死地に誘ひ、發しては禍亂となりて、一家一國を亡滅に陷る、國を亡し、家を破り、身を失ふなる恐魔は乃ち是れてある。

四顧すれば連峰疊嶂、聳嶽は巍峨として高く、幽谷は窈窕として深く、天色清麗塵雲を拭ひ、春風洋々として面を拂ふ、黃鸝は幽壑を出て丶嘵々嬌韻を弄し、堤塘の楊柳は纖手を擧げて招かむとする、花下に臻れば、薫風人を襲ひ、馥郁骨に泌す、蛺蝶は翩々として香に狂ひ艶に舞ふ、心目爲めに豁如として羽化するかと覺え、身想爲めに恍惚として仙境に入るかと疑はる、されど二日三日四朝五朝之を眺むること久ふすれば、唯是れ一宵の夢幻、暫時の醉妄、聽て欠伸《アクビ》の緣にして、此等只だ一椀の水に如かずである、世に富裕なる者は、自ら富饒の德を知らず、貴尊なる者は、自ら爵位の尊きを知らず、詩人は自ら詩の巧妙を知らず、學者は自ら學藝の面白きを知らず、隱者は自ら淸閑の樂みを知らず、華人は自ら華飾の麗を知らず、飽人は自ら美食の甘きを知らぬ、而も世人動もすれば浮華を競ひ、奢嗜を希ひ、家を物好普請して主人の行方知らず、酒池肉林に遊びて米屋の支拂ひに困じ、美服を新調して、末は質屋の門に立つの類ひ鮮少なりとせぬ、國を亡し、家を破り、身を失ふなる奢魔は乃ち是れである。

日月星辰の運行を見て、古今に條理の亂れぬことを知る、山崩れ、川竭くるを見て、成壞の數あることを知る、雷震ひ、地動くを見て、常と變と相寄ることを知る、鳥獸の羽毛そなはるを見て、此身あれば此服あることを知る、蚯蚓の土を食とし、蝶の花を吸ふを見て、此口あれば此食あることを知る、蟻の穴を築き、蜂の巢を營むを見て、此衆あれば此屋宅城邑あることを知る、蜘蛛が蜂の毒に罹りて、芋畑に走るを見て、此病あれば此藥あることを知る、此世界あり、此人間あり、耳ある者は悉く聽き、目ある者は悉く視る　海邊の民は、魚鹽昆藻以て生涯を樂むに足る、山住の民は、樹菓菓實以て生涯を樂むに足る、野處の耕耘に於ける、華居の商賈に於ける、皆以て生涯を樂むに餘りある。學才文藝、詩歌伎樂の類ひ、皆世に用ありて、利を得るの途あり、寡婦、丐兒等亦其の所を得るに難からぬ、而も世人動もすれば、貧富と云はず、貴賤と云はず、或は陰に或は陽に、物を掠め、人を騙り、敢て偸盜の運爲に出づ、刑罰法度ありと雖も、其國を盜む者は此刑罰法度をも共に盜むが故に、大盜は寧ろ賞せられて諸侯となり、鉤を竊むの小盜は却て誅滅を免れぬ、あはれ人間世界は遂に偸盜の所有なるか、兎に角も盜の世は久しからず、偸の人は亡滅する、國を亡し、家を破り、身を失ふなる偸魔は乃ち是れである。

大江の一客嘆じて曰く匏樽を擧げて相屬す、蜉蝣を天地に寄す、渺たる滄海の一粟、吾生の須臾なるを哀み、長江の無窮なるを羨むと、あはれ人間胡爲ぞ茲に在る、東を望むに浩々乎として津涯なく、西を眺むるも茫々乎として界限なく、往に溯れば超々焉として際極なく、來を推せば漠々焉として究極なし、此の無限の寰宇、此の無窮の世代に暫く微々たる蠢動を爲しつゝある者は乃ち人間である、億萬の蒼生をして陶然眠食し、安然住居せしむるの大任に堪ふるものは人に非ずして陸土である、禁城の鳳輦をして轔々として九陌を通過せしむるの職務に當たるものは人に非ずして牛馬である、あはれ人間何の能事がある、生れて五尺の形骸、死して一棺の土介、唯だ名譽を擧げてこそ千歳に朽ちざる可きか、虎は死して皮を留め、人は死して名を留む、忠臣の奸邪を除き、節士の大難に斃るゝ者は芳名を天下に擧げ之を永遠に傳ふることを得可きか、仁者や義人や烈士や英雄や、支那に印度に希臘に羅馬に英に佛に獨に米に之を詳悉するは如何に强記博覽の史家と雖も至難の事たる可く、星移り物換り數百幾千歲を經て、墓表無く碑石無く其の姓名をさへ記臆する者無く、幽谷の樵叟獵夫や、曠野の蚊蚋蜂蝶と均しく永く凋落堙滅に歸し終りたる者復た終る可き者、往古知る可からず將來期す可からずである、而も世人動もすれば名を擧げ譽を傳へむとして何の危險か冒す可からざらむと覺悟する者鮮少なりとせぬ、其の甚だしきに至つては、此れが爲めに其權謀や首を垂れて權門に媚び、其術數や尾を搖かして富豪に諂ひ、依つて以て立身を企圖し、依つて以て雄飛に便利せんと計る、其目的や賞す可く、其畫策や巧みなりと雖も聽て名譽の奴隷と爲りて祖先傳來の資產を傾け、國を賣り、家を賣り、身を賣る者滔々たる天下、茫々たる古今其の類ひ最も夥し、衆魔の殿軍として世人を襲ひつゝある、而も最も猛威を逞ふする所の名魔は即ち是れである。

如上敘し來り、說き去つて、內魔の全軍を總看すれば、慾魔は衆魔を率ゐて猛烈に世人を奇襲し、名魔は敵の潰亂するに乘じて一時に追擊の行動に出づるのである。

第七　結論

魔の本體は無形なり、其本性は障惡なり、而して之れが活動力は物體又は人心に頼りて顯現するものにして、其活動力が顯現する所の物其物が即ち魔體にして其活動力が幻影する所の心其心が即ち魔性たることは、本著の前提に於て既に之を説示したのである、尋て其魔の如何なるものかは、各條に於て詳悉したれば、今は之を總括し、融會して、人事の上に究明し、之れが退治の方術に及ばんとするのである。

外魔は之を受くる所の人に由りて始めて魔障たるの資格を有するものなるが故に、他動的依他起性である、内魔は人自心の上に妄起するものなるが故に、自動的忽生性である、されば外魔來らずとも、人の心中に妄想を生じ、惡見に著し、智慧に誇る等の事あれば既に魔障である、或は自己の道業に心酔して他を顧みるの遑なく、或は愛見の慈悲に住して偏に他を救濟せんことを好むも亦た一種の魔障たるを免れぬ、或は師友を深く信ずることの甚だしく遂に其糞尿を呑むを厭はざる程の心起り、或は其人の瑕疵を視て師友を棄つるの心起る等も亦一種の魔障である、或は寸陰を惜み、或は懈怠を生ずるも魔障である、或は事に處して功名を博せんとし、或は我慢を高ふして自己を讃し他を謗するも魔障である、或は善事を爲して殊更に名を匿くし或は他の賢德を稱揚して自己を降し敢て謙讓を事とするも魔障である、或は事業の進まざるを愁ひ、或は自己の無智なるを慨し、或は妄想の止まざるを悲嘆するも魔障である、或は非常に惡事を憎み、甚だしく美事を愛し、自己の之れに染まんことを怖れ、自己の之れに傚はんことを欲する等悉く是れ魔障である。

佛敎の中に六度を行して却て魔道に墮つると云へる面白き說あり、謂ゆる六度とは布施、持戒、忍辱、精進、禪定、智慧、是である、皆菩薩の正業また佛道の根源である、然るに之を行して却て魔道に墮つるとは抑も何ぞや、曰く布施を行ふ人は動もすれば他人の慳貪を憎み、持戒を行ふ人は動もすれば他人の破戒を謗り、忍辱を行ふ人は動もすれば他人の憤怒を詈り、精進を行ふ人は他人の怠慢を嗤ひ、禪定の人は他人の散亂を嘲り、智慧の人は愚痴を輕んず、行人にして如斯なれば六度の業却て魔障なりと、世に功臣は誅せらると云ふことあり、偉功ある者、動もすれば其勳功を誇り、爲めに誅滅を免れざるもの古今の事例に乏しからず、世人の諸善業に從事する者にして此魔障を免れ得るもの果して幾許人かある、又曰く有念ならば魔境に墮つ、無念なれば即ち出づと、又曰く佛界を愛すれば即ち魔なり、魔相を亡すれば即ち佛なりと、此れに依て之を觀れば眞實修道の人は佛と魔との差別想を絶し、心常に平等なるを要するのである。

今世人は如何にして此魔障を退治す可きか、玆に消極的退治法あり、積極的退治法あり、されど、世の中の事は、惡にあらざれば、必ず善である、善にあらざれば、必ず惡である、善惡二者を離れて何事も無いのである、左れば一切の惡を去れば即ち一切の善は自然に生ずる譯である、善は別物でない、惡無きは即ち善である、善なれば即ち惡でない、善惡固より兩立す可きでない、例へば暗室に燭を點ずれば暗自然に去りて明のみなるが如くである

人に心あれば善惡何れか思はざるを得ない、而して善を思ふ時は惡の念なく、惡を思ふ時は善の念なし、然して一事に善惡の二念ある之を惡と云ひ、一事一念之を善と云ふのである、惡人は必ず善惡の二念を存す、惡人も亦た良心あり

とは乃ち是れである、故に若し善惡兩立の二見あるは既に是れ魔障である、是の故に消極的惡の退治は即ち積極的善の發生である、左れば善惡の法に於て消極の外に積極はないのである、例へば風と波との如くである、風過めば波靜まり、波無ければ水平かなり、平は即ち善である、動は即ち惡である、理論既に如斯なれども但だ事實の上に就ては且く消極的あり積極的あり、而して先づ消極的方面の魔障退治法は乃ち左の如くである。

(一)家居充分の安を需めず(二)器財を用ふるに贅を需めず(三)從僕を使ふに彼れに多を求めず(四)病時醫に充分の効を望まず(五)人に交りて充分の親交を求めず(六)書を讀みて解し盡すことを欲せず(七)事に臨みて充分の才智を盡さず(八)軍に在りて充分の勝利を取らず(九)充分の功に居らず(十)充分の名に居らず。

如上は是れ其の大要にして衆魔の先驅たる慾魔に就ての退治法である、餘は準して知る可してある、而して衆魔退治の結果は大要左の如くてある。

安康長壽にして世に住することを得るは不殺の餘慶である、衣食足り、住處祿位有つて祥樂なるは不偸の餘慶である、男女親愛し、子孫繼嗣し、家門和合するは不婬の餘慶である、號令國に行はれ、言敎家に行はれ、般重德を成し、衆庶歸仰し、親眷愛念し、家屬親近し、兒孫孝順し、國に在りて四境亂れず、家に在りて上下相睦する等は不妄不讒の餘慶である、財寶用ひて餘り、封彊饒かに足り、山海其利多く、萬邦貢獻するは不貪の餘慶である、冥に神祇守護し、顯に四民推戴し、國に禍害なく、身心に憂戚なき等は不邪の餘慶である。

上來は消極的方面の梗概である、而して積極的方面斯は是れ鐵を化して金と爲すの妙工夫、賊馬に騎つて賊を追ふの活手段である、乃ち魔障其儘を利用して祥福と爲すの方術である。

凡そ人の世に處するや、皆無限の欲求ありてこそ、總ての經營も成就するのである、富豪若し足ることを知らば、箇の富豪に由つて作さるゝ所の世界の大企業は遂に計畫されぬのである、彼等無限の慾望が形に現はれて鐵道船舶となり電話電信となり、幾數層の煉瓦家屋となり珠玉金銀の產出となるのである、學者無限の理想が形に現はれて諸般の發明となり、技術の進步となる、忠臣、節士、烈婦、仁人の無限の名譽心が形に顯はれて强兵となり、義俠となり、慈善業となる、風流雅客の無限の好懐が發して美辭文藻となり、謂ゆる文明開化の花も咲くのである、此等若し足ることを知らば世界の進歩は玆に休止せられて唯た食ふて寢て復た起きて食ふて死ぬるより外何の多愛も無いことになる、あはれ無限の欲求、爾ち無くて何の貴様が君子かな、聖人かなである、されば此等總ての欲求其他總ての念想が即ち其の魔心たり其の魔業たることを知つて豫め其守る所を愼み、彼れに處し、此れに勵めば魔黨は彼等の本性として事業其物の魔業たり念想其物の魔心たるを愛し喜びて之を保護し、之に補力して其事業を成就せしめ其修養を完全せしむるのである、此完全、此成就が知らず識らず國家の祥福となり人生の餘慶となるのである、玆に到つて衆魔も亦た吾人の伴侶となり、從僕と化し去るのである、さあれ此の危機一髪の間に處して能く誤らず克く魔窟に墮墜せざることを得るは、乃ち禪の機要、仙の要機、大死一番懸崖に手を撒して絶後の消息を傳ふる底の人にあらざるよりは箇の大活機用を得るに難からんか。

附録終

跋

凡非疏其根者不可共談華之眞世人動賞翫華果而未知所以疏其根豈可解華之眞趣哉蓋培根本而翫華果末輓近禪學大流行而學之者日多然世人概唯參其禪理或聽禪話亦喜禪之快活好禪之脫灑耳未知親參實究之正坐儀也若夫縱橫無礙雖談禪理一朝扼其咽喉點檢其實際則豈有一毫自由之分哉礒天師歎此時弊一片婆心不能禁遂著仙術一篇欲使徒逐口耳流傳之支末者培養親參實究之根本適就余索跋師之有此著蓋與衆共欲賞禪之眞華而已華何謂眞華曰昔靈山會上因世尊拈華瞬目迦葉破顏微笑却會耶

明治三十九年丙午孟春之日

辱知　梶川乾堂

明治三十九年五月廿二日印刷
明治三十九年五月廿五日發行

仙術奥附

定價金三十錢

不許複製

著者 荒木儀天

發行者 今村金次郎
東京市芝區露月町十八番地

印刷者 太田音次郎
東京市京橋區西紺屋町廿六七番地

印刷所 株式會社 秀英舍
東京市京橋區西紺屋町廿六七番地

發行所 鴻盟社
東京芝區露月町十八番地
（電話新橋三千二十七番）

特約賣捌所
東京市神田區表神保町 東京堂
仝京橋區中橋廣小路 前川文榮閣
大阪市東區南本町四丁目 積文社

鎮魂気吹法／仙術

平成十二年三月十四日　復刻版初刷発行
令和五年六月二十日　復刻版第四刷発行

発行所　八幡書店
東京都品川区平塚二―一―十六
KKビル五階
電話　〇三（三七八五）〇八八一
振替　〇〇一八〇―一―四七二七六三

ISBN978-4-89350-280-3 C0014 ¥2800E